Conceitos básicos de linguística

NOÇÕES GERAIS

Consulte nosso catálogo completo e últimos lançamentos em **www.editoracontexto.com.br**.

Elisa Battisti
Gabriel Othero
Valdir do Nascimento Flores

Conceitos básicos de linguística

NOÇÕES GERAIS

editoracontexto

Foto de capa
Jaime Pinsky

Montagem de capa e diagramação
Gustavo S. Vilas Boas

Preparação de textos
Dos autores

Revisão
Lilian Aquino

Dados Internacionais de Catalogação na Publicação (CIP)

Battisti, Elisa
Conceitos básicos de linguística : noções gerais /
Elisa Battisti, Gabriel Othero, Valdir do Nascimento Flores. –
São Paulo : Contexto, 2022.
224 p.

Bibliografia
ISBN 978-65-5541-178-2

1. Linguística I. Título II. Othero, Gabriel
III. Flores, Valdir do Nascimento

22-1377 CDD 410

Angélica Ilacqua – Bibliotecária – CRB-8/7057

Índice para catálogo sistemático:
1. Linguística

2022

EDITORA CONTEXTO
Diretor editorial: *Jaime Pinsky*

Rua Dr. José Elias, 520 – Alto da Lapa
05083-030 – São Paulo – SP
PABX: (11) 3832 5838
contexto@editoracontexto.com.br
www.editoracontexto.com.br

Sumário

APRESENTAÇÃO 7

GUIA DO USUÁRIO 11

PARTE I

NOÇÕES GERAIS 13

Classificação das línguas 15
Comunidade linguística 32
Convencionalidade 35
Cognitivismo 39
Discurso 43
Enunciação 45
Estruturalismo 51
Filologia 63
Fonética 66
Fonologia 75
Formalismo 78
Funcionalismo 80
Funções da linguagem 82
Gerativismo 92
Gramática comparada 94
Gramática de Port-Royal 102
Gramática descritiva 109
Gramática tradicional 112
Idioma 117
Léxico 119

Língua artificial 123
Língua materna 125
Língua oficial 127
Língua viva e língua morta 132
Linguística 134
Linguística histórica 141
Morfologia 144
Neogramáticos 149
Origem das línguas e da linguagem 154
Pidgin e língua crioula 160
Pragmática 163
Relativismo linguístico 167
Semântica 170
Sintaxe 174
Sociolinguística 178

PARTE II
PEQUENA CRONOLOGIA DOS ESTUDOS LINGUÍSTICOS (SÉCULOS XVII-XXI) 181

PARTE III
BREVES INFORMAÇÕES SOBRE LINGUISTAS CITADOS 191

LISTA DE ASSUNTOS 205

REFERÊNCIAS 209

OS AUTORES 223

Apresentação

Este livro é o segundo volume de nossos *Conceitos básicos de linguística*. O primeiro volume foi consagrado aos *sistemas conceituais*. Nele, apresentamos termos e definições de quatro grandes vertentes do pensamento linguístico do século XX: a linguística saussuriana, o estruturalismo norte-americano, o gerativismo e a sociolinguística. O livro foi organizado a partir de dois pressupostos epistemológicos.

O primeiro – de ordem mais geral – é relativo à ideia de "conceitos básicos", que, inclusive, está textualmente presente no título da obra. Esforçamo-nos para defender a tese segundo a qual os conceitos básicos de uma área do saber vão além do reconhecimento de sua importância "basilar". Eles são "básicos" porque fazem parte do repertório epistemológico fundamental para a compreensão de um determinado campo. Nesse sentido, consideramos que o conhecimento mínimo do que seja o pensamento científico em torno da linguagem humana não poderia desconhecer os "conceitos básicos" que proporcionaram o estabelecimento de métodos e objetos, nessas quatro vertentes. Quer dizer, a intenção foi apresentar as condições de possibilidade de instauração de suas *epistemes*.

O segundo – de ordem mais específica – é relativo à ideia de "sistemas conceituais", explícito no subtítulo da obra. Entendemos que tanto um termo como um conceito podem ser compreendidos somente quando ligados à rede conceitual e terminológica da qual fazem parte. Dito de outro modo: consideramos que os "conceitos básicos" da linguística moderna, iniciada no século XX, fazem parte de um conjunto de ideias logicamente solidárias que precisam ser consideradas articuladamente em suas relações. O valor metodológico que têm deve ser apreendido nessas relações. A explicitação desse pressuposto epistemológico se deu no tópico *Capítulos relacionados*, presente no final de cada capítulo do livro.

Ambos os pressupostos continuam a nortear o que trazemos a público neste segundo volume, agora intitulado *Conceitos básicos de linguística: noções gerais*. Desta vez, apresentamos ao leitor uma considerável quantidade de termos e reflexões que fazem parte do capital teórico da linguística. O propósito aqui é estabelecer um patamar mínimo a partir do qual se torna viável a leitura compreensiva de textos de linguística geral.

Quisemos, por exemplo, explicitar de maneira crítica o que é possível entender por rótulos como "estruturalismo", "funcionalismo" e "gerativismo"; destacamos reflexões em torno da "classificação das línguas", das "funções da linguagem", da "origem das línguas e da linguagem" etc. Tudo isso, acreditamos, capacita o leitor para uma leitura que não planifica diferenças e não ignora a complexidade do campo.

A exemplo do volume anterior, também aqui recorremos ao tópico *Capítulos relacionados* (cf. "Guia do usuário", adiante). Por exemplo: em "Estruturalismo", fazemos remissão a "Gerativismo", "Funcionalismo" e "Linguística". Ora, o que isso quer dizer? Que, em nossa opinião, será produtivo para o leitor se ele fizer a sua leitura ser acompanhada da leitura dos demais capítulos, porque, do conjunto, facilmente ele perceberá que podemos falar em múltiplas "linguísticas", já que há múltiplos objetos.

Além disso, elencamos, ao final de cada capítulo e a exemplo do que fizemos no volume anterior, algumas sugestões de leitura que estão diretamente relacionadas ao conteúdo de cada capítulo. Essas sugestões são sempre de textos em língua portuguesa, em sua maioria com publicações disponíveis no Brasil. Tal seção de sugestão de bibliografia obviamente não é exaustiva e reflete, em grande medida, nossas próprias leituras. Encorajamos o leitor a seguir por essas leituras para dar continuidade a seus estudos.

Após essa primeira parte (cf. "Parte I – Noções gerais") em que aparecem termos e noções, duas outras partes compõem o livro. A segunda – "Pequena cronologia dos estudos linguísticos (séculos XVII-XXI)" – apresenta uma linha temporal dos estudos linguísticos *lato* e *stricto sensu*. A terceira – "Breves informações sobre linguistas citados" – dá a conhecer um mínimo de informações sobre vida e obra de linguistas referidos e/ou citados. Essas duas partes dizem respeito também ao que consta do primeiro volume, quer dizer, incluímos, na *cronologia* e nas *breves informações*, dados referentes a linguistas, acontecimentos, obras etc. que comparecem em ambos os volumes de *Conceitos básicos de linguística*.

Sobre essas duas últimas partes, vale ainda fazer dois comentários.

A "Pequena cronologia dos estudos linguísticos (séculos XVII-XXI)" está longe de ser uma linha temporal exaustiva. Como disse Auroux (1998: 403), em sua "Cronologia da reflexão linguística" anexa ao livro *A filosofia da linguagem*, "não dispomos ainda de uma verdadeira visão cronológica que repertorie as descobertas, as grandes viradas científicas ou as discussões filosóficas concernentes à linguagem". Suprir uma lacuna como essa, portanto, é tarefa cuja envergadura realmente transcende os limites de nossos propósitos. Dessa maneira, optamos por fornecer um quadro limitado da evolução bibliográfica dos estudos linguísticos – *lato* e *stricto sensu*, reiteramos –, acrescida de alguns dados biográficos. Além disso, integram a "Cronologia" datas de acontecimentos que julgamos importantes para a compreensão da evolução da linguística.

As "Breves informações sobre linguistas citados", além de apresentarem dados biográficos e bibliográficos dos autores, trazem comentários teóricos, metodológicos e contextuais dos autores. A intenção foi, na medida do possível, aproximar o leitor da vida e obra dos linguistas, uma vez que acreditamos que o tripé vida-obra-teoria pode elucidar grandemente as questões de pesquisa, os modelos propostos, as soluções encontradas por cada um para a grande questão da linguagem humana.

Ainda, trazemos, no final do livro, uma bibliografia numericamente significativa que, esperamos, poderá guiar o leitor no aprofundamento de suas pesquisas. Nela, estão listadas tanto as obras efetivamente citadas no corpo do livro como aquelas que são indicadas como leitura complementar ao final de cada capítulo.

Por fim, gostaríamos de manifestar publicamente nossa alegria em concluir o projeto de publicação dos dois volumes de nossos *Conceitos básicos de linguística*, iniciado há bastante tempo. Como diz Roland Barthes em sua aula inaugural no Collège de France, a alegria é melhor do que a honra; "pois a honra pode ser imerecida, a alegria nunca o é". Ora, a alegria em ver publicados os dois volumes dos nossos *Conceitos básicos de linguística* também nos enche de felicidade e esperança. Felicidade em compartilhar com nossos leitores um caminho de estudos e pesquisas; esperança em contribuir, mesmo que minimamente, com a ampliação da discussão em torno da linguagem humana entre nós, no Brasil.

Esse projeto tornou-se possível porque fomos guiados simultaneamente pelo rigor no tratamento da reflexão teórica (é o nosso apreço pela ciência), pelo respeito à diversidade da abordagem científica (é o nosso apreço pelas diferenças), pela convicção de que a linguagem humana é linda (é o nosso apreço pelo belo) e pela admiração recíproca que os autores deste livro têm entre si (é o nosso apreço pela amizade).

Este livro conclui um projeto que testemunha um périplo pessoal e profissional, guiado pela ética do saber e do saber conviver. O poeta Manuel de Barros, no *Livro sobre nada*, dá a exata formulação: "A ciência pode classificar e nomear os órgãos de um sabiá, mas não pode medir seus encantos". Que a nossa exposição sobre a ciência linguística permita ao leitor ver melhor o encanto da linguagem. É nosso desejo!

Boa leitura!

Os autores.

Guia do usuário

Este *Conceitos básicos de linguística: noções gerais* foi escrito com o objetivo de fornecer um inventário explicativo e bem fundamentado de termos e noções que se configuram no mínimo necessário para a leitura de teorias linguísticas.

Espera-se que ele possa ser lido por estudantes de Letras e Linguística, mas também que possa orientar professores da área na organização de seus cursos em nível de graduação e de pós-graduação. O livro poderá ser utilizado como uma obra de referência, à moda de um léxico especializado, e também como um curso de linguística geral, disciplina esta fundamental para o estabelecimento das bases da pesquisa no campo.

No início da obra, há um Sumário que lista todos os termos que mereceram definição neste volume. Os termos estão distribuídos em ordem alfabética.

Cada capítulo está estruturalmente assim constituído.

Exemplo:

> 1. Classificação das línguas
> 2. Algumas observações
> 3. Leituras complementares: Janson (2015); Lyons (1987); Robins (1983).
> 4. Capítulos relacionados: Gramática comparada. Linguística histórica. Neogramáticos.

1. Termo: unidade lexical que designa um conceito próprio no interior de um referencial teórico.
2. Campo em que são dadas informações suplementares (historiográficas, textuais, documentais etc.) sobre a matéria examinada. Não está presente em todos os capítulos, mas apenas naqueles em que tais informações se fizeram necessárias.
3. Campo em que são listadas fontes que complementam as informações oferecidas no texto do capítulo; preferimos referir aqui, sempre que possível, obras publicadas em língua portuguesa.
4. Campo em que outros termos são indicados como forma de sugerir a rede conceitual na qual o termo-chave está inserido.

No final do livro, há uma "Lista de assuntos" cuja função é permitir ao leitor a consulta pontual do uso de termos no interior da obra (destacados em negrito em sua principal ocorrência).

Tendo em vista a natureza do livro, priorizaram-se, sempre que possível, referências em português ou traduzidas para o português. Nos casos em que o uso de obras em outras línguas foi indispensável, a tradução foi feita por nós.

PARTE I
NOÇÕES GERAIS

Classificação das línguas

O tema da **classificação das línguas** é um capítulo complexo da história da ciência linguística e merece grande atenção. Para o linguista francês Émile Benveniste, "o problema geral da classificação das línguas decompõe-se em certo número de problemas particulares que variam em natureza segundo o tipo de classificação visado" (Benveniste, 1988: 105). No entanto, explica Benveniste, "esses problemas particulares têm [...] em comum o fato de que, formulados com rigor, cada um deles põe em questão ao mesmo tempo a totalidade da classificação e a totalidade da língua que se deve classificar" (Benveniste, 1988: 105).

Nesse sentido, em um primeiro momento, podemos dizer que há duas classificações que são mais amplamente conhecidas no campo dos estudos linguísticos: a que visa à atribuição de genealogias entre as línguas, chamada de **classificação genética**, e a que visa, com base em critérios linguísticos específicos (morfológicos, sintáticos, fonológicos etc.), ao agrupamento das línguas com características semelhantes, chamada de **classificação tipológica**. A primeira "distribui as línguas em supostas famílias oriundas de um protótipo comum" (Benveniste, 1988: 105), o que permitiu o surgimento da ideia de *parentesco* entre línguas; a segunda distribui as línguas em função da também suposta existência de traços comuns de estrutura, o que permitiu falar em *tipos de línguas*.

Essa distinção, aparentemente clara, enfrenta muitos percalços hoje em dia, e sua aceitação pelos especialistas em geral está longe de ser unânime. Porém, para melhor entender a crítica que se pode a ela dirigir, faz-se necessário primeiramente entendê-la, ao menos em suas grandes linhas.

A *classificação genética* decorre do agrupamento de línguas distintas no interior de uma dada *classe*, também chamada de *família*. Dizer que determinadas línguas pertencem à mesma **família de línguas**, que se relacionam geneticamente, é dizer "que elas são variantes divergentes, descendentes, de uma língua ancestral comum ou protolíngua" (Lyons, 1987: 174). No entanto, isso não significa que se conheça diretamente a protolíngua da qual descendem as línguas de uma dada família: "as protolínguas são construtos hipotéticos em favor de cuja existência não existem dados diretos, mas postula-se que tenham existido e que são constituídas de tal e tal estrutura" (Lyons, 1987: 175).

Exemplos disso são o *protogermânico* e o *protoeslavo*. O primeiro é considerado antecessor das línguas germânicas (o inglês, o alemão, o holandês, o dinamarquês, o islandês, o norueguês, o sueco etc.); o segundo, das línguas eslavas (o russo, o polonês, o tcheco, o esloveno, o servo-croata, o búlgaro etc.). Para cada um, há documentos que estabelecem dados, relacionados à história da família. No caso do germânico, há uma tradução da Bíblia (século IV) em gótico; textos literários nos dialetos do anglo-saxão (ou inglês antigo) do período compreendido entre os séculos VI e XI; textos de sagas, em islandês antigo do século XII; textos em alto alemão antigo, datados da segunda metade do século VIII. No caso do eslavônio, há textos do século IX, em eslavônio litúrgico antigo (cf. Lyons, 1987).

As línguas germânicas e as línguas eslavas, no entanto, têm menos documentos comprobatórios de sua origem se comparados ao que há da protolíngua ancestral postulada para as chamadas línguas românicas, oriundas do latim (francês, italiano, espanhol, romeno, português, catalão, sardenho, ladino). Sobre elas, temos uma melhor noção do que chamamos de **protorromance**.

Conforme Ilari (1999: 168-97), em relação às ditas línguas românicas, há, por volta do século X, um importante desmembramento da Romània (área ocupada por línguas de origem latina) em domínios dialetais, que deu origem a 11 sistemas dialetais: península ibérica (dialetos portugueses, espanhóis e catalães); Gália antiga (dialetos franceses, provençais e franco-provençais); Itália e Suíça Meridional (dialetos réticos, galo-itálicos, italianos e sardos); península balcânica (dialetos romenos: dado-romeno, macedo-romeno ou aromeno, megleno-romeno ou meglenítico e istro-romeno). No caso do protorromance (cf. Lyons, 1987: 176-77), pode-se retroceder muito mais, levando em consideração dados datados da metade do segundo milênio antes de Cristo, tais como as inscrições hititas da Ásia Menor (decifradas em 1915), as placas em grego de Míconos (decifradas em 1952) e, para o sânscrito (língua sagrada da Índia) mais antigo, os hinos do Veda.

Assim, tornou-se possível reconstruir parcialmente a fonologia, a gramática e o vocabulário do **protoindo-europeu**, ancestral hipotético do **protogermânico**, do **protoeslavônio**, do **protocelta**, do **protoitálico**, do **protoindo-iraniano**, ou seja, de todas as línguas indo-europeias antigas e modernas.

Como explica o linguista comparatista Émile Benveniste (1995), em uma das obras mais importantes de **linguística comparada** do século XX, *O vocabulário das instituições indo-europeias*, o **indo-europeu** define-se como

> uma família de línguas oriundas de uma língua comum que se diferenciaram por separação gradual. É, portanto, um imenso acontecimento global que tomamos em seu conjunto, porque ele se decompõe no decorrer dos séculos numa série de histórias distintas, cada qual referente a uma língua particular. (Benveniste, 1995: 7)

Nesse sentido, a família de **línguas indo-europeias** – o tronco indo-europeu, como também é conhecido – é tão somente uma entre as várias famílias de línguas até hoje identificadas. Isso quer dizer que as cerca de 7 mil línguas existentes no mundo (cf. Janson, 2015) estão distribuídas em diferentes grupos, e o indo-europeu é apenas uma dessas famílias. Como lembra Lyons (1987: 180),

> alguns estudiosos defenderam uma classificação de todas as línguas do mundo em cerca de trinta famílias principais, das quais algumas das famílias mais amplamente aceitas seriam subfamílias. Mas muito nessas classificações e subclassificação genéticas de línguas ainda é controvertido.

Assim, nem sempre os dados em favor dos agrupamentos maiores são suficientes para que se estabeleça com exatidão uma dada classificação genética. Logo, as famílias de línguas identificadas e denominadas pelos linguistas não estão estabelecidas exatamente da mesma maneira e com o mesmo grau de certeza: "o quadro é variado e um tanto confuso. Numerosas línguas pequenas e algumas grandes línguas do mundo não têm parentesco com nenhuma outra" (Janson, 2015: 51). Nesse último caso, temos como exemplos a língua japonesa – falada por mais de 120 milhões de pessoas – e a língua basca – falada no norte da Espanha e sudoeste da França. São línguas isoladas que têm "uma história particular muito longa, mas, na maioria dos casos, ninguém sabe nada sobre elas" (Janson, 2015: 51). O monumental trabalho de Antoine Meillet e Marcel Cohen (1924), *Les Langues du monde* [As línguas do mundo], por exemplo, distribui as línguas em 21 grandes grupos, incluindo grandes famílias e línguas isoladas.

Especificamente com relação ao indo-europeu, Émile Benveniste (1995: 283) propõe o seguinte esquema genealógico, com base em Meillet e Cohen (1924):

Figura 1 – Esquema genealógico do indo-europeu.

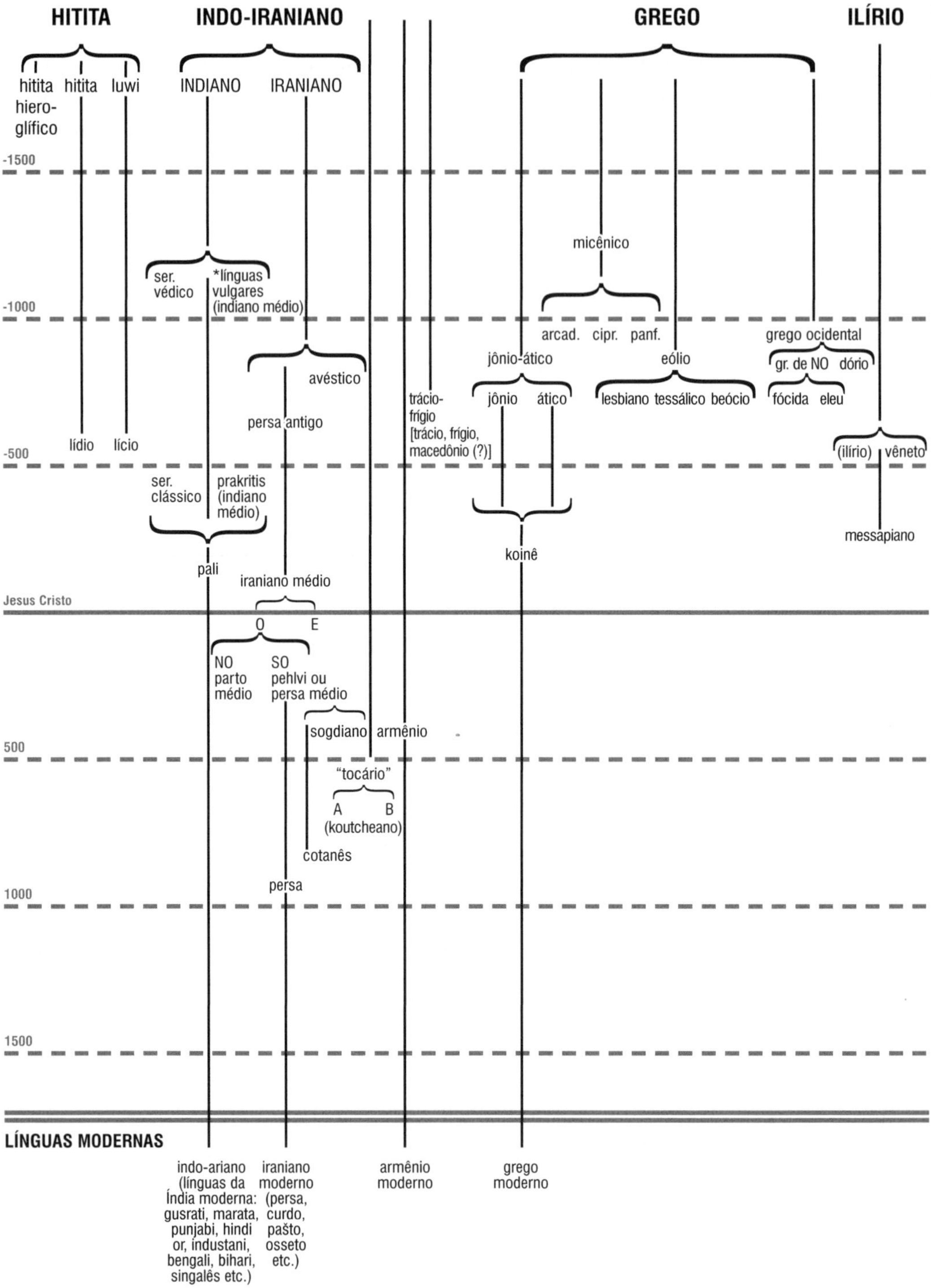

Fonte: adaptado de Benveniste (1995: 283).
(*O asterisco indica uma forma necessária, ainda que não documentada nas fontes utilizadas por Benveniste.)

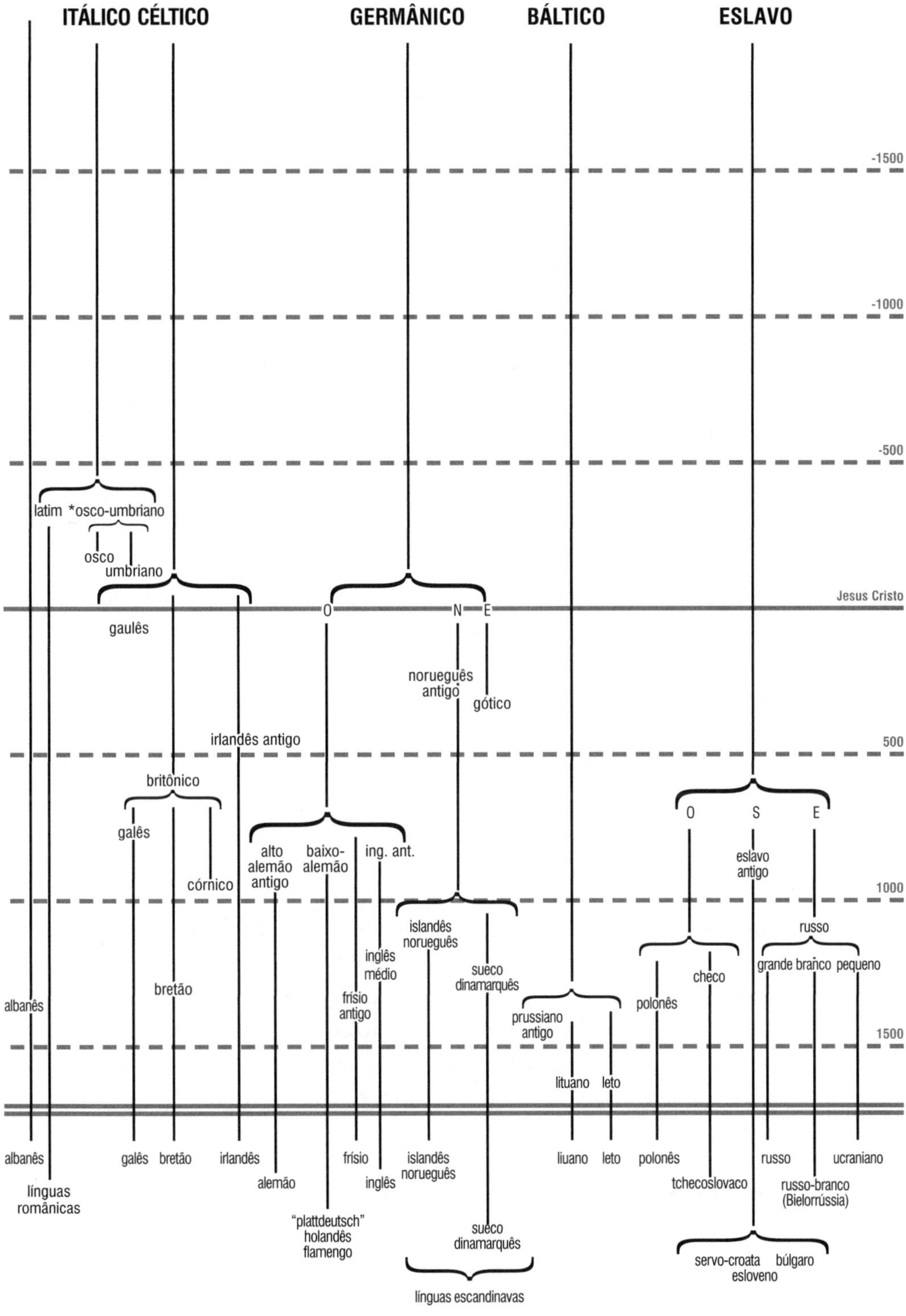
ITÁLICO CÉLTICO
GERMÂNICO
BÁLTICO
ESLAVO
-1500
-1000
-500
latim
*osco-umbriano
osco
umbriano
Jesus Cristo
O
N
E
gaulês
norueguês antigo
gótico
irlandês antigo
500
britônico
O
S
E
galês
alto alemão antigo
baixo-alemão
ing. ant.
eslavo antigo
córnico
1000
islandês norueguês
russo
inglês médio
sueco dinamarquês
grande branco pequeno
checo
bretão
frísio antigo
albanês
prussiano antigo
polonês
1500
lituano
leto
albanês
galês
bretão
irlandês
frísio
islandês norueguês
liuano
leto
polonês
russo
ucraniano
línguas românicas
alemão
inglês
tchecoslovaco
russo-branco (Bielorrússia)
"plattdeutsch" holandês flamengo
sueco dinamarquês
servo-croata
búlgaro
esloveno
línguas escandinavas

A proposta de Benveniste é uma das possíveis para o indo-europeu. Fica muito evidente nela o caráter de suposição do indo-europeu e a necessidade de reconstrução comparativa para obtê-lo. Nesse sentido, é importante frisar que o indo-europeu é o antecessor hipotético de uma gama de línguas, obtido por reconstrução comparativa. Milner sintetiza assim esse fazer:

> Ser indo-europeísta é, portanto: a) construir uma língua, a língua da causa, b) ligar cada forma das línguas observadas a uma forma da língua-causa (é isto que é nomeado etimologia). Vê-se imediatamente a estranheza da noção de indo-europeu: é uma língua de estatuto pleno, comparável em todos os aspectos a qualquer língua conhecida; mas nunca se atestará ter sido falada por sujeitos: de fato, se por ventura se descrevessem traços observáveis dela, eles apenas poderiam ser considerados como elementos de uma língua-efeito, a língua-causa procurada continuando a se esconder. (Milner, 1978: 107-8)

Em outras palavras, "o indo-europeu não é simplesmente uma língua morta, semelhante ao latim, que não é mais falado, mas que é sempre possível de relacionar a sujeitos" (Milner, 1978: 108). Esses falantes faltam ao indo-europeu: "o indo-europeu nunca está em posição de poder ser suposto língua materna para sujeitos" (Milner, 1978: 108).

A *classificação genética* se dá a partir da aplicação do *método comparativo*: para comprovar a ideia de que uma ou mais línguas provêm de outra língua anterior (uma protolíngua), aplicou-se o método comparativo, que deu origem à gramática comparativa:

> A maneira padrão de demonstrar o relacionamento genético entre as línguas é por meio do chamado método comparativo. Isso foi desenvolvido e refinado durante [...] o período clássico da linguística histórica: entre 1820 e 1870. Esse método baseia-se no fato de que a maioria das palavras relacionadas mais obviamente através das línguas podem ser dispostas em correspondência sistemática em termos de sua estrutura fonológica e morfológica. (Lyons, 1987: 181)

O **comparativismo** consiste "num cotejo de vocábulos (ex.: scr. *pitá*, gr. *patēr*, lat. *pater*, got. *fadar*), de partes de vocábulo (ex.: para a 3ª pes. sing. ind. pres., scr. *–ti*, gr. *ti*, v. rus. *–tĭ*, got.*-t*, lat. *t*), de consoantes (ex.: em posição inicial, scr. *bh,* gr. *π*. lat. *f, got. b.*) de vogais (ex.: scr. *a*, gr. *e*, lat. *e*, got. *i*)" (Camara Jr., 1969: 37 [grifos do autor]). Tem-se, dessa maneira, a reconstituição, em linhas gerais, de uma protolíngua e a classificação de diferentes línguas ou famílias de línguas na base da origem comum. Observe-se, adiante, o exemplo, vindo de Ilari (1999), quanto ao uso desse método com propósitos genéticos, de reconstituição, nas línguas românicas. Apesar de a passagem a seguir ser longa, sua leitura é fundamental, já que sintetiza com propriedade as ideias de que a semelhança entre as línguas românicas prova sua origem latina e de que a forma das palavras nessas línguas indica claramente a forma da expressão latina:

> Quando se comparam, por exemplo, port. e esp. *saber*, fr. *savoir*, it. *sapere*, fica legitimada a conjectura de que tenham uma origem comum numa palavra (i) cuja primeira sílaba começa por sibilante e (II) cuja segunda sílaba é tônica, e comporta uma consoante bilabial ou labiodental (*p, b* ou *v*). Constatando-se além disso que na evolução do latim para o espanhol e o português é regular a passagem do *p* intervocálico a *b*; que o *p* intervocálico do latim passa regularmente a *b* e em seguida a *v* em francês; que, ainda em francês, o *e* longo das sílabas tônicas não travadas passa a *ei*, depois *oi*, *oé*, *ué* e *wá* (a grafia acompanhou esta evolução apenas até a forma *oi*), torna-se legítimo supor que a forma originária comum fosse **sapére*, paroxítona. A identificação de **sapére* como a forma de que se originaram *saber* e seus correspondentes românicos não deixa de ser surpreendente quando referida ao vocabulário conhecido do latim clássico: o latim clássico tinha um verbo *sápere*, proparoxítono e conjugado como *cápere*, que significava entre outras coisas "saborear, provar uma comida para sentir-lhe o sabor". Este verbo *sápere* deve ter sido conjugado em latim vulgar como um verbo da 2ª conjugação; por outro lado dever ter sofrido uma alteração de sentido, ou seja, a habilidade em não confundir o gosto dos alimentos deve ter sido tomada como representação metafórica da esperteza e da inteligência (quem é esperto e vivido "não come gato por lebre"). A forma e o sentido distinto que o verbo *sápere* assume em latim vulgar não são fatos isolados: a comparação de outras formas românicas aponta para conclusões semelhantes. Assim, port. *fazer*, *caber*, esp. *hacer*, *caber* mostram que o latim vulgar deve ter tido *facére* e *capére*, ao invés das formas clássicas *fácere* e *cápere*; e o uso de metáforas físicas para representar operações do pensamento é comum, mesmo em latim clássico (por exemplo, o nosso *pensar* e o mais erudito *ponderar* provêm de verbos que significam "pesar", "colocar pesos na balança" etc.). (Ilari, 1999: 20-1 [grifos do autor])

Por fim, do ponto de vista historiográfico, cabe assinalar que a classificação genética de base comparatista (cf. Camara Jr., 2021a) teve origem, de maneira ainda incipiente, com os estudos do dinamarquês Rasmus Rask (1787-1832) e continuidade com os irmãos Friedrich von Schlegel (1772-1829) e August Schlegel (1767-1845), além de Franz Bopp (1791-1867) e Jacob Grimm (1785-1863) (ver Quadro 1, a seguir, e a parte III "Breves informações sobre linguistas citados", neste livro).

Antes deles, porém, é célebre a manifestação de sir William Jones, na Royal Asiatic Society de Calcutá, em 1786, na qual esse funcionário britânico observou que as afinidades entre o grego, o latim e o sânscrito são de tal ordem que sugerem que tais línguas sejam oriundas de uma fonte comum à qual estariam ligados também o gótico e o céltico. O pronunciamento de Jones merece ser citado não apenas em função da importância da ideia que formula, mas também porque, em vários sentidos, se costuma atribuir a ele o marco inicial da ciência linguística contemporânea, em sua versão comparatista. Citamo-lo, a seguir, a partir da *Pequena história da linguística*, de R. H. Robins (1983); no entanto, o leitor também poderá encontrá-la, com ligeiras mudanças devidas à tradução, em Lyons (1987: 178):

> O sânscrito, sem levar em conta a sua antiguidade, possui uma estrutura maravilhosa: é mais perfeito que o grego, mais rico que o latim e mais extraordinariamente refinado do que ambos. Mantém, todavia, com estas duas línguas tão grande afinidade, tanto nas raízes verbais quanto nas formas gramaticais, que não é possível tratar-se de produto do acaso. É tão forte essa afinidade que qualquer filólogo que examine o sânscrito, o grego e o latim não pode deixar de acreditar que os três provieram de um fonte comum, a qual talvez já não exista. Razão idêntica, embora menos evidente, há para supor que o gótico e o celta tiveram a mesma origem que o sânscrito. (Jones, apud Robins, 1983: 107)

Estava fundado um novo olhar: a língua antiga sagrada da Índia, sabemos agora, estava desde sempre ligada ao grego, ao latim e a outras línguas, e Jones dá a essa descoberta a explicação que pareceu mais óbvia para o pensamento vigente à época. Essa explicação cria o que se convencionou chamar de **linguística comparada**.

Como forma de sistematizar as informações historiográficas até aqui consideradas, propomos o quadro a seguir.

Quadro 1 – Pequena cronologia dos estudos histórico-comparados e sua relação com a classificação das línguas.

Ano de publicação	**Autor**	**Obra**	**Relação com a classificação das línguas**
1808	Friedrich von Schlegel	*Über die Sprache und Weisheit der Indier* [Sobre a língua e a sabedoria dos indianos]	Obra que dá amplo destaque ao sânscrito, na qual é proposta uma origem comum entre o sânscrito, o grego, o latim e o alemão. Foi o primeiro autor a empregar a expressão "gramática comparada" e a supor uma comparação entre línguas.
1816	Franz Bopp	*Über das Conjugationssystem der Sanskritsprache in Vergleichung mit jenem der griechischen, lateinischen, persischen und germanischen Sprache* [Sobre o sistema de conjugação do sânscrito em comparação com o do grego, latim, persa e germânico]	Obra na qual é proposta uma grande família de línguas que engloba a Europa e a Ásia. É considerada a fundadora da ciência linguística histórico-comparada, por efetivamente desenvolver um estudo comparado entre línguas.
1818	August Schlegel (irmão de Friedrich von Schlegel)	*Observations sur la langue et la littérature provençales* [Observações sobre a língua e a literatura provençais]	Obra que apresenta três classes principais de línguas: as que não têm nenhuma estrutura gramatical, as línguas analíticas e as línguas sintéticas. Essa classificação dará origem a outra, mais tarde, com August Schleicher: línguas isolantes, aglutinantes e flexionais.
1818	Rasmus Rask	*Investigation of the Origin of the Old Norse or Icelandic Language* [Investigação sobre a origem do antigo escandinavo ou língua islandesa]	Obra acabada em 1814, mas publicada apenas quatro anos mais tarde, motivo pelo qual o trabalho de Franz Bopp (cf. exposto anteriormente) é considerado o fundador da linguística histórico-comparada.
1819	Jacob Grimm	*Deutsche Grammatik* [Gramática alemã]	Gramática histórico-comparada dos dialetos germânicos. Na segunda edição dessa obra, em 1822, encontra-se formulado o que ficou conhecido, posteriormente, como *lei de Grimm*, chamada na obra de *mutação fonética* (*Lautverschiebung*).

Fonte: os autores.

Passamos, agora, à segunda classificação das línguas que destacamos anteriormente: a *classificação tipológica*. Antes de passarmos a ela, vale, porém, destacar uma observação de Benveniste que servirá de princípio aqui:

> Toda classificação genética, ao mesmo tempo em que propõe e gradua o parentesco entre certas línguas, determina um certo *tipo* que lhes é comum. As identificações materiais entre as formas e os elementos das formas acabam por destacar uma estrutura formal e gramatical própria da família definida. Daí se segue que uma classificação genética é também tipológica. As semelhanças do tipo podem mesmo ser mais aparentes que as das formas. (Benveniste, 1988: 114 [grifo do autor])

Acrescenta ainda o linguista (Benveniste, 1988: 116-7 [grifos do autor]) que "termos como *indo-europeu*, *semítico* etc. denotam ao mesmo tempo a filiação histórica de determinadas línguas e o seu parentesco tipológico", isto é, "línguas caracterizadas historicamente como indo-europeias têm, realmente, a mais, certos traços de estrutura em comum". Quer dizer, ao assinalarmos a distinção entre uma *classificação genética* das línguas e uma *classificação tipológica*, não estamos propondo uma dicotomia opositiva estanque, mas uma diferença de método.

Nesse sentido, o mesmo Benveniste adverte: "a conjunção desses traços fora da história não basta para definir uma língua como indo-europeia. O que significa dizer que uma classificação genética não se transpõe para uma classificação tipológica e vice-versa" (Benveniste, 1988: 117). Assim, podemos falar em *parentesco* em dois sentidos: de um lado, o parentesco de origem *genética* comum; de outro lado, o parentesco de *estrutura*, objeto de nossas considerações daqui em diante.

Conforme Camara Jr. (1969), a primeira tentativa de classificação tipológica das línguas de que se tem notícia é a proposta pelo linguista alemão August Schleicher. Com base em ideias anteriores dos irmãos August e Friedrich Schlegel, Schleicher apresenta uma tipologia, baseada na estrutura do vocábulo, segundo a qual há línguas *isolantes*, *aglutinantes* e *flexionais*.

Schleicher é um autor interessante do século XIX. De um lado, ele propôs, na continuidade de Bopp e Grimm, um estudo genético das línguas. A classificação em **árvore genealógica** por ele desenvolvida exerceu forte influência na linguística comparada. Mas é com relação à classificação tipológica, baseada na estrutura da palavra, que ele realmente dá uma grande contribuição na história da linguística. O linguista alemão apresenta a classificação tripartida das línguas articulada a uma visão genealógica; quer dizer, a intenção de Schleicher não era propriamente fazer um estudo descritivo das línguas, mas traçar um quadro evolutivo dessas.

Assim, as **línguas isolantes**, caracterizadas pela presença de vocábulos indecomponíveis em duas ou mais formas mínimas em que as funções sintáticas são expressas pela posição da palavra, seriam um primeiro estágio das línguas (por exemplo, o mandarim e o vietnamita). As **línguas aglutinantes**, caracterizadas pela reunião de elementos formais à raiz, que permanece invariável, seriam um segundo estágio das línguas (por exemplo, o turco, o japonês e o húngaro). Finalmente, as **línguas flexionais**, caracterizadas pela assimilação dos elementos formais que exprimem significações gramaticais, categóricas ou relacionais, cujas raízes têm a capacidade de modificação interna (por exemplo, o latim e o grego). Conforme Camara Jr. (2021a: 79-80),

> Schleicher exprimia esta classificação tríplice por meio de fórmulas algébricas. Chamou *R* de raiz, *p* o prefixo, *s* qualquer sufixo e *x* como expoente do *R,* a qualquer modificação interna da raiz.
>
> *1º estágio*: R R R..
>
> *2º estágio*: pRs pRs pRs ....
>
> *3º estágio*: $pR^{x}s$ $pR^{x}s$ $pR^{r}s$ ....
>
> O traço mais característico dessa classificação está no fato de que os três estágios eram vistos na sucessão temporal da mesma forma que o desenvolvimento irreversível de uma planta. Para Schleicher, as línguas flexionais representavam a mais alta realização da linguagem. Depois do terceiro estágio, de acordo com ele, deparamo-nos tão somente com a decadência.

A classificação de Schleicher sobreviveu durante muitos anos na história da linguística. No entanto, hoje em dia, tal classificação recebe inúmeras críticas em função das várias imprecisões que carrega (a dificuldade em definir claramente o que pertence à flexão e à aglutinação é apenas uma delas).

O início do século XX viu surgir uma nova classificação, considerada por Benveniste (1988: 119-21) "uma tipologia consistente e compreensiva [...] e a mais refinada de todas": a do linguista Edward Sapir, publicada originalmente em *Language: an introduction to the study of speech,* em 1921.

Ora, a admiração de Benveniste não é sem motivos. Realmente, Sapir apresentou à linguística uma classificação das línguas cujo alcance exige, até os dias de hoje, que seja revisitada. Apresentamos, a seguir, a proposta de Sapir, influenciados, sem dúvida, pela admiração de Benveniste (1988: 119-21).

Sapir propõe uma classificação com base em três critérios: tipos de "conceitos" expressos; "técnica" prevalente; grau de "síntese".

Há quatro grupos de *conceitos*: I, conceitos de base (como objetos, ações, qualidades, expressos por palavras independentes); II, conceitos derivacionais (menos concretos, como a afixação de elementos a um dos elementos radicais, mas sem alteração do sentido do enunciado); III, conceitos relacionais concretos (como número, gênero etc.); IV, conceitos relacionais abstratos (como relações que constroem a sintaxe).

Os grupos I e IV nunca faltam; os grupos II e III podem faltar ou não, juntos ou separadamente. Obtêm-se, assim, quatro tipos de línguas (cf. Sapir, 1980: 108-9).

a. Línguas que apresentam somente os grupos I e IV. São línguas que não modificam a significação dos radicais por meio de afixos ou mudanças internas, que mantêm "puras as relações sintáticas. [...]. Podemos chamá-las 'línguas de relação pura sem derivação'" (Sapir, 1980: 108). Em outras palavras, são línguas sem afixação (cf. Benveniste, 1988).
b. Línguas que apresentam os grupos I, II e IV. São línguas que têm uma sintaxe puramente relacional, mas também uma sintaxe da afixação e da modificação interna dos radicais (cf. Benveniste, 1988). São as "línguas de relação pura com derivação" (Sapir, 1980: 108).
c. Línguas que apresentam os grupos I e III. São línguas que têm as relações sintáticas garantidas por elementos de significação antes concreta, mas sem que os elementos radicais estejam submetidos à afixação ou à modificação interna. São as "línguas de relação mista sem derivação" (Sapir, 1980: 109).
d. Línguas que apresentam os grupos I, II e III. São línguas em que há relações sintáticas "mistas", como em c, mas com possibilidade de modificar o sentido dos elementos radicais por afixação ou modificação interna. São as "línguas de relação mista com derivação" (Sapir, 1980: 108). Aqui se encontram as ditas línguas flexionais e muitas línguas das ditas aglutinantes.

Sapir (1980) sintetiza, inicialmente, essa tipologia da seguinte maneira:

Esquema 1 – Síntese inicial da classificação das línguas.

I) Línguas de relação pura:	**A**. simples
	B. complexas
II) Línguas de relação mista:	**C**. simples
	D. complexas

Fonte: Sapir (1980: 109).

Cada um dos tipos (A, B, C e D) se subdivide em subtipos, conforme a "**técnica**" empregada pela língua: a) isolante (ausência de afixos e modificações no radical), b) aglutinante (justaposição de elementos), c) fusional (vocábulos com afixos), d) simbólica (vocábulos com flexão interna, línguas sujeitas à alternância ou reduplicação).

Finalmente, conforme o grau de "**síntese**" realizado nas unidades da língua, tem-se as línguas analíticas (um conceito para cada vocábulo), sintéticas (vários conceitos em cada vocábulo) e polissintéticas (uma complexa multiplicidade de conceitos para cada vocábulo).

Observe-se a síntese da proposta no Quadro 2 a seguir, que adaptamos de Sapir (1980).

Quadro 2 – Classificação das línguas.

Tipo fundamental	**Técnica**	**Síntese**	**Exemplos**
A (puramente relacional e simples)	Isolante	Analítica	Chinês, anamita
	Isolante (fracamente aglutinativa)	Analítica	Ewe (Costa da Guiné)
	Aglutinativa (moderadamente aglutinativo-fusional)	Analítica	Tibetano moderno
B (puramente relacional e complexa)	Aglutinativa-isolante	Analítica	Polinésio
	Aglutinativa-isolante	Polissintética	Haída
	Fusional-isolante	Analítica	Cambojano
	Aglutinativa	Sintética	Turco
	Aglutinativa (com matiz simbólica)	Polissintética	Yana (norte da Califórnia)
	Fusional-aglutinativa (com matiz simbólica)	Sintética (moderadamente)	Tibetano clássico
	Aglutinativa-fusional	Sintética (moderadamente polissintética)	Siú
	Fusional	Sintética	Salinan (sudoeste da Califórnia)
	Simbólica	Analítica	Shilluk (Alto-Nilo)
C (relacional mista e simples)	Aglutinativa	Sintética	Banto
	Fusional	Analítica (moderadamente sintética)	Francês

D (relacional mista e complexa)	Aglutinativa (com matiz simbólica)	Polissintética	Nutka (Ilha de Vancouver)
	Fusional-aglutinativa	Polissintética (moderada)	Chinuque (parte inferior do Rio Colúmbia)
	Fusional	Polissintética	Algonquino
	Fusional	Analítica	Inglês
	Fusional (com matiz simbólica)	Sintética	Latim, grego, sânscrito
	Fusional (fortemente simbólica)	Sintética	Takelma (sudoeste do Oregon)
	Simbólica-fusional	Sintética	Semítico (árabe, hebraico)

Fonte: adaptado de Sapir (1980: 111-2).

A classificação de Sapir é bastante complexa, e o próprio linguista não a toma por definitiva. Sapir, à moda dos grandes pensadores, sempre resguardou o caráter provisório e experimental dessa classificação. Leia-se, adiante, com atenção, pois se trata de uma atitude intelectual irrepreensível:

> As línguas, afinal de contas, são estruturas históricas excessivamente complexas. Importa menos dispor cada língua no seu escaninho determinado, do que estabelecer um método flexível que nos permita, partindo de dois ou três pontos independentes, situá-la em relação a outra língua. Tudo isso não vem negar que certos tipos linguísticos sejam mais estáveis e mais encontradiços em comparação com outros que em teoria apresentam igual possibilidade de existência. Mas é que ainda estamos tão mal informados da índole estrutural de grande número de línguas, que não temos direito de armar uma classificação que não seja flexível e experimental. (Sapir, 1980: 110)

Finalmente, não poderíamos encerrar este capítulo sobre a classificação das línguas sem mencionar o trabalho do linguista norte-americano Joseph Harold Greenberg. Os estudos tipológicos mais recentes devem muito a seu trabalho, desenvolvido nas décadas de 1950, 1960 e 1970, em especial. Greenberg estudou comparativamente padrões estruturais das línguas com o objetivo de postular universais linguísticos. Além de estudos de base morfológica, Greenberg formulou estudos de base sintática que separam ou aproximam diferentes línguas em função da organização sintática apresentada.

Em termos de estruturação sintática, as línguas costumam ser classificadas com base na organização de três elementos básicos que constituem sua estrutura frasal:

o sujeito, o verbo e o(s) complemento(s) verbal(is). O português, por exemplo, é uma língua dita SVO, porque a organização mais frequente e informacionalmente mais neutra (por vezes, dita a organização sintática "não marcada") é aquela em que os elementos da frase se organizam como Sujeito-Verbo-Objeto (cf. Costa, 1998; Dryer, 2005). Contudo, essa não é a organização sintática mais frequente encontrada nas línguas já estudadas. De acordo com Dryer (2005), das combinações matematicamente possíveis entre sujeito, verbo e complementos (*i.e.* SVO, SOV, VSO, VOS, OVS e OSV), encontramos a seguinte distribuição entre as línguas humanas já catalogadas (1.056 línguas):

a. Línguas SOV (497 línguas), exemplos: coreano, japonês, turco.
b. Línguas SVO (435 línguas), exemplos: espanhol, francês, inglês, mandarim.
c. Línguas VSO (85 línguas), exemplos: árabe, galês, irlandês.
d. Línguas VOS (26 línguas), exemplos: malgaxe (língua falada em Madagascar), nias (língua falada na costa da Sumatra, na Indonésia).
e. Línguas OVS (9 línguas), exemplos: hixkaryana (língua falada na região do rio Nhamundá, na Amazônia).
f. Línguas OSV (4 línguas), exemplos: nadëb (língua falada na região do rio Negro, na Amazônia).

A maioria das línguas estudadas é do tipo SOV e SVO, que representam juntas quase 90% de todas as línguas. As línguas desses dois tipos têm em comum dois aspectos que parecem ser importantes na organização sintática das línguas naturais humanas: o primeiro elemento da frase é o sujeito; e, consequentemente, o verbo e o objeto vêm um ao lado do outro, formando uma unidade que não é quebrada pelo sujeito.

ALGUMAS OBSERVAÇÕES

a. Quando utilizamos a terminologia própria à linguística histórica, devemos tomar cuidado para não aplicá-la de maneira muito literal. Quer dizer, falamos em línguas-mãe, línguas-filha, parentesco, família etc. Lyons explica que

> embora as línguas possam se extinguir num determinado momento, de modo a podermos nos referir a elas metaforicamente como moribundas, não há nenhum sentido razoável em utilizar a mesma metáfora orgânica ou biológica para falar das línguas como nascendo. Vale a pena chamar atenção para este fato porque, [...], a terminologia da linguística

> histórica é bastante metafórica. Agrupamos línguas em famílias pela sua descendência comum de uma língua-mãe mais antiga, e chamamos de geneticamente relacionadas as línguas que podem ser identificadas como provenientes de uma língua ancestral comum: é o caso das línguas românicas que podem ser relacionadas dessa forma ao latim. Quando tal terminologia foi introduzida na linguística no século dezenove sua interpretação era mais literal do que hoje em geral, devido à influência do romantismo germânico, de um lado, e do evolucionismo darwiniano, de outro. Devemos levar em conta que não existe um ponto a partir do qual o anglo-saxão repentinamente transformou-se em ou deu à luz o inglês, por exemplo, ou o latim deu à luz as línguas românicas, enquanto ele próprio continuava a existir como língua erudita durante vários séculos. No entanto é assim que os não linguistas normalmente concebem a origem das línguas. (Lyons, 1987: 171-2)

Essa passagem de Lyons é muito pertinente e o raciocínio que a caracteriza já se encontra em Ferdinand de Saussure, que, em conferência dada na Universidade de Genebra em novembro de 1891 – portanto, em pleno século da linguística histórico-comparada –, advertia a respeito de certa ingenuidade que a ideia evolucionista poderia carregar:

> Quando consideramos um certo estado de língua, como o francês do século XIX, e um certo estado de língua anterior, como por exemplo o latim do século de Augusto, ficamos impressionados, no primeiro momento, pela grande distância que os separa e ficamos, eu me apresso a acrescentar, muito mais impressionados pela denominação diferente que se convencionou lhes dar, chamando este de *latim* e aquele de *francês*. Nós imaginamos, então, frequentemente, que há duas coisas e que uma sucede à outra. Ora, que há sucessão, isso é indubitável e evidente, mas que haja duas coisas nessa *sucessão* é falso, radicalmente falso, perigosamente falso, do *ponto de vista* de todas as concepções que se seguem. Basta aqui refletir um instante, já que tudo está contido nessa simples observação: cada indivíduo emprega, no dia seguinte, o mesmo idioma que falava no anterior e é isso que sempre se observa. Não houve, portanto, um dia em que se pudesse lavrar o atestado de óbito da língua latina e não houve, igualmente, um dia em que se pudesse registrar o nascimento da língua francesa. Jamais aconteceu que as pessoas da França acordassem dizendo *bom-dia* em francês, tendo, antes de dormir na véspera, dito *boa-noite* em latim. (Saussure, 2004: 133 [grifos do autor])

O raciocínio é primoroso e introduz uma nova ideia na reflexão linguística: há permanente continuidade de uma língua e, por mais paradoxal que pareça, permanente transformação no tempo.

b. Consideramos anteriormente alguns tipos de classificação das línguas, aqueles aos quais atribuímos maior importância na história da linguística. No entanto, é importante destacar que há também outros. Por exemplo, Camara Jr. (1969) lembra as classificações areais, baseadas em critérios geográficos, explicitamente admitidas em expressões como "línguas polinésias", "línguas sul-africanas", "línguas americanas", "línguas caucásicas" etc. No entanto, é bom explicar, não há propriamente elo entre língua e geografia, embora línguas possam ser agrupadas em função desse critério.
c. Quando se fala em classificação das línguas, é comum encontrar-se referência ao linguista e filósofo alemão Wilhelm von Humboldt (1767-1835). Atribui-se a ele, normalmente, a classificação quadripartida em **línguas isolantes, aglutinantes, flexionais** e **incorporantes**. A obra de Humboldt é extensa e complexa, e não raras vezes faz-se dela leituras pouco aprofundadas. De nossa parte, optamos por acompanhar a imensa fortuna crítica dessa obra na atualidade, aqui representada por um de seus mais brilhantes leitores, Jürgen Trabant (1992; 1999), que é unânime em rechaçar a atribuição dessa classificação a Humboldt. Para Trabant (1992: 159), a classificação das línguas nunca foi o centro da linguística humboldtiana; ela é, na verdade, algo que pode ser feito apenas após um detalhado trabalho de análise linguística. Trabant admite que os termos – isolante, aglutinante, flexional e incorporante – são utilizados por Humboldt, mas para caracterizar procedimentos de formação das frases e das palavras e não para classificar as línguas.
d. Do ponto de vista que busca fazer um inventário das línguas nos países do mundo, recomenda-se consultar o site www.ethnologue.com (cf. Ethnologue, 2019). Há, ali, informações sobre as línguas, suas origens, número de falantes, países em que são faladas etc.

Leituras complementares: Finbow (2022); Janson (2015); Lyons (1987); Robins (1983).

Capítulos relacionados: Gramática comparada. Linguística histórica. Neogramáticos.

Comunidade linguística

Comunidade linguística refere-se ao grupo de indivíduos que compartilha a língua. Nesse sentido, homogeneidade, mais do que heterogeneidade, é o que se destaca na caracterização de comunidade linguística, definida com base no conhecimento de língua que os indivíduos têm em comum.

No *Curso de linguística geral*, Saussure afirma o seguinte:

> De que maneira se deve representar esse produto social para que a língua apareça perfeitamente desembaraçada do restante? Se pudéssemos abarcar a totalidade de imagens verbais armazenadas em todos os indivíduos, atingiríamos o liame social que constitui a língua. Trata-se de um tesouro depositado pela prática da fala em todos os indivíduos pertencentes à mesma *comunidade*, um sistema gramatical que existe virtualmente em cada cérebro ou, mais exatamente, nos cérebros dum conjunto de indivíduos, pois a língua não está completa em nenhum, e só na massa ela existe de modo completo. (Saussure, 1975: 21 [grifo nosso])

Um pouco mais adiante, ainda sobre a noção de língua, Saussure reafirma: a língua "é a parte social da linguagem, exterior ao indivíduo, que, por si só, não pode nem criá-la, nem modificá-la; ela não existe senão em virtude duma espécie de contrato estabelecido entre os membros da *comunidade*" (Saussure, 1975: 21 [grifo nosso]).

Saussure emprega o termo *comunidade* para referir o grupo de indivíduos que compartilha a língua. Já Lyons (1981), ao explicar a noção saussuriana de língua, usa a expressão *language-community* (comunidade de língua), traduzida na edição brasileira como **comunidade linguística**, como se vê no seguinte trecho: "O que Saussure chamou de *langue* é qualquer língua particular que seja de posse comum a todos os membros de uma *comunidade linguística* determinada (ou seja, a todos que se dizem falar a mesma língua)" (Lyons, 1987: 23 [grifos do autor]).

O linguista francês André Martinet emprega *comunidade linguística* no livro *Elementos de linguística geral* (1978), publicado originalmente em 1960, na discussão da homogeneidade como aspecto definidor de comunidade:

> Temos suposto até agora que todo o homem pertence a uma comunidade linguística e a uma só. [...] o mundo apresenta-se hoje dividido em corpos políticos, cada um dos quais (regra geral) utiliza oficialmente determinada língua. Há por isso tendência para supor que todos os indivíduos pertencentes à mesma nação formam uma comunidade linguística homogênea e fechada. (Martinet, 1978: 149)

Mais tarde, Martinet nega claramente a suposição da homogeneidade, no prefácio da obra *Languages in Contact*, de Uriel Weinreich: "devemos enfatizar o fato de que uma comunidade linguística *nunca* é homogênea e quase nunca é independente" (Martinet, 1968: VII [grifo do autor]). A afirmação de Martinet vale para sociedades multilíngues, cujos membros, bilíngues ou plurilíngues, podem falar mais de uma língua e em diferentes níveis de proficiência. Até mesmo membros de sociedades monolíngues apresentam manifestações linguísticas diversas.

Nesse ponto, é importante voltar à teoria saussuriana e pensar que comunidades linguísticas são grupos de indivíduos que compartilham o sistema gramatical da língua. Em termos de desempenho linguístico, podem apresentar diferenças nos usos da linguagem, mesmo compartilhando esse sistema, por se conformarem aos padrões das comunidades de fala que integram. Por exemplo, os falantes de português brasileiro, seja qual for sua região de origem/residência, seu estrato social e até mesmo seu grau de proficiência, formam a comunidade linguística que compartilha o sistema gramatical do português brasileiro. Suas diferenças de fala, caracterizadoras de variedades de português brasileiro, devem-se às normas de uso e avaliação linguística adquiridas em suas interações sociais cotidianas, nas comunidades de fala a que pertencem.

É preciso registrar, no entanto, o fato de que a definição de *comunidade*, seja linguística, seja de fala, é um desafio para a teoria linguística, em razão da circularidade ou tautologia que a acompanha: comunidade é concebida pela partilha da língua, língua é concebida por sua pertença à comunidade.

A solução desse desafio parece requerer conhecimentos de outras áreas, especialmente das ciências sociais. É o que Hymes sugere a respeito de **comunidade de fala**:

> Uma comunidade de fala é definida, então, tautológica, mas radicalmente, como uma comunidade que partilha conhecimento de regras de conduta e interpretação da fala. Tal partilha compreende pelo menos uma forma de fala e também conhecimento de seus padrões de uso. Ambas as condições são necessárias. Como os dois tipos de conhecimento podem ser

> compartilhados a despeito da filiação comum a uma comunidade, uma teoria de linguagem adequada requer noções adicionais, tais como *campo de linguagem*, *campo de fala* e *rede de fala* e requer a contribuição da ciência social na caracterização das noções de comunidade e de filiação a uma comunidade. (Hymes, 1974: 51 [grifos do autor])

A sugestão de Hymes (1974), de definir termos e estabelecer interface com ciências correlatas, é válida para definir tanto comunidade de fala quanto qualquer comunidade com que se opere na pesquisa linguística.

Leituras complementares: Martinet (1978); Saussure (1975).

Capítulos relacionados: Idioma. Língua oficial. Sociolinguística.

Convencionalidade

O aspecto convencional da linguagem humana é um dos temas mais recorrentes nos estudos linguísticos e, normalmente, é tomado em contraste com outras duas perspectivas, a naturalista e a arbitrária.

O diálogo *Crátilo*, um dos textos mais antigos da história da linguística, escrito pelo filósofo grego Platão (428/427 a.C.-348/347 a.C.), é uma das primeiras obras que aborda a questão. Conforme Paviani (1993), o diálogo pode ser dividido em duas partes: a primeira, em que se encontra o diálogo entre Sócrates e Hermógenes; a segunda, em que se encontra o diálogo entre Sócrates e Crátilo. Todo o diálogo gira em torno de uma grande discussão e de seus desdobramentos: a correção ou exatidão dos nomes, em sua relação com as coisas (entidades). De um lado, a tese convencionalista, defendida por Hermógenes, segundo a qual a justeza e a correção dos nomes às coisas decorre de acordo convencional entre os homens; de outro lado, a tese naturalista, defendida por Crátilo, segundo a qual a correção e justeza dos nomes decorre do vínculo natural que têm com as coisas (entidades). Há, no diálogo, argumentos para a defesa de ambas as teses: "os nomes parecem possuir, contrariamente à opinião de Hermógenes, uma certa justeza natural, e também, contra Crátilo, parece que nem todos os nomes são exatos por natureza" (Paviani, 1993: 17), ou seja, pode haver convenção na sua formação.

É Lyons quem melhor explica o que se passa sob a influência da filosofia grega:

> os filósofos gregos discutiam se o que regia a língua era a "natureza" ou a "convenção". Essa oposição da "natureza" e da "convenção" era um lugar-comum da especulação filosófica. Dizer que uma determinada instituição era natural equivalia a dizer que ela tinha sua origem em princípios eternos e imutáveis fora do próprio homem, e era por isso inviolável: dizer que era convencional equivalia a dizer que ela era o mero resultado do costume e da tradição, isto é, de algum acordo tácito, ou "contra o social", entre os membros da comunidade – "contrato" que, por ter sido feito pelos homens, podia ser pelos homens violado. (Lyons, 1979: 4)

Os que, na história posterior a Platão, assumem uma visão naturalista das relações entre as palavras e as coisas, em geral, evoluem para uma concepção que prioriza estudar as irregularidades da língua, os chamados **anomalistas**; os demais, ou seja, os que assumem uma visão convencionalista dessas relações, evoluem para uma concepção que prioriza estudar as regularidades da língua, os chamados analogistas (cf. Lyons, 1979: 6-7)

O pensamento de Platão acerca da linguagem e sua influência na história das ideias linguísticas são muito mais complexos do que a simples formulação que fizemos anteriormente deixa transparecer. No entanto, ela é suficiente para delimitar o ponto inicial de um debate que deverá se estender por muitos séculos após Platão: a discussão em torno da convencionalidade da linguagem nasce articulada à reflexão em torno da relação entre a linguagem e a realidade, o mundo dos objetos, como quer Platão. Ou seja, a investigação platônica situa os limites desse debate no âmbito das relações entre os nomes (a linguagem), as ideias e as coisas.

É fundamental entender isso, pois indagar se as palavras – a língua em geral – são convencionais somente tem sentido quando tal indagação está ligada à relação entre língua e realidade. Esse contexto é muito diferente daquele inaugurado por Ferdinand de Saussure ou por Noam Chomsky, no escopo da linguística no século XX, para quem não cabe ao linguista indagar sobre essa relação, mas entre a face fonológica (imagem acústica/significante) da língua e a face do conteúdo (conceito/significado). De acordo com Moura e Cambrussi (2018: 180),

> Tanto Saussure quanto Chomsky concluem [...] que o **referente** não pode ser objeto de estudo da linguística, pois o referente se situa fora da linguagem. E a linguística, para esses autores, deve explicar como a linguagem funciona, e não como as coisas externas à linguagem são definidas. Esse é o ponto central do argumento de Saussure e de Chomsky. A linguística deve focar aquilo que tem uma natureza estritamente linguística, deixando para outras ciências a definição daquilo que fica de fora do elemento propriamente linguístico.

Para Saussure, o signo linguístico é arbitrário, pois se trata de uma relação imotivada entre significante e significado; ao contrário do que se formulou a partir do contexto platônico, no qual tem lugar o signo entendido como relação convencional entre as palavras e as coisas.

Em resumo, quando indagamos sobre a relação entre a língua e a realidade, podemos dar respostas do tipo "essa relação é convencional" ou "essa relação é natural"; quando indagamos sobre a relação entre significante e significado, podemos dar a resposta "essa relação é arbitrária, ou seja, imotivada". Optar por um ou por outro caminho é assumir diferentes noções de "signo".

A perspectiva teórica orientada pela reflexão em torno da relação língua/realidade configura uma noção triádica de signo (também chamado de **símbolo**), representada normalmente por um triangulo (cf. Esquema 1, a seguir), e dá origem, na história do pensamento, a inúmeras discussões linguísticas que incluem debates sobre referência, referente, regularidades, irregularidades etc.

Esquema 1 – Esquema triádico do signo.

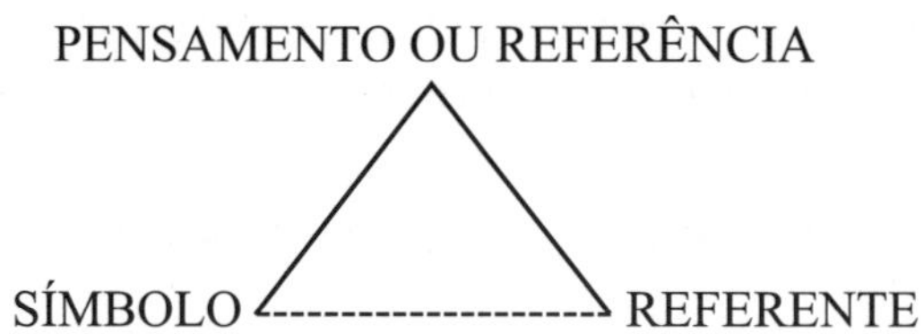

Fonte: adaptado de Ogden e Richards (1946: 11).

A perspectiva orientada pela reflexão em torno da **arbitrariedade** configura uma noção binária de signo (cf. Figura 1, a seguir) e dá origem, em especial na linguística pós-saussuriana, a estudos voltados à descrição dos sistemas linguísticos.

Figura 1 – Esquema binário do signo linguístico.

Fonte: adaptado de Saussure (1975: 136).

A passagem de uma perspectiva a outra não é mera alteração de terminologia ou redistribuição dos termos, mas uma verdadeira mudança de problemática a ser tratada.

A bem da verdade, a primeira perspectiva (língua *versus* realidade) foi, desde sempre, contemplada pelos filósofos sem, no entanto, chamar muita atenção dos linguistas, principalmente daqueles marcados, mais recentemente, pela tradição saussuriana (mais ligados à díade significante/significado) (cf. Gadet, 1996). Na linguística do século XIX, porém, havia quem assumisse uma perspectiva convencionalista. Um dos principais exemplos é o sanscritista norte-americano – considerado o grande precursor das ideias de Saussure – W. D. Whitney, que em seu livro de 1875, *A vida da linguagem*, conjuga em um só raciocínio **arbitrariedade** e **convencionalidade**:

> Pode-se dizer, num sentido exato e preciso, que toda a palavra transmitida é um signo arbitrário e convencional: arbitrário, porque qualquer outra palavra, entre as milhares que utilizamos e as dezenas de milhares que poderíamos utilizar, poderia ter sido aplicada à ideia; convencional, porque a razão para empregar esta e não aquela é que a sociedade [...] já a emprega. (Whitney, 2010: 32)

Na atualidade, há muitas perspectivas de estudo da linguagem que assumem, com reformulações parciais ou totais da ideia original grega, o convencionalismo linguístico. Em geral, são teorias que se voltam ao tratamento de aspectos sociais, culturais, ontológicos, contextuais etc. Muitas teorias semânticas, pragmáticas, discursivas de hoje em dia aceitam princípios convencionalistas da linguagem humana.

Leituras complementares: Ducrot e Todorov (1988); Lyons (1979; 1987); Othero e Brauner (2006).

Capítulos relacionados: Estruturalismo. Linguística. Origem das línguas e da linguagem.

Cognitivismo

Cognitivismo em linguística e em outras ciências relaciona-se a seu fundamento racionalista, à visão de que todos os indivíduos da espécie *Homo sapiens sapiens* têm uma capacidade mental comum, a de abstrair da aparente diversidade das coisas do mundo o que está por trás delas, o que as gera e unifica.

O **racionalismo** é uma visão clássica, existente antes mesmo do advento das ciências enquanto tal. Por exemplo, está na obra de Platão (428-347 a.C.), em vários de seus diálogos filosóficos, até mesmo em uma parábola invocada para discutir as aparências e a realidade, a famosa parábola da caverna. Um grupo de pessoas passa a vida inteira preso numa caverna. Tudo o que consegue ver são a parede da caverna e as sombras nela projetadas por uma fogueira, armada atrás do grupo. Se um dos prisioneiros fosse libertado, percorreria a caverna, sairia e compreenderia não só que o mundo é muito maior do que até então conhecia, mas também que as sombras projetadas na parede da caverna originavam-se de pessoas, animais e objetos passando pela fogueira. Essa parábola de Platão resume o que, para ele, é a natureza da compreensão humana: ela está no mundo das ideias, num plano atemporal e transcendente de formas completas e puras, existente para além da aparência, da mutabilidade e variedade das coisas do mundo.

Pela doutrina racionalista, então, pode-se chegar ao conhecimento exclusivamente pelo raciocínio, sem qualquer apelo à experiência do mundo material, graças à posse inata, na mente humana, da faculdade da razão. Essa faculdade contém conceitos como substância ou causação, não deriváveis da experiência, mas com os quais compreendemos a experiência. Inatos, esses conceitos são essencialmente os mesmos para todos os humanos, isto é, são universais. Nessa linha e no que tange às manifestações da linguagem, pode-se conceber que, por trás das formas observadas, existe um sistema gerativo de ideias puramente mentais e inatas, concepção que ganha expressão máxima, em linguística, nas teorias do linguista norte-americano Noam Chomsky (1965; 1986; 1988) e no gerativismo.

Outro filósofo relevante para compreender cognitivismo é Immanuel Kant (1724-1804) e sua obra *Crítica da razão pura*. Racionalista, Kant se opõe à ideia dos empiristas de que o conhecimento é reflexo da experiência, mas ao mesmo tempo é contrário à redução do conhecimento exclusivamente a princípios (conceitos) inatos. Defende que nosso conhecimento do mundo – das aparências do mundo – deriva da percepção de dados do mundo, como sons, cheiros, imagens etc., transmitida à mente por órgãos apropriados. O ordenamento ou estruturação da realidade percebida, por sua vez, se dá pela imposição de conceitos mentais inatos aos dados percebidos: categorias inatas como espaço, tempo, modalidade, quantidade, relação (causa-consequência) são o que a mente emprega para organizar as informações sensoriais e transformá-las em conhecimento. Já a ligação entre os dados sensoriais crus e as categorias inatas fornecidas previamente é estabelecida por esquemas, que são a versão kantiana do que hoje é denominado "representação mental" pelos cognitivistas.

Representações mentais ou **representações internas** são "formas ou processos que, na mente, representam os objetos ou eventos do mundo sensorial. Conhecimento, então, consiste em agir com base nessas representações mentais" (Foley, 1997: 87).

A forma das representações mentais é simbólica. Elas são a ligação abstrata de uma forma física com um significado abstrato. Um fonema do português como /b/, por exemplo, pode ser concebido como uma representação mental nesse sentido porque:

> Ele [o fonema /b/] não se reduz aos vários eventos articulatórios que produzem a oclusiva bilabial vozeada, tampouco corresponde exatamente aos neurônios estimulados no cérebro quando tal som é recebido auditivamente. Ao contrário, [/b/] transcende e ainda vincula ambos [eventos articulatórios e estimulação neuronal]. É a parte organizadora da mente que une os eventos sensíveis do mundo e a atividade neuronal do cérebro. Em suma, é uma representação mental. (Foley, 1997: 87)

Com essa concepção de representação mental, pode-se definir **cognição** como a computação ou o processamento mental das representações e descrever o funcionamento da cognição da seguinte forma: dados sensoriais são fornecidos à mente, que ativa um conjunto de representações. Ao manipular as representações, o cognoscente – pessoa que aprende, conhece ou sabe – torna-se ciente da experiência mental correspondente aos dados sensoriais.

Outro exemplo de manipulação simbólica na cognição linguística, abordada como processamento de informação, é o seguinte:

> Considere a sentença *the farmer killed the duckling* [o fazendeiro matou o patinho]. A sequência articulatória de eventos associados a *killed* [matou] acionam em um falante de inglês a entrada lexical dessa palavra, que

> nos diz que ela é o passado da raiz verbal *kill* [mat-]. A entrada lexical ou representação mental desse verbo fornece ao falante uma quantidade enorme de informações, por exemplo, que ele significa que algo ou alguém tira a vida de algo ou alguém, que tanto o participante causador quanto o participante afetado são logicamente necessários a qualquer sentença que use esse verbo, e que o participante causador funciona como sujeito (antes do verbo) e o participante afetado como objeto (depois do verbo). Essas informações da representação mental de *kill* são integradas, por seu turno, às de *the farmer* e *the duckling*, de modo que nós sabemos que *the farmer* é o participante causador, e *the duckling,* o participante afetado. (Foley, 1997: 87 [grifos do autor])

Cognitivismo em linguística se verifica, então, em investigações da linguagem voltadas às tarefas de descrever e explicar a origem, a natureza e o processamento do conhecimento linguístico, entendido como um conjunto de representações mentais construído com base em nossas capacidades inatas (**faculdade da linguagem**) e acessado para produzir e compreender linguagem.

ALGUMAS OBSERVAÇÕES

a. Segundo Koch e Cunha-Lima (2007), as ciências cognitivas ganharam corpo a partir dos anos 1950, como reação ao behaviorismo então vigente e sua proposta de estudar o ser humano apenas em seu comportamento observável – suas reações a determinados estímulos – e, assim, mensurável.

> A mente e seus estados eram vistos como uma "caixa preta", algo inacessível para o método científico. [...] partindo de inovações na investigação da natureza do raciocínio lógico-matemático [as ciências cognitivas] elegeram como objetos de estudo a mente e o conhecimento [...] Outra novidade das ciências cognitivas é que, para elas, o termo cognição vai [...] incluir não apenas as capacidades cognitivas nobres como a linguagem, o raciocínio matemático, mas também fenômenos bem mais simples em sua aparência como, por exemplo, nossas capacidades de nos movermos em uma sala sem esbarrar nos móveis. (Koch e Cunha-Lima, 2007: 252-253)

b. Françozo e Albano (2007) observam que, embora as ciências cognitivas incluam a **psicolinguística** (estudo das conexões entre linguagem e mente), não se restringem a ela. Psicologia, neurociência, inteligência artificial, filosofia da mente estão entre as ciências cognitivas, conforme Kenedy (2013). A **neurolinguística** (estudo da base neurológica/cerebral do desenvolvimento e uso da língua pelo homem) e a **linguística cognitiva** (estudo da linguagem como um sistema formal interpretado no sentido lógico) também.

Leituras complementares: Françozo e Albano (2007); Kenedy (2013); Koch e Cunha-Lima (2007); Lyons (1987); Martelotta e Palomanes (2008); Pinker (2004).

Capítulos relacionados: Gerativismo. Gramática de Port-Royal. Linguística.

Discurso

O termo "discurso" encontra-se já no latim, na forma *discursus*, com o sentido de "correr para várias partes". Em sua origem, o termo não tem, necessariamente, ligação com os estudos da linguagem. O sentido, digamos, moderno de "discurso", como algo referente à conversação, ao uso da língua, deve-se ao seu emprego na retórica grega, o *logos*, e na retórica latina, a *oratio*. É a partir daí que ouvimos falar em expressões como "partes do discurso", "gêneros do discurso", "tipos de discurso" etc.

No âmbito da linguística, o termo adquiriu uma quantidade tamanha de significados que mapeá-los exaustivamente é quase impossível hoje em dia. Há perspectivas teóricas que configuram objetos de investigação muito diferentes entre si, e todos sob a denominação de "discurso". Como destacam Arrivé, Gadet e Galmiche (1986: 233 [grifo do autor]), "com exceção, talvez, do termo vizinho *enunciado*, parece não haver palavra mais polissêmica no campo linguístico: ela tem uma ampla variedade de empregos e delimitações bastante indeterminadas".

Talvez o único ponto em comum entre os diferentes arcabouços teórico-metodológicos que se ocupam do "discurso" seja a ideia de "uso", noção que também poderia ser definida no escopo de cada perspectiva. De certa forma, todas as abordagens da língua/linguagem que visam ao discurso circunscrevem algum aspecto do uso linguístico. É adequada, portanto, a primeira definição que comparece no *Dicionário de linguística* (1995) de Jean Dubois e colaboradores: "*Discurso* é a linguagem posta em ação, a língua assumida pelo falante" (Dubois et al., 1995: 192 [grifo do autor]). Trata-se de uma definição que resguarda a generalidade do termo.

As diferentes pragmáticas, as análises do discurso, as teorias do texto, as teorias da enunciação, os estudos da fala em geral e a ênfase em aspectos sociais, culturais, interacionais, ideológicos, acionais, retóricos, entre outros, são apenas alguns dos exemplos das possibilidades de estudo do(s) discurso(s).

Costuma-se atribuir à dicotomia **língua/fala** (*langue/parole*), formulada pelo suíço Ferdinand de Saussure, em seu *Curso de linguística geral*, publicado postumamente em 1916, o corte epistemológico original desencadeador dos estudos do discurso. Diz-se que Saussure, ao priorizar o estudo da língua, do sistema, teria excluído do objeto da linguística todos os elementos concernentes à abordagem do uso da língua, ou seja, da fala. Os estudos do discurso seriam, nesse sentido, uma espécie de resposta à dita exclusão saussuriana. De maneira análoga, encontramos um recorte, de certa forma semelhante, nas dicotomias chomskianas competência/desempenho e língua-I/língua-E. Para a tradição gerativista, o objeto de estudo por excelência não leva necessariamente em consideração o uso da linguagem em situações discursivas.

Ora, embora, em tese, se possa aceitar essa versão – ao menos no que diz respeito ao surgimento de algumas teorias discursivas pós-saussurianas no contexto europeu (ou mesmo pós-chomskianas, no contexto norte-americano) –, seria, no mínimo, insuficiente assumir tal explicação para o conjunto das teorias discursivas que existem no mundo hoje. O contexto norte-americano, por exemplo, produziu teorias que podem ser consideradas discursivas, a partir de bases epistemológicas completamente diferentes das produzidas na Europa. Nesse último caso, vale lembrar, tem papel determinante o trabalho do linguista Zellig Harris, *Discourse Analysis*, de 1952 (Harris, inclusive, foi professor de Noam Chomsky).

Enfim, o importante é compreender que, quando falamos em "discurso", devemos estar atentos a aspectos da língua que não podem ser abrigados em noções como "frase", "palavra", "sintagma" e mesmo "texto", termo este com o qual "discurso", não raras vezes, está em relação de sinonímia. Além disso, é fundamental compreender que cada teoria linguística define de maneira muito particular os termos com os quais constrói seu aparato metodológico, não havendo sinonímia terminológica em diferentes contextos teóricos. Em outras palavras, o que é concebido como "discurso" em uma dada teoria linguística pode não ser compreendido da mesma maneira – pode, inclusive, ser o oposto – em outra teoria linguística.

Leituras complementares: Arrivé, Gadet e Galmiche (1986); Dubois et al. (1995); Maingueneau (2006).

Capítulos relacionados: Enunciação. Estruturalismo. Linguística.

Enunciação

A história da **enunciação** nos estudos da linguagem, em geral, e na linguística moderna, em particular, pode ser contada a partir de dois pontos de vista: a) o que focaliza as reflexões que operam com "concepções" de enunciação, embora não operem com o termo em si; b) o que focaliza as reflexões específicas sobre o tema e que dão origem a um campo de investigação onde têm uso expressões como "teoria da enunciação", "**linguística da enunciação**" ou ainda "**semântica da enunciação**".

Assumir o primeiro ponto de vista implica traçar uma longa pesquisa que perpassa os estudos da Antiguidade clássica, principalmente a retórica, a tradição árabe, os estudos da Idade Média, a Renascença, os estudos da gramática tradicional etc. O segundo ponto de vista, no entanto, impõe um prisma mais restrito e pode ser circunscrito a nomes importantes da linguística moderna como Charles Bally e Émile Benveniste. É a este último que estaremos limitados aqui.

Delesalle (1986: 20), em estudo especificamente voltado à história da palavra "enunciação", explica o percurso de uso do termo desde o latim (*enuntiatio*) até Benveniste no século XX. Delesalle mostra que o sentido de "enunciação" vai desde *proposição de base* ou *segmento não proposicional* até a *proferição interlocutória*, *subjetividade da linguagem* ou *consideração do locutor na análise do enunciado*, sentidos estes adquiridos já no contexto da linguística do século XX.

Embora Delesalle (1986) considere que os precursores da linguística enunciativa sejam, de maneira incipiente, o linguista franco-alemão Henri Weil – que em 1844 apresenta a tese *De l'ordre des mots dans les langues anciennes comparées aux langues moderne* [Da ordem das palavras nas línguas antigas comparadas às línguas modernas] na qual utiliza a palavra "enunciação" com sentido moderno – e, de maneira muito clara, o linguista franco-suíço Charles Bally – que, em 1932, publica o livro *Linguistique générale et linguistique française* trazendo, entre os parágrafos 26 e 212, o capítulo intitulado "Teoria geral da enunciação" –, é com o linguista francês Émile Benveniste que o termo adquire maior estatuto na linguística. Na atualidade, referir-se a Benveniste no campo da enunciação é atitude comum tanto na linguística em geral como na linguística francesa em particular.

Boa parte das obras de referência (dicionários, léxicos especializados etc.) evoca a famosa definição de Benveniste – publicada em 1970 em artigo intitulado

"L'appareil formel de l'énonciation" [O aparelho formal da enunciação] – segundo a qual "a enunciação é este colocar em funcionamento a língua por um ato de utilização" (Benveniste, 1988: 82). Ono (2007) lembra que o dicionário *Trésor de la langue française* [Tesouro da língua francesa], por exemplo, utiliza uma citação de Benveniste, tirada do artigo de 1970, para definir o termo. O *Dicionário de linguística* de Jean Dubois, por sua vez, define "enunciação" à moda benvenistiana, ao dizer que se trata de "ato individual de utilização da língua, enquanto o **enunciado** é o resultado desse ato, é o ato de criação do falante" (Dubois et al., 1995: 218 [grifo nosso]). Dubois lembra, também, além de Benveniste, os nomes de Roman Jakobson, John Austin e John Searle como teóricos do conceito em suas origens. A obra *La grammaire d'aujourd'hui* [A gramática de hoje], importante referência da linguística francesa, dedica um longo artigo ao termo e o define como "ato individual de criação pelo qual um locutor coloca em funcionamento a língua" (Arrivé, Gadet e Galmiche, 1986: 254), formulação análoga à de Benveniste. Em suma, o certo é que, ainda que existam várias definições de enunciação na linguística atual, elas se referem, quase todas, àquelas que Benveniste formula no texto fundador (cf. Flores et al., 2009). Passemos a ele então.

Flores (2019b) considera que Benveniste, no artigo de 1970, propõe um verdadeiro caminho metodológico para a análise enunciativa. Para Benveniste, "na enunciação consideraremos, sucessivamente, o próprio **ato**, as **situações** em que ele se realiza, os **instrumentos** de sua realização" (Benveniste, 1989: 83 [grifos nossos]), o que configura um **quadro formal**. Quer dizer, o linguista, para proceder à análise enunciativa, deve, seguindo esse percurso, partir do ato, examinar a situação em que se dá esse ato e, finalmente, descrever os instrumentos (os recursos linguísticos) que o tornaram possível.

Benveniste explica ainda que "o ato individual pelo qual se utiliza a língua introduz em primeiro lugar o locutor como parâmetro nas condições necessárias da enunciação" (Benveniste, 1989: 83), logo o ato supõe diálogo do "eu" (locutor) com o "tu" (interlocutor). A situação é a "instância de discurso" (Benveniste, 1989: 84) que constitui "um centro de referência interno" (Benveniste, 1989: 84), ou seja, trata-se de um conjunto de circunstâncias que inclui as coordenadas de tempo, espaço e pessoa. Os instrumentos de realização (os mecanismos linguísticos) são de dois tipos: "índices específicos" e "procedimentos acessórios" (Benveniste, 1989: 84). Os índices específicos são o que Benveniste chamou de "caracteres necessários e permanentes" (Benveniste, 1989: 83) da enunciação: os índices de pessoa (*eu-tu*), os índices de ostensão de espaço (*este*, *aqui*) e as formas temporais (do presente da enunciação). Os *procedimentos acessórios* estão ligados à singularidade de cada enunciação, ou seja, podem ser qualquer mecanismo linguístico que sirva para o locutor se marcar no enunciado.

Observe a síntese do que foi dito na figura a seguir, adaptada de Flores (2019b):

Figura 1 – Esquema do quadro formal de realização da enunciação.

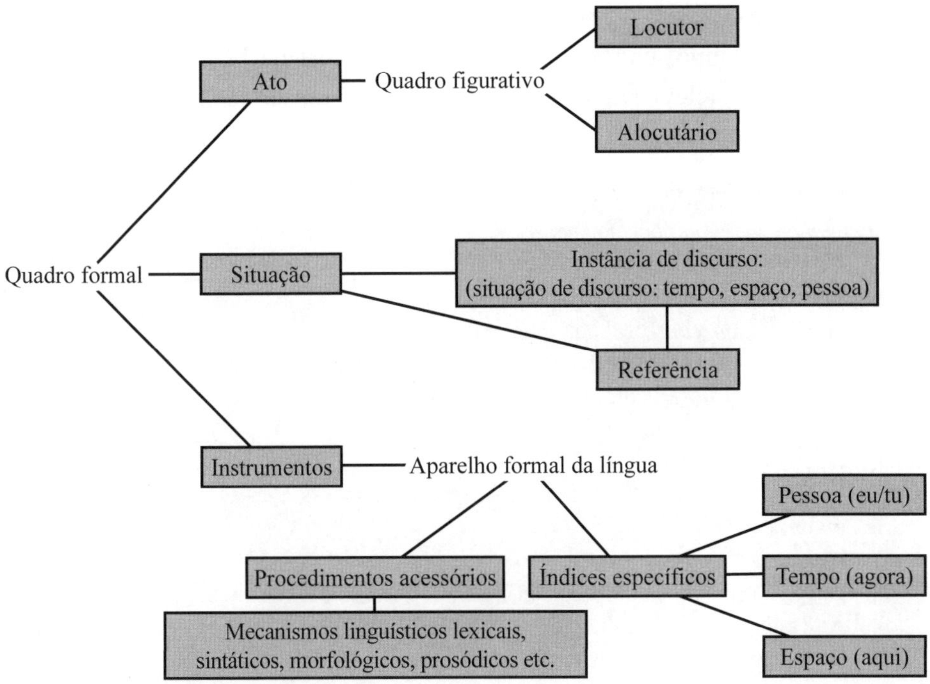

Fonte: adaptado de Flores (2019b: 160).

Nesse sentido, ainda, conforme Flores (2013b), a análise enunciativa estuda o sentido que decorre da enunciação, mas, para isso, não se restringe a analisar apenas um nível linguístico (o lexical, o sintático, o morfológico, o fonológico etc.). Não existe um nível da língua que seja priorizado na análise da enunciação. E isso ao menos por um motivo: o locutor, quando enuncia, o faz com a língua toda (índices específicos e procedimentos acessórios).

Logo, todo e qualquer fenômeno linguístico carrega em si a potencialidade de um estudo em termos de enunciação. Podemos fazer uma pesquisa enunciativa apenas com o léxico de um texto, por exemplo, ou somente examinando a sintaxe desse texto, ou até mesmo apenas considerando os aspectos fonológicos e prosódicos. Dito de outra maneira, qualquer fenômeno linguístico de qualquer nível da análise linguística pode ser abordado do ponto de vista enunciativo.

Disso decorre uma conclusão importante: a enunciação não pode ser considerada nem um nível da língua, nem um nível da análise linguística; ela está presente em *todos* os níveis da análise linguística, uma vez que os fenômenos linguísticos pelos quais o locutor se marca no enunciado pertencem a níveis distintos. Ela é um ponto de vista de análise da língua: o ponto de vista que considera as marcas do ato de enunciar no enunciado.

Observe-se o exemplo a seguir (cf. Flores, 2013a).

Há algum tempo, uma conhecida marca de cerveja brasileira lançou sua nova propaganda televisiva. O texto que segue é a transcrição livre que fazemos dessa propaganda.

(homem entra em um bar e encontra os amigos na mesa)

1. **A:** E aí, galera!
2. **Todos:** Senta aí!
3. **A *(para o garçom)*:** Manda uma cervejinha!
4. **B:** Parou, parou, parou! Como é que é, Pregão? Tu faz esse deslocamento todo até aqui pra pedir cervejinha? Tu vai assistir um jogo: tu vai assistir um joguinho ou um jogão?
5. **A:** Jogão!
6. **B:** Carro. Tu vai comprar um carro, entra na concessionária: pede um carrinho ou um carrão?
7. **A:** Carrão!
8. **B:** Agora pra você compreender mesmo. Quesito mulher: inha ou ão?
9. **A:** Tá me tirando? Mulherão, rapaz! Mulherão!
10. **B:** Vai continuar pedindo cervejinha?
11. **A *(para o garçom)*:** Manda um cervejão!
    (entra em cena a namorada de B)
12. **B:** Pessoal, essa aqui é a Carlinha.
13. **A:** Inha?
14. **B:** Exceção!

Em primeiro lugar, é preciso ver que estão claramente postos, no diálogo, o ato (locutores/interlocutores), a situação (tempo, espaço, pessoa) e os instrumentos (específicos e acessórios).

Poderíamos, aqui, proceder à análise de cada um desses aspectos individualmente ou em relação. No entanto, a título de exemplo, chamaremos atenção apenas para os usos feitos dos diminutivos e dos aumentativos na propaganda transcrita. Segundo pensamos, esse uso diz respeito aos *procedimentos acessórios* da enunciação.

Em (3), vemos que o locutor A pede uma *cervejinha* ao garçom. É esse uso de *-inha* que desencadeia tudo o que será construído no decorrer da propaganda. O locutor B recorta da fala de A o sufixo *-inha* e começa a construir um sentido – negativo, no caso – pela contraposição ao uso do sufixo *-ão*.

B conduz A a reconhecer um sentido negativo de *-inha* ao impeli-lo a optar por *-ão*: *joguinho*? Não, *jogão*. *Carrinho*? Não, *carrão*. *Mulher(inha/zinha)*? Não, *mulherão*. *Cervejinha*? Não, *cervejão*.

Ora, evidentemente, nenhum desses usos do diminutivo indica dimensão menor (diminuição, pequenez), conforme registram estudos gramaticais *stricto sensu*, quando apresentam os valores semânticos dos sufixos, assim como, nenhum dos aumentativos indica dimensões grandes ou maiores que o normal. Verificamos, pois, nessas ocorrências, que os sufixos – diminutivo e aumentativo – constituem uma marca da presença do sujeito no discurso. Portanto, uma marca da enunciação no enunciado.

É verdade que estudos gramaticais há muito assinalam o uso desses sufixos como elementos marcadores de valoração – pejoratividade, afetividade etc. –, no entanto, um ponto que estamos destacando aqui é que esses sufixos podem ser utilizados, simultaneamente, para indicar sentido opostos. É o que podemos observar se analisamos a propaganda até o fim. Observemos.

Em (12), B apresenta sua namorada aos amigos. Nesse momento, para quem não viu ou não lembra a propaganda, é fundamental considerar que entra em cena uma mulher muito bonita. É a evidência da beleza da namorada – apresentada pelo próprio locutor B, o mesmo que atribui sentido negativo ao sufixo *-inha*, como *Carlinha* – que leva A a indagar, em tom até certo ponto contestatório: *-inha*(13)? Como pode ser *Carlinha* se se trata de um *mulherão*?

A isso responde B: exceção. *Carlinha* é um *mulherão*, mas é *-inha*. Nesse momento, o sufixo *-inha* passa a ter valor positivo, inverso, portanto, ao sentido que tinha no início do diálogo.

Na pequena análise semântica que fazemos, a palavra não é vista apenas em nível lexical. Na verdade, vemos léxico, morfologia e semântica (certamente, há também aspectos prosódicos a considerar) colocados, simultaneamente, um em relação ao outro, na enunciação. É isso que podemos chamar de *transversalidade enunciativa* (cf. Flores, 2011). A enunciação é transversal à língua, ela não se encerra em um único compartimento.

Por último, vale falar um pouco sobre essa ideia de que o "locutor marca sua enunciação no enunciado", o que poderíamos parafrasear, utilizando um jogo de palavras, como: o locutor marca o seu *dizer* no *dito*. A bela expressão "o homem na língua", utilizada por Émile Benveniste para intitular a sexta parte dos dois volumes de seus *Problemas de linguística geral*, parece sintetizar essa ideia.

Nessa parte dos livros, estão reunidos artigos, escritos num interstício de mais de 40 anos, que deram origem a uma nova linguística que passou a ser conhecida, a partir da década de 1970, como *linguística da enunciação* (cf. Flores e Teixeira, 2005). Essa linguística estuda os termos da *presença do homem na língua*, o que, nas palavras do próprio Benveniste, poderia também ser designado pela expressão *subjetividade na linguagem*.

Poderia ser questionado se o tema "subjetividade na linguagem" é assunto do alcance da linguística. Esse tema não estaria mais bem abrigado entre filósofos, psicólogos, psicanalistas etc.? Sobre isso, cabe um esclarecimento importante: a subjetividade de que trata Benveniste não diz respeito a alguma "essência", a alguma "tomada de consciência" ou a qualquer outra fenomenologia; a subjetividade, em linguística enunciativa, é o estudo do uso individual que cada locutor faz da língua. É isso que permite a um "linguista da enunciação" afirmar que todos usamos a mesma língua – o que nos coloca em flagrante condição de indistinção frente a nosso semelhante –, mas que a usamos de um jeito que nos é próprio, que nos é singular.

Eis, então, o objeto do linguista que estuda "a presença do homem na língua": o estudo das marcas que tornam irrepetível a manifestação linguística de alguém no mar de repetições que é a língua.

Leituras complementares: Arrivé, Gadet e Galmiche (1986); Flores (2013a); Flores e Teixeira (2005); Teixeira e Flores (2011).

Capítulos relacionados: Discurso. Estruturalismo. Linguística.

Estruturalismo

A primeira observação que é preciso fazer quando se busca definir *estruturalismo* é que o mais correto seria falar em *estruturalismos*, no plural, uma vez que a ideia norteadora desse paradigma recebeu variadas e díspares versões. Há muitos estruturalismos, de múltiplas orientações, conforme esteja em destaque este ou aquele campo disciplinar. Em outras palavras, não se trata de um movimento intelectual limitado à linguística. Há estruturalismo na psicanálise, na antropologia, na sociologia, na semiologia, na história etc.

O historiador François Dosse, ao introduzir os dois volumes de seu *História do estruturalismo* (1993; 1994), fala em "programa" estruturalista, no qual um grande número de intelectuais, especialmente – mas não somente – da *intelligentsia* francesa, se reconheceu, tratando-se, na verdade, de um ponto de convergência para onde caminharam diferentes pensadores do século XX. A respeito dessa diversidade que não pode ser reduzida a um rótulo no singular, Dosse adverte:

> Fragmento da nossa história intelectual, o momento estruturalista inaugurou um período particularmente fecundo da investigação nos domínios das ciências humanas. História cuja reconstrução é complexa, pois os contornos da referência estruturalista são sobremaneira vagos e difusos. Para ter acesso às principais orientações do período, cumpre reconstituir a pluralidade das abordagens, das personalidades [...]. Estratificar os níveis, diferençar os estruturalismos por trás do rótulo "estruturalista", trazer para a luz os compromissos essenciais, tanto teóricos quanto disciplinares, no campo intelectual. (Dosse, 1993: 16)

Segundo Dosse ainda, o termo "**estrutura**" origina-se no latim *structura* (do verbo *struere*) e, em seu começo, teve sentido circunscrito ao âmbito da arquitetura. A estrutura dizia respeito, então, à maneira como um edifício era construído. Nos séculos XVII e XVIII, o termo passa, por analogia, a aplicar-se aos seres vivos, assumindo um sentido de "descrição da maneira como as partes integrantes de um ser concreto organizam-se numa totalidade" (Dosse, 1993: 15), o que abrange múltiplas aplicações (estruturas anatômicas, psicológicas, geológicas, matemáticas...). Tem-se, nesse caso, uma ideia de corpo como construção.

Apenas no século XIX a ideia chega ao campo das ciências humanas, no qual passa a ter um sentido mais abstrato, de organização complexa das partes de um conjunto. Tem-se, aqui, uma passagem ao campo do social. Nesse último sentido, "estrutura" teve largo uso em linguística, em especial, no século XX.

O **estruturalismo** em linguística – área de maior interesse para nós aqui – também é heterogêneo, e mapear o seu campo não é fácil. A diversidade de métodos, de teorias, de terminologias e de tendências é suficiente para desencorajar a tarefa. Isso, porém, não impediu que muitos autores tentassem fazer uma apresentação de conjunto da dita linguística estrutural. Exemplos disso são os livros (cf. Referências bibliográficas) de Giulio Lepschy, *A linguística estrutural*, publicado originalmente em italiano, em 1966, e o de Oswald Ducrot, *Estruturalismo e linguística*, publicado originalmente em francês, em 1969. Ambos são pioneiros em apresentar uma interpretação ampla do campo. Além desses, há muitas outras "Histórias", "Introduções", "Apresentações" e vários "capítulos", "verbetes", "artigos" etc. No Brasil, uma apresentação recente é a elaborada por Ilari (2004).

Ora, o que a lembrança desse contexto historiográfico deixa evidente é que não há uma única maneira de narrar a história do surgimento do estruturalismo em linguística. As possibilidades são muitas e dependem dos objetivos que se tem em mente. Em nosso caso, interessa, sobretudo, fornecer um mapa inicial do campo que permita ao leitor ter contato com alguma informação histórica e com noções teóricas basilares. Dito de outra maneira, nosso interesse não é dar informações detalhadas acerca de modelos de análise linguística, termos e noções específicos, porque isso demandaria detalhamento incompatível com uma obra de caráter introdutório de "conceitos básicos de linguística".

Em função disso, como pode ser visto a seguir, decidimos apresentar o estruturalismo em linguística a partir de dois pontos de vista: a) o enfoque das grandes linhas de pensamento que nortearam o campo e b) a definição da noção de "estrutura" que cada uma implica. Acreditamos que, com essas duas primeiras grandes informações, o leitor terá reunidas as ferramentas necessárias para dar início ao seu percurso pessoal no entendimento do vasto campo da chamada linguística estrutural.

Grosso modo, a **linguística estrutural** conheceu duas importantes versões, no século XX (cf. Benveniste, 1988): o estruturalismo europeu e o norte-americano. Os nomes de dois grandes linguistas estão a elas ligados: Ferdinand de Saussure (1857-1913), na Europa; Leonard Bloomfield (1887-1949), nos Estados Unidos. É Benveniste quem autoriza essa primeira clivagem do campo:

> Dizer que a linguística tende a tornar-se cientifica não é apenas insistir sobre uma necessidade de rigor, comum a todas as disciplinas. Trata-se, em primeiro lugar, de uma mudança de atitude em relação ao objeto, que se definirá por

> um esforço de formalizá-lo. Na origem dessa tendência pode reconhecer-se uma influência dupla: a de Saussure na Europa e a de Bloomfield na América. As vias da sua respectiva influência são, aliás, tão diferentes quanto as obras de que procedem. É difícil imaginar contraste mais acentuado do que o destes dois trabalhos: *Curso de linguística geral* de Saussure (1916) [...]; *Language* de Bloomfield (1933). (Benveniste, 1988: 7 [grifos do autor])

Eis, então, nosso primeiro recorte: abordamos, aqui, dois estruturalismos linguísticos. No interior de cada um, buscamos ver as grandes linhas de pensamento e a noção de "estrutura" aí implicada, pois, como explica Benveniste, nosso guia nesse périplo:

> Entende-se por estrutura, particularmente na Europa, o arranjo de um todo em partes e a solidariedade demonstrada entre as partes do todo, que se condicionam mutuamente; para a maioria dos linguistas americanos, será a distribuição dos elementos, tal como se verifica, e a sua capacidade de associação ou de substituição. A expressão *linguística estrutural* recebe por isso diferentes interpretações. (Benveniste, 1988: 9 [grifo do autor])

Passemos a elas.

Costuma-se atribuir a origem do estruturalismo europeu – inclusive o linguístico – a Ferdinand de Saussure e ao seu livro póstumo, de 1916, *Curso de linguística geral* (CLG). Essa afirmação, quase um senso comum na historiografia linguística em geral, merece atenção detalhada, pois é preciso esclarecer em que termos Saussure pode ser assim considerado.

Em primeiro lugar, cabe destacar que a palavra "estrutura" aparece no CLG apenas três vezes (cf. Saussure, 1975: 152, 207 e 217) e, em todas, não há sentido técnico algum. Em segundo lugar, vale enfatizar que, para Saussure, a noção importante é a de *sistema*. Toda a sua linguística está sob a égide do sistema: "a língua é um sistema de signos que exprimem ideias" (Saussure, 1975: 24); "a língua é um sistema que conhece somente sua ordem própria" (Saussure, 1975: 31); "a língua é um sistema do qual todas as partes podem e devem ser consideradas em sua solidariedade sincrônica" (Saussure, 1975: 102). Em terceiro lugar, *estrutura* não é a mesma coisa que *sistema*. Como explica Benveniste, "a noção de 'estrutura' está intimamente ligada à de 'relação' no interior do sistema" (Benveniste, 1988: 100), ou seja, o sistema, como conjunto de unidades que é, tem uma organização interna que lhe constitui a estrutura.

Assim, a noção de *sistema* visa à língua entendida como conjunto de elementos cujo *valor* – o grande conceito da linguística de Saussure – decorre das relações que mantêm uns com os outros; a noção de *estrutura*, por sua vez, visa às *relações* que esses elementos mantêm entre si. Descrever essas relações é descrever a estrutura, o que não é o mesmo que descrever o *valor*.

Nesse sentido, a afirmação de que Saussure é o fundamento da linguística estruturalista europeia deve ser modalizada. Sim, leu-se o CLG de forma a ver nele as condições para se falar em estruturalismo, mas isso não faz do genebrino um estruturalista. Melhor dizendo: a linguística geral de Saussure faz parte das condições de possibilidade do estruturalismo europeu, mas não pode ser a ele assimilada *pari passu*.

A síntese, mais uma vez, vem de Benveniste, ao explicar o papel de Saussure no surgimento do movimento estruturalista:

> Todos concordam em que esse movimento tem a sua origem no ensinamento de Ferdinand de Saussure em Genebra, tal como foi recolhido pelos seus alunos e publicado sob o título de *Cours de linguistique générale*. Chamou-se a Saussure, com razão, o precursor do estruturalismo moderno. Ele o é, seguramente, exceto num ponto. É importante notar, para uma descrição exata desse movimento de ideias que não se deve simplificar, que Saussure jamais empregou, em qualquer sentido, a palavra *estrutura*. Aos seus olhos a noção essencial é a de *sistema*. A novidade da sua doutrina está aí, nessa ideia – rica de implicações e que se levou muito tempo para discernir e desenvolver – de que a língua forma um sistema. [...].
> Assim, a noção da língua como sistema havia muito que era admitida pelos que haviam recebido o ensinamento de Saussure, primeiro em gramática comparada, depois em linguística geral. Se se acrescentam estes dois outros princípios, igualmente saussurianos, de que a língua é forma, não substância, e de que as unidades da língua não podem definir-se a não ser pelas suas relações, indicam-se os fundamentos da doutrina que iria, alguns anos mais tarde, pôr em evidência a *estrutura* dos sistemas linguísticos. (Benveniste, 1988: 98-100 [grifos do autor])

Na verdade, pode-se considerar que a linguística estrutural europeia propriamente dita nasceu em Haia, no ano de 1928, no primeiro Congresso internacional de linguistas. Ali foi apresentado o "Manifesto", assinado por três grandes linguistas russos – Roman Jakobson (1896-1982), Nikolai Trubetzkoy (1890-1938) e Serge Karcevsky (1884-1955) –, cuja reformulação fora publicada, em 1929, sob o título ***Teses do Círculo de Praga***, no primeiro volume das atas do Congresso. Essas teses, em um total de nove, são endossadas pelo grupo de linguistas do recém-criado (em 6 de outubro de 1926) **Círculo Linguístico de Praga** (CLP). Ainda aqui seguimos Benveniste (1988: 100):

> Essa doutrina [o estruturalismo] encontra a sua primeira expressão nas proposições redigidas em francês que três linguistas russos, R. Jakobson, S. Karcevsky, N. Trubetzkoy, enviavam em 1928 ao l.° Congresso Internacional de linguistas em Haia com vistas a estudar os sistemas de fonemas.

Idealizado e presidido pelo linguista Vilém Mathesius (1882-1945), o CLP foi o palco de apresentação do "Manifesto" e de seu programa, ao qual deveria aderir todo aquele que quisesse fazer parte do CLP. As três primeiras teses versam sobre linguística geral, e as seis últimas sobre eslavística. No Brasil, as teses estão organizadas e publicadas em Toledo (1978) e em Guinsburg (1978). No título da primeira tese, já se encontra a palavra "sistema" e, no subtítulo, a palavra "estrutural". Observemos:

> 1. PROBLEMAS METODOLÓGICOS DA CONCEPÇÃO DA LÍNGUA COMO **SISTEMA** E IMPORTÂNCIA DE TAL CONCEPÇÃO PARA AS LÍNGUAS ESLAVAS
> (*o método sincrônico e suas relações com o método diacrônico, comparação* ***estrutural*** *e comparação genética, caráter fortuito ou encadeamento regular dos fatos de evolução linguística*). (Toledo, 1978: 82 [itálicos do autor, negritos nossos])

Vale destacar também que a eclosão do CLP não pode ser desvinculada da proposição e consolidação da fonologia moderna. Em dezembro de 1930, realiza-se em Praga a Reunião Fonológica Internacional, sob a tutela do CLP, com o objetivo de preparar o Congresso dos Linguistas de Genebra, em 1931. Nessa reunião, totalmente consagrada à fonologia, foi criada a Associação Internacional de Fonologia, cujo primeiro presidente foi Nikolai Trubetzkoy (1890-1938). É nessa reunião que foram lançados os primeiros passos do que ficou conhecido no século XX como "fonologia estrutural". Contribuíram na reunião, como correspondentes ou em presença, linguistas do porte de Edward Sapir (1884-1939), Antoine Meillet (1866-1936), Lucien Tesnière (1893-1954) e Charles Bally (1865-1947) (cf. Fontaine, 1978). Roman Jakobson, em texto de 1932, explica a influência de Saussure na criação da fonologia estrutural:

> F. de Saussure representou um notável avanço em relação aos neogramáticos ortodoxos. Apercebeu-se de que a par do fato empírico, isto é, da fala individual, existe a língua como norma social e que essa língua é um sistema de valores relativos que só pode ser compreendido pela ciência do ponto de vista funcional. [...]. Uma nova disciplina linguística, a fonologia,

> estuda essas oposições e seu rendimento funcional. Examina o repertório das oposições significativas de certa língua, o sistema que estas formam entre si, *os diversos tipos de relações nesse sistema*, como as oposições polarizadas ou correlações. (Jakobson, 1977: 26 [grifo nosso])

Essas relações de que fala Jakobson são entendidas pelo CLP à luz de um método que permite que "se descubram as leis de estrutura dos sistemas linguísticos e da sua evolução" (Teses, 1978: 82). A estrutura é aí vista como *relação no interior do sistema*: "o conteúdo sensorial de tais elementos fonológicos é menos essencial que as suas relações recíprocas no seio do sistema (*princípio estrutural do sistema fonológico*)" (Teses, 1978: 82 [grifo do autor]). Daí deriva uma orientação metodológica:

> é preciso caracterizar o sistema fonológico, isto é, estabelecer o repertório das imagens acústico-motoras mais simples e significativas de determinada língua (*fonemas*), especificando obrigatoriamente as relações existentes entre tais fonemas, vale dizer, traçando o esquema estrutural da língua considerada. (Teses, 1978: 85 [grifo do autor])

Tal orientação vale para a língua em seu conjunto, uma vez que "*cada língua tem seu sistema particular de denominação*" (Teses, 1978: 86 [grifo do autor]), tem "sua própria classificação dos procedimentos de denominação e elabora seu vocabulário específico" (Teses, 1978: 87) e se estende ao "sistema das categorias de palavras, sistema cuja extensão, precisão e estrutura interior (relações recíprocas dos seus elementos) devem ser estudadas em cada língua separadamente" (Teses, 1978: 86).

É nessa direção que o crítico literário Jan Mukařovský (1891-1975), membro do CLP, em intervenção do dia 10 de dezembro de 1934 no CLP, explica: "quanto à corrente científica representada pelo Círculo Linguístico de Praga [...] *deu a si mesma* o nome de *Estruturalismo*, já que seu conceito fundamental era a estrutura, concebida como conjunto dinâmico" (Mukařovský, 1978: 3 [grifos do autor]).

Aliás, é a Jakobson que é atribuído o primeiro uso da palavra "estrutura", em um texto sobre o verso tcheco (cf. Kristeva, 1978: xiv). Quanto ao uso do termo "linguística estrutural", o próprio Jakobson, em carta datada de 4 de setembro de 1970, esclarece:

> Lancei pela primeira vez o termo linguística estrutural nas discussões do Círculo linguístico de Praga e usei-o pela primeira vez na seguinte publicação: *Slavische Rundschau* [Panorama Eslavo] [...] o título do arti-

> go é "Über die heutigen Voraussetzungen der russischen Slavistik" [Das condições atuais da eslavística russa]. (Jakobson, apud Argente, 1971: 14 [grifo do autor])

Enfim, a partir do exposto, podemos reunir as primeiras conclusões: o Círculo Linguístico de Praga (CLP) é a primeira expressão do estruturalismo linguístico europeu, e a noção de "estrutura" mobilizada é a de *relação no interior do sistema.* A fonologia exerceu o papel de carro-chefe da reflexão desencadeada pelo CLP.

Essa ideia é radicalizada em uma segunda versão do estruturalismo linguístico europeu: a teoria **glossemática** do dinamarquês Louis Hjelmslev (1899-1965), ligada ao **Círculo Linguístico de Copenhague**, criado em 1931 e presidido pelo próprio Hjelmslev.

A referência agora não é mais a fonologia e, sim, a lógica. A fonte, porém, continua sendo, igualmente, Ferdinand de Saussure. Em texto de 1948, "Análise estrutural da linguagem", Hjelmslev é claro: "sob muitos aspectos, pode-se considerar Ferdinand de Saussure o fundador da moderna ciência da linguagem. Foi ele, também, o primeiro a encarecer uma abordagem estrutural da linguagem" (Hjelmslev, 1991: 37).

Segundo o semiólogo e linguista Algirdas Greimas (1917-1992), no prefácio que faz ao livro *Le langage* – publicado em 1966 na França –, Hjelmslev é "o verdadeiro, talvez o único continuador de Saussure que soube tornar explícitas suas intuições e lhes dar uma formulação acabada" (Greimas, 1966: 12). Também Ducrot e Todorov (1988: 31 [grifo dos autores]) ratificam: "a teoria GLOSSEMÁTICA se apresenta como a explicitação das intuições profundas de Saussure". Ou, como explica Benveniste (1988: 14 [grifo do autor]):

> A teoria que L. Hjelmslev, na Dinamarca, quer promover sob o nome de *glossemática* é uma construção de um "modelo" lógico de língua e um corpo de definições mais que um instrumento de exploração do universo linguístico. A ideia central aqui é, grosso modo, a do "signo" saussuriano, em que a expressão e o conteúdo (equivalendo ao "significante" e ao "significado" saussurianos) são estabelecidos como dois planos correlativos, cada um dos quais comporta uma "forma" e uma "substância". Parte-se aqui da linguística em direção à lógica.

Considerado por muitos historiadores o verdadeiro fundador da linguística moderna, Hjelmslev se apresenta, de um lado, crítico à ideia de um "estruturalismo funcional", presente, por exemplo, no CLP, e, de outro lado, favorável à máxima formalização da linguística a partir de uma interpretação restrita e rigorosa de Saussure.

A versão completa da glossemática vem a público em 1943, em dinamarquês, com o título *Omkring sprogteoriens grundlæggelse*; em inglês, em 1957, com o título *Prolegomena to a Theory of Language*; em francês, em 1968, com o título *Prolégomènes à une théorie du langage*, e, em português, em 1971, em uma tradução do inglês, com o título *Prolegômenos a uma teoria da linguagem.*

Essa nova disciplina propõe-se a axiomatizar a linguística, ou seja, torná-la o mais formal possível. Ela conserva de Saussure basicamente duas ideias: a língua é forma e não substância; toda a língua é simultaneamente expressão e conteúdo.

Em texto de 1948, "Linguística estrutural", reproduzido em *Ensaios linguísticos*, Hjelmslev (1991: 29 [grifos do autor]) define a linguística estrutural como "um conjunto de pesquisas que repousam em uma *hipótese* segundo a qual é cientificamente legítimo descrever a linguagem como sendo *essencialmente* uma *entidade autônoma de dependências internas* ou, numa palavra, uma *estrutura*".

Hjelmslev, ao priorizar uma abordagem formal da língua, minimiza a abordagem das substâncias semântica e fônica da língua e desinteressa-se pela ideia de que a língua tem papel comunicativo (funcional), ou seja, a língua aí não é um meio, mas um fim em si mesma (princípio da imanência). Seu interesse maior é aproximar a língua de outras linguagens, posto que, segundo Hjelmslev, o aspecto formal é subjacente a diferentes linguagens, o que permitiria uma semiologia, uma vez que a todo o processo – linguístico ou não – subjaz um sistema.

Essa segunda versão do estruturalismo europeu ainda mantém a ideia de "estrutura" como ligada às relações internas ao sistema; no entanto, verticaliza-a ao conceber a língua como uma entidade autônoma; a linguística, por sua vez, deve procurar apreendê-la "não como um conglomerado de fatos não linguísticos (físicos, fisiológicos, psicológicos, lógicos, sociológicos), mas, como um todo que se basta a si mesmo, uma estrutura *sui generis*" (Hjelmslev, 1975: 3 [grifo do autor]).

A partir do que dissemos até aqui, pode-se ver que o estruturalismo linguístico europeu, em termos amplos, prioriza o estudo da relação no interior do sistema. Ou, como resume Benveniste, numa clareza ímpar:

> Para nos limitarmos ao emprego que geralmente se faz da palavra *estrutura* na linguística europeia de língua francesa, sublinharemos alguns traços susceptíveis de constituir uma definição mínima. O princípio fundamental é que a língua constitui um sistema do qual todas as partes são unidas por uma relação de solidariedade e de dependência. Esse sistema organiza unidades, que são os signos articulados, que se diferenciam e se delimitam mutuamente. A doutrina estruturalista ensina a predominância do sistema sobre os elementos, visa a destacar a estrutura do sistema através das rela-

ções dos elementos, tanto na cadeia falada como nos paradigmas formais, e mostra o caráter orgânico das mudanças às quais a língua é submetida. (Benveniste, 1988: 104 [grifo do autor])

Por fim, voltemos ao ponto do qual partimos, ou seja, a relação entre Saussure e o estruturalismo. Como é fácil ver, nossa interpretação aqui não recusa a evidência de ser Saussure a base para o estruturalismo linguístico europeu, o que é textualmente atestado pelos autores anteriormente lembrados, mas, salientamos, isso não impõe considerá-lo um estruturalista.

Conforme Flores (2017), para entender o que implica optar, ou não, por um enquadramento estruturalista de Saussure, é preciso retomar, ao menos amplamente, os termos pelos quais se constrói o argumento favorável à manutenção do mestre sob a égide estrutural. E ele é basicamente o seguinte: Saussure, para muitos, é estruturalista porque sua visão sistêmica de língua serviu de modelo teórico-metodológico a várias ciências humanas e sociais. A propalada "ciência piloto" do século XX deve sua glória à ideia, iminentemente de Saussure, de que, sendo a língua um sistema de signos, caberia à linguística estudar as relações que integram esse sistema, logo, a sua estrutura. Os leitores de Saussure – muito especialmente da obra póstuma de autoria atribuída, o *Curso de linguística geral* – viram na noção de sistema o germe da noção de estrutura.

Contra essa interpretação, nada se pode fazer. Sim, essa é uma possibilidade, legítima, de entendimento da história das ideias no século XX. No entanto, a pesquisa atual, dedicada a estudar os manuscritos de Ferdinand de Saussure, e, a partir deles, a releitura feita do próprio CLG, desautoriza uma interpretação estruturalista. Vê-se em Saussure um interesse muito maior na ideia de *valor* linguístico – uma espécie de síntese para todas as questões levantadas ao longo das reflexões registradas no CLG e nos manuscritos saussurianos – porque a noção de *valor* congrega faces diferentes, como o sintagmático e o associativo, o significante e o significado, em um todo, cuja distintividade (e identidade) se estabelece através da oposição. Nesse sentido, a *teoria do valor* presente em Saussure tem alcance muito diferente daquele preconizado pela ideia de estrutura.

Enfim, Saussure pode continuar a figurar entre os fundadores do pensamento estruturalista sem ter seu pensamento resumido ao estruturalismo. Para tanto, basta que se reconheça que a ideia estruturalista deriva de uma leitura, e a responsabilidade da leitura é dos leitores.

Quanto ao estruturalismo linguístico norte-americano, precisamos começar destacando dois pontos que são para nós essenciais: o papel de Leonard Bloomfield na consolidação da linguística estrutural norte-americana e o seu entendimento de "estrutura".

Bloomfield era profundo conhecedor das línguas indo-europeias. Deixou-se influenciar pelo antropólogo Franz Boas (1858-1942) e pelo linguista e antropólogo Edward Sapir (1884-1939), especialmente no que diz respeito à descrição de línguas e de grandes *corpora* de dados dos quais se deveria extrair uma gramática. Bloomfield e Sapir (juntamente com Zellig Harris (1909-1992)) formam o cerne da linguística norte-americana pré-chomskiana, uma fase, portanto, de formação dessa linguística.

Sobre Bloomfield, particularmente, uma segunda influência incide: o behaviorismo mecanicista oriundo do positivismo psicológico que foi fortemente influenciado pelo psicólogo norte-americano John B. Watson (1878-1958) e que encontra grande popularidade nos trabalhos posteriores do também psicólogo norte-americano Burrhus Frederic Skinner (1904-1990). Bloomfield recusa-se a aceitar qualquer interpretação psicológica dos dados linguísticos e atém-se a uma abordagem mecânica (*mecanicismo*), opondo-se ao "mentalismo".

A partir dessas referências teóricas e institucionais, Bloomfield desenvolveu um rigoroso trabalho com grande destaque para os aspectos metodológicos e formais de sua proposta. Talvez por isso a obra "bloomfieldiana" tenha ganhado tanta atenção dos linguistas americanos de modo que não se pode contar a história da linguística nos Estados Unidos sem passar pela dita "escola bloomfieldiana". A linguística feita por Bloomfield e seus colaboradores elevou a pesquisa linguística a um nível nunca antes experimentado nas universidades americanas.

Bloomfield e seus colaboradores concentraram suas pesquisas, de um lado, na definição formal da palavra como unidade gramatical, e, de outro lado, na estrutura da frase analisada em termos de constituintes imediatos, que nada mais é do que dividir a frase em componentes cada vez mais simples e menos extensos. O método de análise visava, em fonologia e em morfologia, à distribuição (de onde vem a ideia de "distribucionalismo"), e, em sintaxe, a uma análise da frase em termos hierárquicos e lineares.

Grosso modo, a teoria de Bloomfield tem uma natureza fortemente taxonômica, uma vez que elaborou uma classificação exaustiva dos elementos das línguas examinadas ao lado das restrições combinatórias desses elementos. Isso fica muito claro no artigo "Um conjunto de postulados para a ciência da linguagem", no qual Bloomfield (1978) define os termos pelos quais, em sua linguística, "as coisas podem existir independentemente e que coisas são interdependentes" (Bloomfield, 1978: 45). Um aspecto importante derivado dessa visão taxonômica é que Bloomfield acaba rechaçando para o exterior dos estudos linguísticos qualquer consideração ao significado; vale dizer, o distribucionalismo não investe em um estudo semântico científica e rigorosamente balizado. Para ele, o significado de uma forma linguística é nada menos que "a situação em que o falante a enuncia e a reação que ela provoca no ouvinte" (Bloomfield, 1982: 29), quer dizer, algo de natureza não linguística.

Observe-se que a noção de "estrutura" que aqui está posta não é mais aquela do estruturalismo europeu, que olhava para as relações internas do sistema, e, sim, "a repartição dos elementos tal como ela se verifica e a sua capacidade de associação e substituição" (Kristeva, 1988: 274). Isso significa que o estruturalismo americano segmenta o conjunto em unidades constitutivas e que, "sob o nome de estrutura, um 'bloomfieldiano' descreverá uma organização de fato, que segmentará em elementos constitutivos, e definirá cada um destes segundo o lugar que ocupar no conjunto e segundo as variações e as substituições possíveis nesse mesmo lugar" (Benveniste, 1988: 9). A linguística de Bloomfield, por visar à distribuição dos elementos, ficou conhecida com o nome de **distribucionalismo**.

Muitos foram os efeitos da linguística de Bloomfield na linguística norte-americana. Entre os autores que são tributários desse pensamento estão Zellig Harris (futuro orientador de Chomsky), Charles F. Hockett (1916-2000) e Bernard Bloch (1906-1965), entre outros.

É tempo de sintetizar.

Como nossa intenção aqui é tão somente apresentar ao leitor algumas linhas gerais que constituem o vasto e heterogêneo campo do estruturalismo linguístico, sem entrar em pormenores de cada modelo de análise, propomos a seguir um pequeno resumo (cf. Quadro 1) que, ao mesmo tempo em que sintetiza o percurso feito por nós, serve de guia para novos estudos e futuros aprofundamentos.

Quadro 1 – O estruturalismo linguístico.

Estruturalismo linguístico europeu		**Estruturalismo linguístico norte-americano**
Círculo Linguístico de Praga	**Círculo Linguístico de Copenhague**	**Distribucionalismo**
Estruturalismo funcional	Estruturalismo lógico	Estruturalismo mecanicista
Autores fundamentais: Roman Jakobson, Serge Karcevsky e Nikolai Trubetzkoy	**Autor fundamental**: Louis Hjelmslev	**Autores fundamentais**: Leonard Bloomfield e Zellig Harris
Estrutura: *Relação no interior do sistema*	**Estrutura**: *Entidade autônoma de dependências internas*	**Estrutura**: *Distribuição dos elementos, tal como se verifica, e a sua capacidade de associação ou de substituição.*

Fonte: os autores.

ALGUMAS OBSERVAÇÕES

a. A exemplo do que acontece no CLG, nos manuscritos saussurianos é muito rara a ocorrência da palavra *estrutura*. O termo não consta do léxico da terminologia saussuriana que Robert Godel (1969) coloca anexo ao livro que estuda as fontes manuscritas do CLG, o que indica não se tratar de tema de reflexão de Saussure.
b. Em relação às três ocorrências da palavra "estrutura" no CLG, Tullio De Mauro (1976) informa o seguinte: 1) a primeira ocorrência (p. 152) não encontra respaldo nas fontes manuscritas. Trata-se de um acréscimo dos editores; 2) a segunda (p. 207) e a terceira (p. 217) ocorrências são da pena de Saussure.
c. Embora não se tenha notícia de que Bloomfield tenha convivido com Saussure, há indícios do conhecimento deste por parte daquele. Quem explica é Benveniste (1988: 46 [grifos do autor]):

> Sabemos muito bem que Bloomfield havia escrito uma análise muito elogiosa do *Cours de linguistique générale*, na qual, louvando Saussure pela distinção entre *língua* e *fala,* concluía: "He has given us the theoretical basis for a science of human speech" [Ele nos deu a base teórica para uma ciência da fala humana]. Por mais diferente que se tenha tornado a linguística americana, não é menor o seu elo com Saussure.

Benveniste faz referência à resenha que Bloomfield escreveu sobre a segunda edição do CLG, publicada em 1924 no volume 8 do *Modern Language Journal* (cf. Bloomfield, 1924). Julia Falk (2004) discorre longamente sobre a influência que as ideias saussurianas tiveram não apenas no trabalho de Bloomfield, mas também na linguística estruturalista norte-americana como um todo.

Leituras complementares: Battisti, Othero e Flores (2021); Camara Jr. (2021a); Dosse (1993; 1994); Ducrot (1970).

Capítulos relacionados: Funcionalismo. Gerativismo. Linguística.

Filologia

A filologia é uma das áreas mais antigas dos estudos da linguagem. Isso não implica, porém, unanimidade a respeito de suas principais definições. Ou seja, "o conceito de filologia não é unívoco; divergem muito os autores ao defini-la, ao determinar os limites de seu campo de atuação e até seu objeto de estudo" (Bassetto, 2001: 17). O termo *filologia* e seu substantivo correlato *filólogo* têm longa tradição, e sua utilização – sempre em diferentes sentidos – é anterior aos estudos platônicos. Do ponto de vista estritamente linguístico, é possível, no entanto, considerar que os estudos advindos da escola histórico-comparatista, impulsionados pela descoberta do sânscrito e desenvolvidos, em especial, nos séculos XVIII e XIX, são um marco importante para a consolidação dos estudos filológicos: "nesse contexto, aplica-se ao estudo das línguas o método comparativo, usual nos trabalhos científicos. Os que se dedicam ao trabalho da linguagem são chamados filólogos. Analisam, comparam, classificam, estabelecem relações de parentesco entre as línguas, traduzem e comentam textos" (Bassetto, 2001: 31).

Por volta do final do século XIX e início do XX, a teoria linguística de Ferdinand de Saussure obtém considerável repercussão e, como lembra Bassetto (2001), devido à grande importância dessa teoria, é conveniente ver como a filologia nela se apresenta. Para Saussure, a filologia faz parte da segunda grande fase dos estudos dos fatos linguísticos – a primeira, conforme o mestre genebrino, seria constituída pelos estudos de gramática greco-latinos, e a terceira, pela gramática comparada propriamente dita. Para Saussure (1975: 7-8),

> Já em Alexandria havia uma escola "filológica", mas esse termo se vinculou sobretudo ao movimento criado por Friedrich August Wolf a partir de 1777 e que prossegue até nossos dias. A língua não é o único objeto da Filologia, que quer, antes de tudo, fixar, interpretar, comentar os textos; este primeiro estudo a leva a se ocupar também da história literária, dos costumes, das instituições etc.; em toda parte ela usa seu método próprio, que é a crítica. Se aborda questões linguísticas, fá-lo sobretudo para comparar textos de diferentes épocas, determinar a língua peculiar de cada autor, decifrar e explicar inscrições redigidas numa língua arcaica ou obscura. Sem dúvida, essas pesquisas prepararam a linguística histórica.

Vale a pena observar que, na interpretação de Saussure (cf. Bassetto, 2001), a filologia é ciência dedicada ao estudo de textos e de tudo o que permite torná-los acessíveis. Estuda-se, então, a língua (ainda que apenas em sua modalidade escrita) e essencialmente o seu universo cultural. "Isso implica o conhecimento de uma série considerável de outras ciências como história, geografia, epigrafia, paleografia, hermenêutica, exegese, ecdótica, literatura etc." (Bassetto, 2001: 35).

Obviamente, um estudo concebido nos moldes saussurianos torna-se quase impraticável em função da grande exigência de informações e da necessidade de articulá-las sob diferentes ângulos. Nesse sentido, Bassetto (2001: 36) considera que, no campo da filologia, "as definições são formuladas segundo a especialidade de cada um". Assim compreendida, a filologia pode ter objetos diferentes e específicos. Por isso, também, podemos falar em filologia germânica, clássica, eslava, românica etc.

O filólogo, nesse sentido, é visto como aquele que objetiva "a reconstrução de um texto, total ou parcial, ou a determinação e o esclarecimento de algum aspecto relevante a ele relacionado" (Bassetto, 2001: 43). Dito de outra maneira, a filologia não estuda uma língua *per se*, mas toma-a como matéria para chegar à interpretação e/ou explicação da memória cultural do povo que a utilizou e que permanece em textos antigos (Silva, 2012: 250). É bastante adequada, portanto, a definição geral e ampla presente em Dubois et al. (1995: 278 [grifo do autor]): "a *Filologia* é uma ciência histórica que tem por objeto o conhecimento das civilizações passadas através dos documentos escritos que elas nos deixaram: estes nos permitem compreender e explicar as sociedades antigas".

Como é possível notar, nesse campo de pesquisa, o pesquisador-filólogo busca ver o seu objeto de estudo nos textos das diferentes línguas. Tal trabalho não se restringe à descrição de línguas, mas "estende-se desde a crítica textual, cujo objeto é o próprio texto, até as questões histórico-literárias, como a autoria, a autenticidade, a datação etc. e o estudo e a exegese do pormenor" (Bassetto, 2001: 43).

Quanto ao método, podemos dizer que a filologia aplica vários métodos para executar o seu trabalho. Especificamente com relação à filologia românica, vale de alerta a observação de Bassetto (2001: 63):

> Dentre os vários métodos utilizados em filologia românica, uns são mais adequados e, por isso, mais produtivos, enquanto outros, emprestados de ciências afins, trazem apenas alguma contribuição para um conhecimento maior dos conteúdos da romanística. Para uma visão mais completa de determinados problemas, frequentemente é preciso aplicar mais de um método e confrontar os resultados obtidos.

Nessa direção, encontramos em Silva (2012) uma enumeração didática – feita de acordo com Bassetto (2001) – de métodos utilizados pela filologia: histórico-comparativo (ver, neste livro, os capítulos "Linguística histórica" e "Gramática comparada"); idealista (voltados a estudos estilísticos); da geografia linguística (voltado ao estudo da língua em relação a grupos sociais e determinadas regiões geográficas); das "palavras e coisas" (voltado ao estudo da natureza, das medidas, das formas, dos usos das coisas); onomasiológico (voltado à abordagem das relações entre denominações e suas mutações no tempo), entre outros.

Contudo, a despeito da polissemia que afeta os termos que integram o campo de pesquisa da filologia – e a consequente heterogeneidade de abordagens possíveis –, em termos de síntese geral, podemos dizer que a filologia estuda uma ou mais línguas através de textos escritos nessas línguas. Esses estudos compreendem a crítica, a fixação (ou restauração) de textos de modo a deles derivar informações sobre usos linguísticos. Além disso, é inegável que a filologia busca também compreender globalmente fenômenos relativos à cultura, à história, à literatura etc. de uma dada civilização ou de grupos de civilizações. Finalmente, pode-se dizer que há ao menos um consenso entre os estudiosos do campo: a necessidade de desenvolver os estudos com base em documentos, testemunhos literários, ou seja, em manifestações da língua que são realidades históricas concretas.

Leituras complementares: Bassetto (2001); Dubois et al. (1995); Silva (2012).

Capítulos relacionados: Gramática comparada. Linguística. Linguística histórica.

Fonética

Em linguística contemporânea, a fonética é entendida como a área dos estudos da linguagem cujo objeto central é a realização sonora das línguas naturais. Trata-se de uma disciplina que reúne métodos para descrever, classificar e transcrever os sons da fala. Por essa razão, conforme Cristófaro-Silva (2011), a fonética se dedica a um dos aspectos relacionados ao desempenho linguístico.

A realização sonora pode ser abordada a partir de três pontos de vista: a) da produção dos sons pelo falante, em que se dá atenção ao que acontece no aparelho fonador; b) da onda sonora produzida pela passagem da corrente de ar pelo aparelho fonador, em que se examinam as propriedades acústicas do sinal sonoro; c) da percepção do sinal sonoro pelo ouvinte, em que se estuda a percepção e a interpretação das impressões acústicas. Temos contemplados, aqui, três elementos importantes da produção e percepção da fala: o falante, o som propriamente dito e o ouvinte. Em (a), visa-se à articulação e encontra-se aí a **fonética articulatória**. Em (b), visa-se à acústica e encontra-se aí a **fonética acústica**. Em (c), visa-se à audição e encontra-se aí a **fonética auditiva**. Observemos, a título de exemplo, a explicação dada por Cagliari e Massini-Cagliari (2001: 105-6 [grifos dos autores]):

> A principal preocupação da fonética é *descrever* os sons da fala. Por exemplo, são afirmações típicas dessa ciência dizer que o som [b] é articulado com uma corrente de ar pulmonar, egressiva, com vibração das cordas vocais, com uma obstrução do fluxo de ar seguida de uma explosão; ou descrever a vogal [i] como aquela que tem os dois primeiros formantes mais afastados um do outro; ou dizer que, embora do ponto de vista acústico e articulatório os três *as* da palavra *batata* possam ser considerados como realizações um pouco distintas, os falantes do português reconhecem esses sons como pertencendo à mesma categoria (vogal *a*).

As afirmações anteriores ilustram o fato de a fonética poder ser feita de três pontos de vista: a) da maneira como eles são *produzidos* (ou seja, mostrando que movimentos do aparelho fonador estão envolvidos na produção dos sons da fala) – *Fonética Articulatória*; b) da maneira como eles são *transmitidos* (isto é, a partir das propriedades físicas – acústicas – dos sons que se propagam através do ar) – *Fonética Acústica*; c) da maneira como eles são *percebidos* pelo ouvinte – *Fonética Auditiva*.

A **fonética articulatória** investiga, portanto, como os sons das línguas humanas são articulados por nosso aparelho fonador. Segundo Battisti (2014: 31 [grifos da autora]),

> O *aparelho fonador* inclui órgãos que servem a outros sistemas [...]. Integram o aparelho fonador os sistemas *respiratório*, com a atuação dos pulmões, músculos pulmonares, brônquios, traqueia; *fonatório*, com laringe e glote; *articulatório*, com faringe, língua, nariz, palato, dentes, lábios. A mesma corrente de ar que serve ao sistema respiratório no desempenho de sua função primária (a respiração) serve à produção dos sons da fala. No percurso de saída de nosso corpo, a corrente de ar fará vibrar as pregas (cordas) vocais quando passar pela laringe. Acima da laringe, serão impostas modificações à corrente de ar quando articulados os fones. Os músculos do diafragma pressionam os pulmões, que, assim, expelem o ar; esse percorre a traqueia até a laringe, depois a cavidade oral (boca) e/ou cavidade nasal (nariz). Essa é, em resumo, a contribuição do sistema respiratório à produção dos sons da fala: produzir a corrente de ar que atingirá a laringe e as cavidades oral e nasal.

Figura 1 – O aparelho fonador.

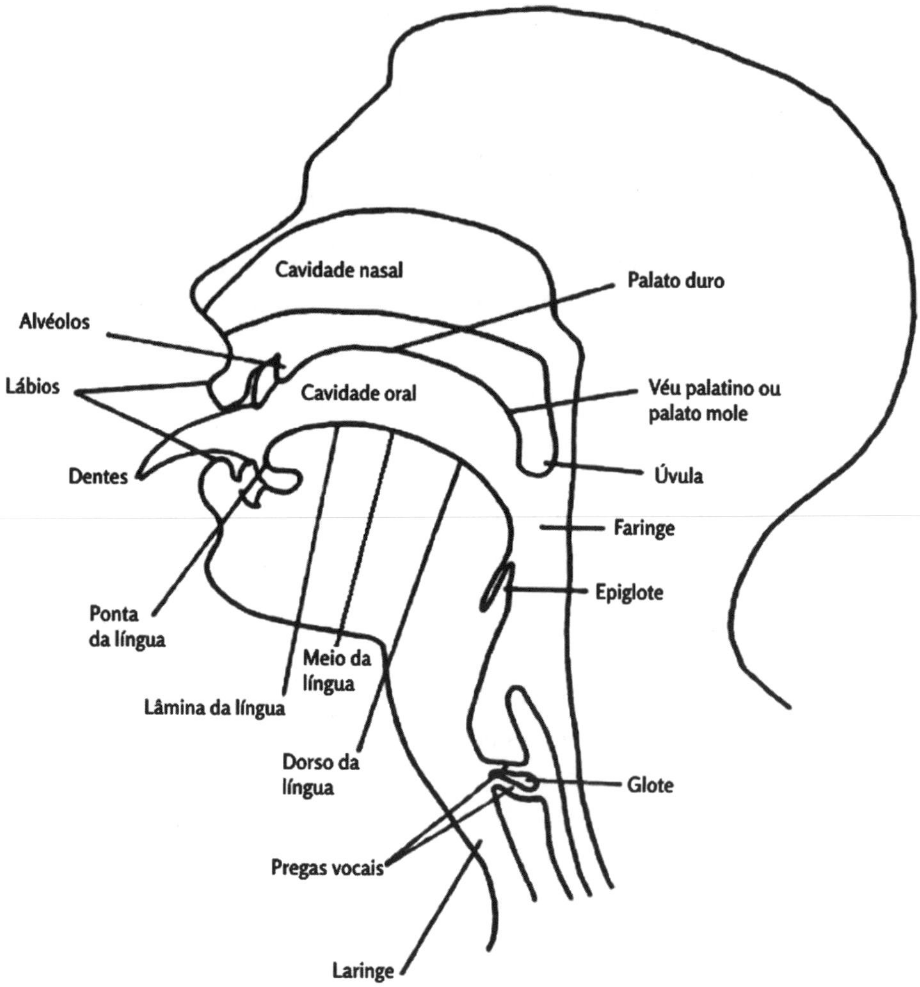

Fonte: Battisti (2014: 38).

Os estudos de fonética articulatória procuram descrever como determinado fone de uma língua é produzido pelos articuladores que compõem o aparelho fonador e quais são as suas propriedades articulatórias. Os sons consonantais, por exemplo, costumam ser classificados de acordo com três critérios: o modo de articulação, o ponto de articulação e seu vozeamento. Assim, ao pronunciarmos os fones consonantais [m] e [t] na palavra *mato*, sabemos que [m] é uma consoante *nasal* (porque a corrente de ar sai parcialmente pela cavidade nasal) *bilabial* (porque articulamos esse fone usando ambos os lábios) *vozeada* (porque vibramos as cordas vocais em sua produção) e que [t] é uma consoante *oclusiva* (porque, em sua produção, fazemos uma obstrução momentânea completa à passagem do ar que sai dos pulmões) *alveolar* (porque a ponta da língua encosta nos alvéolos) *desvozeada* (porque não há vibração das cordas vocais).

As vogais também costumam ser definidas de acordo com critérios próprios, distintos dos critérios dos fones consonantais, uma vez que, "[n]a articulação de vogais, a corrente de ar quase não sofre constrição, razão pela qual os articuladores ativos e passivos não têm papel fundamental" (Battisti, 2014: 34). São três os critérios aplicados às vogais: altura da língua, avanço da língua e arredondamento (ou não) dos lábios. Assim, os fones vocálicos [i], [o] e [a], por exemplo, em um vocábulo do português como *isolar*, distinguem-se porque [i] é uma vogal *alta* (a língua se eleva no interior da boca, aproximando-se do ponto mais alto da cavidade oral – o palato duro (céu da boca) – porque o maxilar quase não abre), *anterior* (a língua avança levemente para a parte frontal da boca, na horizontal) e *não arredondada* (pois não arredondamos os lábios para produzi-la); [o] é uma vogal *média* (a língua se encontra um pouco afastada do céu da boca porque o maxilar está mais aberto do que na articulação de [i]), *posterior* (a língua é levemente recuada para o fundo da boca, na horizontal) e *arredondada* (pois arredondamos os lábios em sua produção); ao passo que [a] é uma vogal *baixa* (a língua está baixa), *anterior* e *não arredondada*.

Graças às pesquisas em fonética articulatória, hoje conhecemos relativamente bem todos os fones produzidos em praticamente todas as línguas faladas ao redor do mundo. Em análise linguística, esses fones são representados por símbolos específicos, organizados e sistematizados pela Associação Internacional de Fonética (conhecida como IPA, a partir de International Phonetic Association) no **Alfabeto Fonético Internacional**. A Associação Internacional de Fonética foi fundada em 1886, em Paris, por interessados no estudo da fonética e da descrição dos sons das línguas que eles então ensinavam e estudavam. Seu primeiro presidente foi o linguista francês Paul Passy, que teve papel central no desenvolvimento da primeira versão do que chamamos hoje de "tabela do IPA" – um pouco da história da Associação pode ser encontrada em MacMahon (1986) e no website internationalphoneticassociation.org. Essa tabela continua sendo revista periodicamente e serve como referência nos estudos de fonética em todo o mundo.

Na Figura 2, mostramos um quadro de consoantes pulmônicas (produzidas com o ar que é expelido pelos pulmões) com os símbolos fonéticos do Alfabeto Fonético Internacional, na versão revisada em 2005.

Figura 2 – Quadro das consoantes pulmônicas.

O ALFABETO FONÉTICO INTERNACIONAL (revisado em 2005)

Consoantes (pulmônicas)

	Bilabial	Labiodental	Dental	Alveolar	Palato alveolar	Retroflexa	Palatal	Velar	Uvular	Faringal	Glotal
Oclusiva	p b			t d		ʈ ɖ	c ɟ	k g	q ɢ		ʔ
Nasal	m	ɱ		n		ɳ	ɳ	ɲ	ɴ		
Vibrante	ʙ			r					ʀ		
Tepe		ⱱ		ɾ		ɽ					
Fricativa	ɸ β	f v	θ ð	s z	ʃ ʒ	ʂ ʐ	ç ʝ	x ɣ	χ ʁ	ħ ʕ	h ɦ
Fricativa lateral				ɬ ɮ							
Aproximante		ʋ		ɹ		ɻ	j	ɰ			
Aproximante lateral				l		ɭ	ʎ	ʟ			

Onde há pares de símbolos, o da direita representa um a consoante vozeada. Áreas sombreadas denotam considerações impossíveis.

Fonte: Battisti (2014: 50).

Na primeira coluna, encontram-se os modos de articulação dessas consoantes (tais como oclusiva e nasal, exemplificados anteriormente). Na primeira linha do quadro, encontram-se os pontos de articulação com que essas consoantes são produzidas (tais como bilabial e alveolar). Nem todas as células apresentam um símbolo: "[s]e sombreadas, significam que a articulação relevante é impossível. Se não sombreadas, significam que a articulação é possível, mas os fones correspondentes não foram encontrados nas línguas do mundo" (Battisti, 2014: 51).

Os sons vocálicos das línguas também são representados por símbolos do Alfabeto Fonético Internacional, como pode ser visto na Figura 3:

Figura 3 – Símbolos do Alfabeto Fonético Internacional para os sons vocálicos.

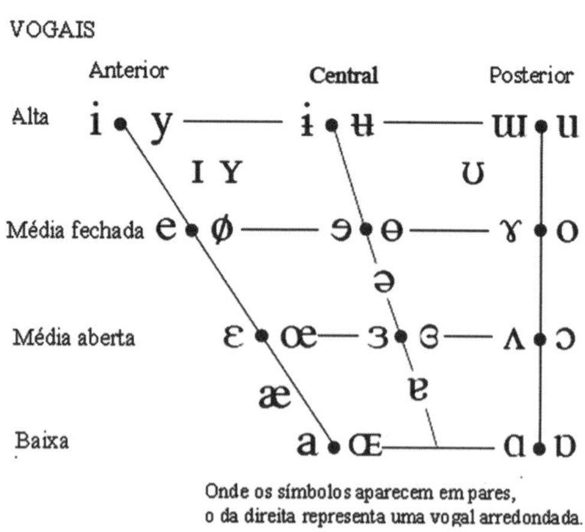

Fonte: Battisti (2014: 53).

O trapézio da Figura 3 tenta representar sutilmente a cavidade oral, como se a abertura da boca estivesse do lado esquerdo do trapézio, tal como ilustrado na Figura 1 ("O aparelho fonador"). Assim, existem vogais *anteriores*, produzidas com a língua levemente projetada mais à frente da boca, como [i], [e], [y] etc., e vogais *posteriores*, produzidas com a língua levemente recuada (puxada para a parte de trás da boca), como [u], [o], por exemplo. Da mesma forma, existem vogais produzidas com a língua mais alta ([i], [u] etc.) e vogais produzidas com a língua mais baixa ([a], por exemplo), devido aos diferentes graus de abertura do maxilar.

A **fonética acústica**, por outro lado, estuda as propriedades físicas dos sons da fala relacionados às ondas sonoras, tais como duração, intensidade e amplitude. Quando falamos uma língua oral, produzimos sons que são propagados pelo ar. Esses chegam ao(s) nosso(s) interlocutor(es) em forma de ondas sonoras. O estudo das propriedades físicas dessas ondas sonoras produzidas durante o momento de fala é o objeto central de estudo da fonética acústica.

Figura 4 – Ondas sonoras.

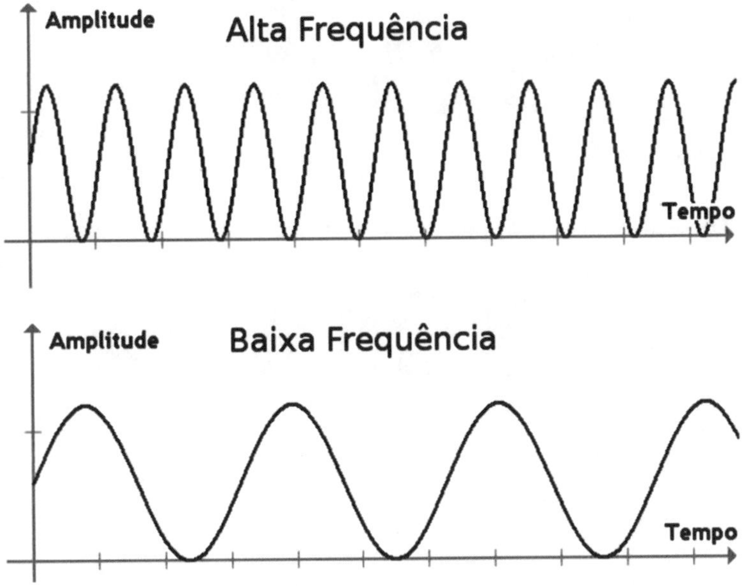

Fonte: Wikimedia (2021a: n. p.).

Para realizar o estudo das ondas sonoras, um foneticista precisa contar com equipamentos de hardware (tais como microfones, gravadores, computadores) e software (tais como programas específicos de análise acústica). A partir de análises computadorizadas, é possível estudar com detalhes a cadeia sonora, seja ela uma palavra isolada (Figura 5) ou uma sequência de palavras (Figura 6).

Figura 5 – Espectrograma mostrando a produção da palavra inglesa "*classic*" ("clássico"), com destaque para a consoante oclusiva [k].

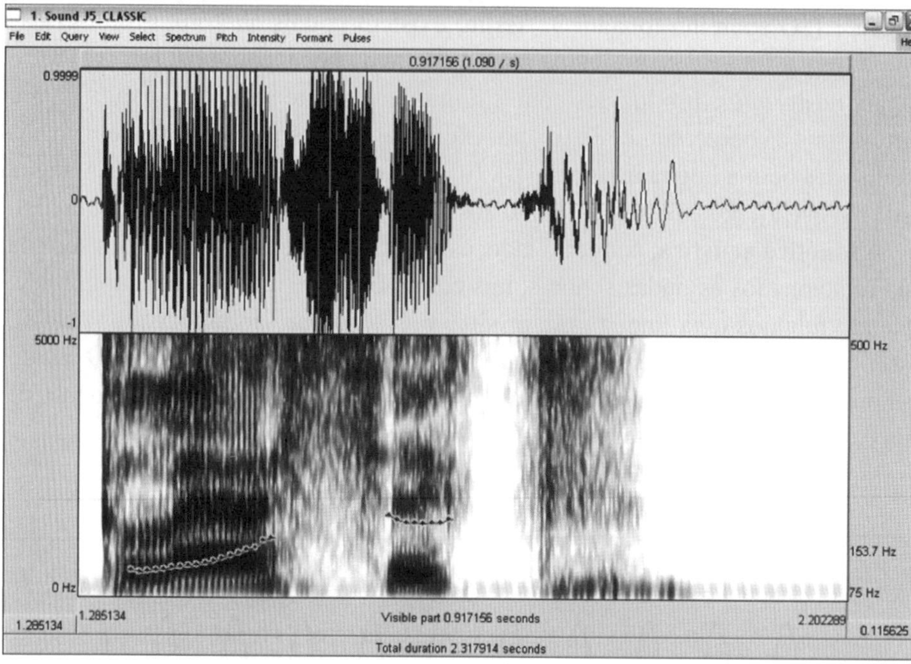

Fonte: Huf e Alves (2010: 10).

Figura 6 – Oscilograma com curva melódica e transcrição da sequência de "professores que estão".

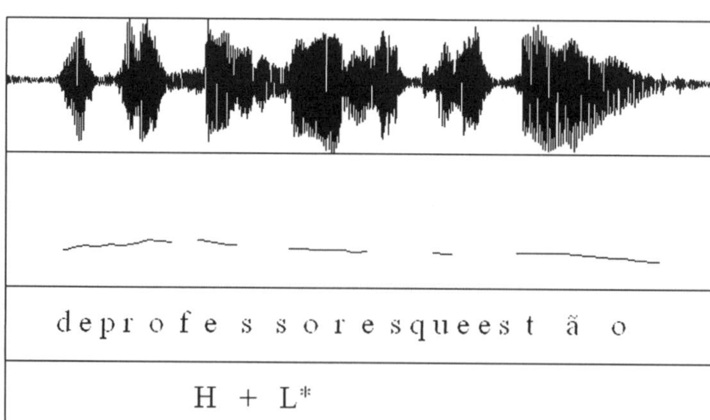

Fonte: Souza (2010: 122).

Finalmente, a **fonética auditiva** estuda a percepção dos sons da fala pelo interlocutor, fazendo uso do ouvido, do nervo auditivo e do cérebro. Quando ouvimos os sons, as vibrações sonoras que se propagam pelo ar chegam ao ouvido e são "transformadas em vibrações mecânicas (pelos mecanismos ósseos presentes no ouvido médio), em mudanças hidráulicas (pelo líquido presente no ouvido interno) e em impulsos nervosos elétricos (ao longo do nervo acústico que leva ao cérebro)" (Crystal, 2000: 32).

Figura 7 – O ouvido.

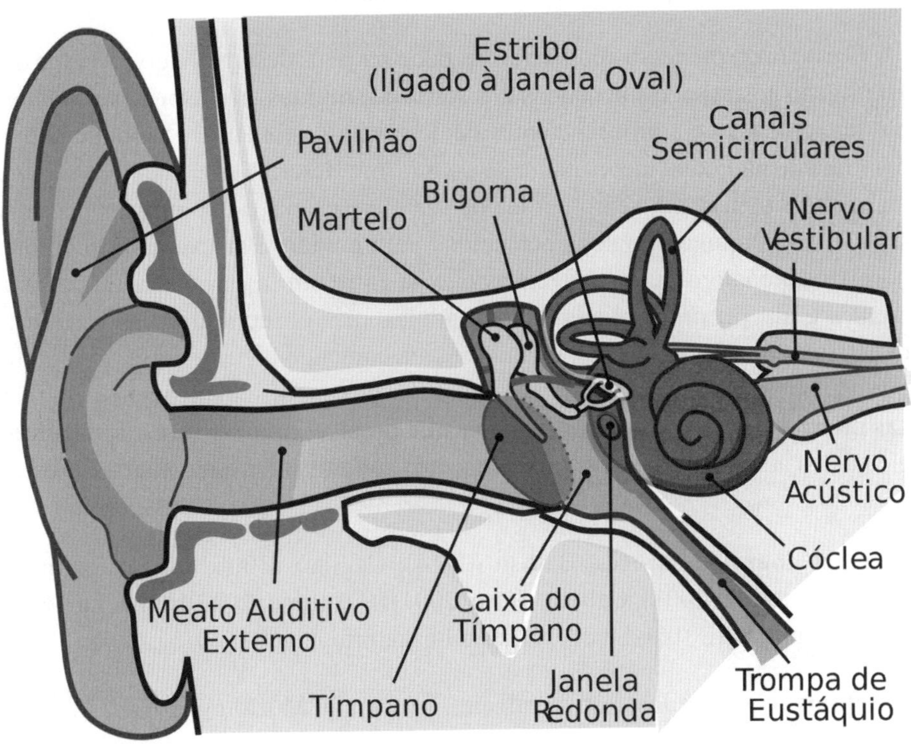

Fonte: Wikimedia (2021b: n. p.).

Finalmente, a *fonética auditiva*, ao estudar a percepção do som, estuda também a interpretação desse som. O recurso a exames audiométricos e análises acústicas permite medir a aptidão do ouvido para perceber sons da linguagem humana, conforme Pierret (1994). Pesquisas na área da fonética auditiva têm numerosas aplicações, tais como a abordagem de aspectos patológicos (tratamentos de surdez, problemas de percepção etc.) e o ensino de línguas (reconhecimento de sons pertencentes às línguas, dicção, pronúncias etc.).

Nas palavras de Barbosa e Madureira (2015: 53),

> Como todo som, objeto de estudo da Acústica, o som da fala tem por origem uma fonte sonora. O padrão sonoro gerado por essa fonte em algum ponto do aparelho fonador entre a glote e os lábios é habitualmente modificado por efeito de ressonância no trato vocal e escapa pelos lábios. Ao ganhar o meio exterior, o som da fala assim obtido provoca uma perturbação no meio elástico circundando o falante (normalmente o ar) e estimula o aparelho auditivo do ouvinte. Essa perturbação pode ser vista sob a perspectiva de sua produção material, objeto da fonética acústica, bem como da sensação auditiva que provoca, objeto da fonética auditiva.

O estudo do processo auditivo ainda pode ser mais desenvolvido, uma vez que está ligado aos aspectos acústicos dos sons transmitidos, aos aspectos psicológicos da percepção e à própria técnica de descrição da fonética. O som percebido pelo falante não coincide exatamente com o som descrito fisicamente. O falante interpreta a mensagem sempre à luz de sua experiência, o que o faz operar uma seleção no conjunto dos sons percebidos pelo ouvido. Por exemplo, o ouvinte normalmente não observa diferenças que há entre um [a] pronunciado por uma criança e um [a] pronunciado por um adulto, mas observa algumas diferenças dialetais e percebe até mesmo quando se fala comendo alguma coisa. Isso indica que não ouvimos sons isolados, mas conjuntos de sons sistematicamente emitidos nas práticas linguísticas, motivo pelo qual é possível, muitas vezes, restabelecer elementos ausentes da fala, como segmentos sonoros ou mesmo sílabas inteiras.

Leituras complementares: Battisti (2014); Cagliari (2006; 2012); Cagliari e Massini-Cagliari (2001); Callou e Leite (2001); Cavaliere (2005); Cristófaro-Silva (2002); Roberto (2016); Seara, Nunes e Lazzarotto-Volcão (2015).

Capítulos relacionados: Estruturalismo. Fonologia. Morfologia.

Fonologia

O termo *fonologia* designa tanto a disciplina da linguística dedicada ao estudo do conhecimento necessário para perceber e produzir os sons ou os parâmetros dos sinais constituidores dos morfemas e das palavras, quanto o nível de estruturação linguística ou módulo da gramática natural especializado nesse conhecimento.

Não propriamente Saussure, mas os estudiosos que o sucedem dão corpo às subdisciplinas linguísticas, entre elas a fonologia. Os trabalhos do Círculo Linguístico de Praga na primeira metade do século XX, em especial a contribuição de dois de seus participantes, Nikolai Trubetzkoy e Roman Jakobson, definem o **fonema** como unidade mínima distintiva e estudam suas propriedades fundamentais, os **traços distintivos**.

Paralelamente, nos Estados Unidos, o estudo das línguas nativas pelos estruturalistas norte-americanos beneficia-se de técnicas de análise e registro fonético para descrever as unidades sonoras elementares. O exame da distribuição dos fones e de sua relação com fonemas consolida a análise fonêmica. Entre as pesquisas dos estruturalistas norte-americanos, destacam-se as de Leonard Bloomfield, que define fonema como feixe de traços distintivos, e de Zellig Harris, que desenvolve procedimentos de descoberta de fonemas e morfemas na análise linguística, com base em suas propriedades distribucionais. Mais tarde, nos anos 1960, Morris Halle e um discípulo de Zellig Harris, Noam Chomsky, conhecido por aplicar à sintaxe a concepção de Harris de língua como estrutura transformacional, dão início à vertente da fonologia conhecida como fonologia gerativa. Eles propõem um conjunto de traços fonológicos binários e formulam regras (gerativo-transformacionais) fonológicas para dar conta do inglês e, potencialmente, de outras línguas do mundo. As teorias fonológicas hoje existentes, com poucas exceções, filiam-se a essa vertente.

A fonologia corresponde, hoje, a um corpo de teorias ou modelos de análise. Além da **fonologia segmental**, dedicada a fonemas e regras fonológicas, há a **fonologia prosódica**, que dá conta de elementos como sílaba, acento, tom e da interface fonologia-sintaxe; a **fonologia lexical**, que explora a interface fonologia-morfologia, entre outras teorias ou modelos.

Não é o som efetivamente produzido nem são os parâmetros do sinal de fato realizados o que concerne à fonologia. Odden (2013) explica que os sons físicos manifestos na fala humana e os parâmetros do sinal executados, analisados por outra disciplina da linguística, a fonética, reúnem informação em demasia e são altamente variáveis. Traços acústicos como formato de onda (sonora), valores formânticos (em Hertz), medidas de duração, amplitude e frequência podem ser levemente distintos na emissão de uma mesma palavra por um mesmo falante de língua oral. Igualmente, nas línguas de sinais, tanto configuração, locação, quanto movimento da mão podem ser sutilmente diferentes na execução de um mesmo sinal por diferentes sujeitos. Assim, para reconhecer as formas produzidas e realizá-las tão rápida e automaticamente como fazemos na fala, necessitamos, conforme Odden (2013), descartar um tanto dessas informações fonéticas mais finas e reduzi-las a um mínimo cognitivo, isto é, representar em nossa mente-cérebro apenas aspectos dos sons da fala ou dos parâmetros do sinal que sejam essenciais para distinguir as unidades que as gramáticas de língua natural conseguem manipular na distinção de morfemas e de palavras.

No que tange às línguas orais, as informações fonéticas reduzidas em nossa mente-cérebro correspondem a propriedades (articulatórias) definidoras de limites sistemáticos entre unidades fônicas. Por exemplo, se considerarmos os vocábulos do português *seu* e *céu* não em seu registro ortográfico, mas em sua pronúncia, perceberemos que eles são muito semelhantes. Possuem três segmentos, dos quais o inicial e o final são praticamente de mesma qualidade, mas o medial é distinto. A essa diferença de qualidade do segmento medial associa-se uma diferença relevante de significado entre as palavras. Trata-se do que a fonologia considera uma diferença contrastiva.

O segmento medial em *seu* e *céu* é o que tradicionalmente chamamos de vogal. A fonologia capta a distinção de qualidade das vogais em *seu* e *céu* com base em um dos três parâmetros definidores de vogais, o de altura (do corpo da língua em relação ao palato duro, pela maior ou menor abertura do maxilar): a vogal em *seu* é a média alta /e/, a vogal em *céu* é a média baixa /ɛ/. Esclarecer quais são as unidades contrastivas de uma língua e as propriedades fonológicas relevantes, representadas em nossa gramática natural, é um dos objetivos da pesquisa fonológica.

Outro objetivo da análise fonológica de línguas orais é esclarecer por que, em qualquer língua natural, certas combinações de segmentos são possíveis e outras não. Por exemplo, o português tem palavras como *prato, preço, prisma, prece, prumo, pronto, próximo*, com sequência *pr-*; tem palavras como *placa, pluma, pleura, plebe, aplicar*, com a sequência *pl-*; mas não tem palavras com a combinação **pf*, quer em posição inicial, quer em posição medial de vocábulo. Já o alemão, por exemplo, tem: *Pferd* (cavalo), *Apfel* (maçã). A descrição da fonologia das línguas fornece as bases para caracterizar restrições a certas sequências de sons como essas.

A investigação fonológica de línguas orais também se dedica a explicar padrões sistemáticos de realização sonora. Por exemplo, se compararmos a pronúncia das sequências de palavras do português *as casas* e *as asas*, notaremos que, na primeira, a silabação é *as.ca.sas* e, na segunda, *a.sa.sas*. Além da diferente silabação, veremos que o segmento /s/ de *as* soa como [s] em *as casas*, mas como [z] em *as asas*. É uma regularidade do português ressilabar /s/ final de vocábulo se o seguinte iniciar por vogal; ressilabado na posição inicial de sílaba, /s/ passa a ser pronunciado como [z]. A propriedade envolvida na realização de /s/ em sequências de palavras é o traço [±vozeado], que o componente fonológico da gramática natural manipula relativamente à silabação das sequências sonoras.

Na investigação da fonologia das línguas de sinais, uma das tarefas "é identificar as configurações de mão, as locações e os movimentos que têm caráter distintivo" (Quadros e Karnopp, 2004: 51). As autoras fornecem os pares de exemplos de sinais contrastivos da **Libras** (língua brasileira de sinais). Esses sinais contrastam em apenas um dos parâmetros.

A análise fonológica das línguas de sinais também busca esclarecer as restrições perceptuais e articulatórias a combinações de parâmetros, a sequencialidades dos sinais em termos de distribuição e à ordenação e ao papel das expressões não manuais.

Leituras complementares: Battisti (2014); Bisol (2006; 2010); Cristófaro-Silva (2011); Hora e Matzenauer (2017); Mori (2001); Seara, Nunes e Lazzarotto-Volcão (2015); Souza e Santos (2003).

Capítulos relacionados: Fonética. Morfologia. Sintaxe.

Formalismo

Formalismo designa o paradigma ou corrente de pensamento em linguística que orienta estudos voltados à análise da sistematicidade interna da língua, sem levar em conta fatores explanatórios externos ou sociais, como classe social ou escolaridade dos falantes, por exemplo. Outra característica dos estudos formalistas é, segundo McElvenny (2019), sua inclinação à abstração e à axiomatização no tratamento dos fatos da língua. Nesse sentido, tanto a linguística saussuriana quanto a linguística estruturalista norte-americana e a linguística gerativa são paradigmas formais ou escolas formalistas de linguística.

De acordo com Dillinger (1991), estudos formalistas são contrapostos a estudos funcionalistas no estruturalismo da primeira metade do século XX devido à oposição entre *forma linguística* e *função (da forma linguística) na comunicação humana* que então se discute. Pontos de contraste entre os paradigmas formalista e funcionalista em linguística são, por exemplo, conforme Dik (1978), os pressupostos de que a função primeira da língua é *expressar pensamentos* no formalismo, mas é *comunicar* no funcionalismo; o correlato psicológico da língua é a *competência linguística* no formalismo, mas a *competência comunicativa* no funcionalismo; as formas da língua devem ser analisadas independentemente do contexto, situação de uso e perfil social dos usuários no formalismo, mas devem ser analisadas em relação a contexto, situação e usuários no funcionalismo.

As questões perseguidas pelos formalistas, então, se embasam na ideia de que a forma da língua determina a expressão da língua. Diferentemente, para os funcionalistas, a forma da língua é determinada pelas funções desempenhadas pela linguagem no exercício comunicativo da interação social. Por isso, se entende que a língua é tratada de modo autônomo pelos formalistas, mas não pelos funcionalistas.

Borges Neto (2004) explica que as línguas naturais são entendidas pelos formalistas como conjuntos de formas relacionadas entre si em uma sintaxe e relacionadas com os objetos do mundo (objetivo ou mental) em uma semântica, permitindo aos falantes expressar significados. Por isso, conforme o autor, são consideradas formalistas as teorias linguísticas que compreendem os fatos da linguagem

> enquanto manifestações de um objeto autônomo que preexiste a esses fatos (seja como um objeto mental, como quer Chomsky, seja como um objeto abstrato, como quer Montague), que é a linguagem humana. Assim, desde que assumida essa perspectiva, é possível uma semântica, uma pragmática, uma sociolinguística ou uma psicolinguística formalista. (Borges Neto, 2004: 85)

Pires de Oliveira (2007) fornece um exemplo de dado a que análises gerativistas, de cunho formalista, se dedicariam, mas que não seria contemplado por análises funcionalistas. Trata-se de um dado negativo, ou agramatical naquela linha de análise: **Menino o comeu*. A autora explica que a questão por que não podemos dizer, no português brasileiro, a sequência **Menino o comeu?* "não pode nem mesmo ser colocada no funcionalismo, porque sua base é o que é efetivamente dito" (Pires de Oliveira, 2007: 227). Já o gerativismo usaria esse dado para testar hipóteses e para esclarecer as regras subjacentes às realizações possíveis ou efetivamente produzidas em português.

Capítulos relacionados: Cognitivismo. Estruturalismo. Funcionalismo. Gerativismo.

Leituras complementares: Borges Neto (2004); Pires de Oliveira (2007).

Funcionalismo

Funcionalismo é um dos paradigmas ou correntes de pensamento em linguística. Funcionalismo distingue-se de **formalismo**. Conforme Dirven e Fried (1987), são funcionalistas as análises linguísticas nas quais as funções da linguagem têm papel predominante. São formalistas as análises em que a forma da língua tem prioridade e as funções da linguagem são secundárias. O predomínio de função ou forma nos estudos linguísticos se deve, por seu turno, à concepção de língua por eles assumida. De acordo com Dik (1978), os estudos funcionalistas tomam a linguagem como um instrumento de interação social cuja função primeira é a de comunicar. Já os estudos formalistas entendem língua como um conjunto de formas voltado prioritariamente à expressão do pensamento.

As raízes do funcionalismo identificam-se, na Europa, com o Círculo Linguístico de Praga, grupo de linguistas da primeira metade do século XX. É funcionalista, por exemplo, a ideia de integrantes do Círculo de que, além de traços fonológicos, que correspondem a propriedades distintivas dos fonemas, as línguas contêm traços suprassegmentais com função demarcadora (servem para reforçar a coesão interna de constituintes e indicar suas fronteiras, como início e fim de enunciados) e com função expressiva (servem para indicar sentimentos ou atitudes do falante). Nos Estados Unidos, nos anos 1970, destaca-se o nome de Talmy Givón como representante do funcionalismo. São givonianas a concepção da linguagem como atividade sociocultural e as ideias de que a estrutura serve a funções cognitivas e comunicativas, de que a mudança e variação linguística são inerentes à língua, de que o significado é dependente do contexto e de que as gramáticas são emergentes, entre outras. Um pouco mais tarde, no Reino Unido, toma corpo a **linguística sistêmico-funcional** de Michael Halliday, que concebe a língua como um sistema sociossemiótico e centra sua análise em produtos autênticos de interação social, levando em conta a cultura e o contexto social em que esses produtos são negociados.

Com base em Halliday (1978), Pezatti (2007) explica que o funcionalismo se baseia na crença de que existe uma relação não arbitrária entre estrutura da língua e regularidades de uso da expressão linguística, devidas ao modo como os falantes se comunicam. Nessa perspectiva, a estrutura da expressão linguística se configura com base em funções relativas ao contexto discursivo (função textual), à experiência de mundo dos interactantes (função ideacional), ao modo de interação em dadas situações sociais (função interpessoal). Considerar essas funções, mesmo que tacitamente, é crucial para a construção da significação dos enunciados e para sua interpretação. É o que o analista também necessita levar em conta para explicar, por exemplo, segundo Cunha (2008), a diferença entre as seguintes sentenças do português:

(1) a. Você é desonesto.
b. Desonesto é você.

A estrutura é a mesma nas sentenças (1.a) e (1.b) considerando-se os constituintes sintáticos. Mas há entre elas uma diferença na ordenação dos constituintes que, para Cunha (2008), só se pode explicar fazendo referência ao uso da linguagem e a circunstâncias interacionais.

> Ao contrário do que acontece em (a), que constitui uma afirmativa, a sentença (b) está relacionada a uma situação comunicativa típica de réplica, marcada pela inversão do predicado *desonesto*, que vai para o início da frase. Isso significa que essa sentença só faz sentido em um contexto em que o interlocutor tenha feito anteriormente o mesmo insulto. (Cunha, 2008: 157-8)

Ou seja, o raciocínio funcionalista, sem desprezar a motivação estrutural, dá peso a demandas contextuais na explicação do uso da linguagem.

Capítulos relacionados: Estruturalismo. Gerativismo. Formalismo.

Leituras complementares: Cunha (2008); Givón (2012); Martelotta (2008); Pezatti (2007); Rosário (2015).

Funções da linguagem

A língua desempenha funções no ato de comunicação verbal. Para estudá-las, é necessário assumir um ponto de vista funcional. Essa ideia é oriunda do Círculo Linguístico de Praga (CLP) e está explícita já na primeira tese das famosas Teses de 1929, apresentadas como obra coletiva do CLP no I Congresso de Filólogos Eslavos, realizado em Praga, em outubro de 1929:

> Quando analisamos a linguagem como expressão ou como comunicação, a intenção do sujeito falante apresenta-se-nos como a sua explicação mais fácil e natural. Por isso mesmo, devemos tomar em consideração, na análise linguística, o ponto de vista funcional. Desse ponto de vista, *a língua é um sistema de meios de expressão apropriados a um fim.* (Teses, 1978: 82 [grifo do autor])

Também na terceira tese, totalmente dedicada a refletir sobre as funções linguísticas, encontramos: "o estudo de uma língua exige que se leve rigorosamente em conta a variedade das funções linguísticas e dos seus modos de realização no caso considerado" (Teses, 1978: 88).

A tipologia das **funções da linguagem** foi proposta pelo linguista russo Roman Jakobson, pela primeira vez, em 1956, no encontro anual da Sociedade Linguística Americana, e retomada em 1960, no célebre artigo "Linguística e poética" (cf. Holenstein, 1979). No Brasil, esse artigo integra a coletânea *Linguística e comunicação*. Segundo Machado (2007), Roman Jakobson,

> com uma visão integrada do ato comunicativo, [...] se desviava radicalmente do estruturalismo americano e da gramática gerativa. [...]. O ato comunicativo torna-se o lugar por excelência do diálogo e de tudo o que a ele está relacionado. Nada é abstrato na linguagem; tudo se reporta ao ato de comunicação. (Machado, 2007: 36)

No artigo, antes de apresentar a tipologia das seis funções da linguagem, Jakobson explicita os fatores que estão envolvidos no processo da comunicação linguística como um todo. São ao todo seis fatores. Observemos como Jakobson (1974: 123) apresenta esses fatores:

> A linguagem deve ser estudada em toda a variedade de suas funções. [...]. Para se ter uma ideia geral dessas funções, é mister uma perspectiva sumária dos fatores constitutivos de todo processo linguístico, de todo ato de comunicação verbal. O REMETENTE envia uma MENSAGEM ao DESTINATÁRIO. Para ser eficaz, a mensagem requer um CONTEXTO a que se refere (ou "referente", em outra nomenclatura algo ambígua), apreensível pelo destinatário, e que seja verbal ou suscetível de verbalização; um CÓDIGO total ou parcialmente comum ao remetente e ao destinatário (ou, em outras palavras, ao codificador e ao decodificador da mensagem); e, finalmente, um CONTATO, um canal físico e uma conexão psicológica entre o remetente e o destinatário, que os capacite a ambos a entrarem e permanecerem em comunicação. Todos estes fatores alienavelmente envolvidos na comunicação verbal podem ser esquematizados como segue:
>
> CONTEXTO
>
> REMETENTE DESTINATÁRIO MENSAGEM
>
> ....
>
> CONTATO
>
> CÓDIGO

Para ele, cada um desses fatores determina uma função da linguagem diferente. Isso não pode levar a crer que cada mensagem envolva apenas um dos fatores. Segundo Jakobson, dificilmente encontraríamos mensagens verbais que preenchessem uma única função: "a diversidade reside não no monopólio de alguma dessas diversas funções, mas numa diferente ordem hierárquica de funções. A estrutura verbal de uma mensagem depende basicamente da função predominante" (Jakobson, 1974: 123).

Definidos os seis fatores, estabelecem-se as seis funções da linguagem:

1) Função emotiva ou expressiva

O fator preponderante é o remetente. Essa função diz respeito a "uma expressão direta de quem fala em relação àquilo de que está falando" (Jakobson, 1974: 123-4). Quer dizer, coloca-se em relevo a atitude do falante. Essa atitude – inerente a qualquer mensagem – pode se manifestar em todos os níveis da língua (o fônico, o gramatical, o lexical etc.).

No nível fônico, por exemplo, além dos traços distintivos, cuja função é a distinção significativa, há traços emotivos que carregam informação a respeito do falante (remetente). Observe-se a explicação de Jakobson (1974: 124):

> A diferença entre [grande] e o prolongamento enfático da vogal [gra:nde] é um elemento linguístico convencional, codificado, assim como em tcheco a diferença entre a vogal breve e a longa, em pares como [vi] "você" e [vi:] "sabe"; todavia, neste último par, a informação diferencial é fonológica e no primeiro emotiva. Na medida em que nos interessem as invariantes fonológicas, o [a] e [a:] em português parecem ser meras variantes de um só e mesmo fonema, mas se nos ocupamos de unidades emotivas, a relação entre a invariante e as variantes se inverte: longura e brevidade são invariantes realizadas por fonemas variáveis.

Em outras palavras, emoções como alegria, ironia, medo etc. são expressas na língua devido às escolhas que o falante faz e essas escolhas são codificadas na língua. Nesse sentido, do ponto de vista lexical, as interjeições parecem ter papel preponderante na expressão de emoções.

Finalmente, encontramos um exemplo incontestável da relevância linguística da função emotiva em um relato de Jakobson (1974: 125 [grifo do autor]):

> Um antigo ator do Teatro Stanislavski de Moscou contou-me como, na sua audição, o famoso diretor lhe pediu que tirasse quarenta diferentes mensagens da frase *Segodnja vecerom*, "esta noite", com variar-lhe a nuança expressiva. Ele fez uma lista de cerca de quarenta situações emocionais, e então pronunciou a frase dada de acordo com cada uma dessas situações, que sua audiência tinha de reconhecer somente através das alterações na configuração sonora das duas mesmas palavras. Para o nosso trabalho de pesquisa, de descrição e análise do russo contemporâneo (pesquisa realizada sob os auspícios da Fundação Rockefeller), pediu-se a esse ator que repetisse a prova de Stanislavski. Ele anotou por escrito cerca de cinquenta situações implicando a mesma sentença elíptica e desta extraiu cinquenta mensagens correspondentes, registradas num gravador de fita. Em sua maior parte, as mensagens foram correta e circunstanciadamente decodificadas por ouvintes moscovitas. Seja-me permitido acrescentar que todas essas deixas emotivas são fáceis de submeter à análise linguística.

Em resumo, interjeições, insultos, termos de calão, sufixos (aumentativo/diminutivo), variações de tom e tudo o que diz respeito à atuação da primeira pessoa no que tange à expressão de suas atitudes emocionais explicita a função emotiva da linguagem.

2) Função conativa ou apelativa

O fator preponderante é o destinatário. Essa função diz respeito aos aspectos volitivos e coercitivos da mensagem. Segundo Jakobson, os modos vocativo e imperativo são importantes na expressão gramatical da função conativa. Exemplos de discursos conativos são as propagandas ("Experimente X", "Beba Y"), advertências ("Tome cuidado", "Faça silêncio"), interpelações ("Vá dormir", "Vá comer") etc.

Um belo exemplo de função conativa lembrado por Jakobson é a função "mágica" ou "encantatória", na qual se converte uma "terceira pessoa" – ausente ou inanimada – em "segunda pessoa", o destinatário. São exemplos dados pelo linguista russo: a fórmula mágica lituana "Que este terçol seque, *tfu*, *tfu*, *tfu*" e o encantamento do norte da Rússia "Água rainha do rio, aurora! Manda a dor para além do mar azul, para o fundo do mar; que como um seixo pardo que jamais sobe do fundo do mar, a dor nunca venha oprimir o coração ligeiro do servo de Deus; que a dor se vá e seja sepultada longe daqui" (Jakobson, 1974: 126 [grifo do autor]).

3) Função referencial, denotativa ou cognitiva

O fator preponderante é o contexto. Essa é a função predominante na comunicação. Afinal, sempre que falamos de algo, queremos transmitir um significado. Tudo indica que, para Jakobson, a função referencial, cognitiva, parece ter alcance generalizado na língua. Logo, as demais funções, de certa maneira, se conjugariam com a função referencial.

Talvez por julgar que a função referencial é generalizada na linguagem, Jakobson tenha se detido pouco em sua caracterização, ao menos em "Linguística e poética". Mas o fato é que a comunicação pela conversação, em geral, envolve a experiência conceitual dos falantes, e essa experiência serve de contexto para a inter-relação entre falantes. Machado (2007: 66) considera que a função referencial se orienta para a esfera "da informação e dos detalhes", quer dizer, a função referencial coloca em destaque aquilo a propósito do que se quer falar.

Explica-se, então, o motivo que leva Jakobson a considerar que, de certa forma, sempre há função referencial, em toda e qualquer manifestação verbal dos falantes. Há, no entanto, determinados textos em que a função referencial é preponderante: textos científicos e jornalísticos, por exemplo, que visam a efeitos de objetividade e de informação.

4) Função fática

O fator preponderante é o contato. Essa função diz respeito às

> mensagens que servem fundamentalmente para prolongar ou interromper a comunicação, para verificar se o canal funciona ("Alô, está me ouvindo?"), para atrair a atenção do interlocutor ou confirmar sua atenção continuada ("Está ouvindo?" Ou, na dicção shakespeariana, "Prestai-me ouvidos!" – e, no outro extremo do fio, "Hm-hm!"). (Jakobson, 1974: 126)

Aparentemente, essa função é muito simples e chama pouco a atenção dos estudiosos. No entanto, é bom não deixar a simplicidade ofuscar algo de muito interessante no raciocínio de Jakobson. Em primeiro lugar, é importante lembrar que o linguista retira a expressão "fática" da obra do antropólogo polonês Bronisław Kasper Malinowski (1884-1942), quando este fala em "comunhão fática" (*phatic communion*) (cf. Malinowski, 1923: 315), isto é, Jakobson, ao recorrer ao antropólogo, reconhece uma função social na função fática, qual seja, a de constituir uma "atmosfera de socialidade" (Malinowski, 1923: 315). Em segundo lugar, parece evidente que a função fática entrecruza duas outras funções: a emotiva e a conativa. Em outras palavras, ela contém simultaneamente traços do "eu" e do "tu", na medida em que cria um vínculo de solidariedade, portanto, de sociabilidade.

Certamente essas características levam Jakobson a afirmar que a função fática é "a primeira função verbal que as crianças adquirem; elas têm tendência a comunicar-se antes de serem capazes de enviar ou receber comunicação informativa" (Jakobson, 1974: 127). Bem entendido, isso significa que Jakobson supõe que a criança, no balbucio, adquire uma "função verbal", o que não deixa de ensejar maiores pesquisas.

5) Função metalinguística

O fator preponderante é o código, ou seja, a própria língua. Segundo Jakobson, "sempre que o remetente e/ou o destinatário têm necessidade de verificar se estão usando o mesmo código, o discurso focaliza o CÓDIGO; desempenha uma função METALINGUÍSTICA" (Jakobson, 1974: 127 [grifos do autor]).

A função metalinguística é uma das mais complexas entre as formuladas por Jakobson e, sem dúvida, uma das que mais coloca questões intrigantes ao linguista.

Inicialmente, é importante entender que Jakobson parte de uma definição lógica, segundo a qual há dois níveis de linguagem: a linguagem-objeto, relativa aos objetos, e a metalinguagem, relativa à própria língua. Em outras palavras, há, de um lado, a língua em suas funções cotidianas, quer dizer, que fala dos objetos, e, de outro lado, há a língua na função de falar da própria língua. Considere, a título de exemplo, as sentenças (1) e (2), a seguir:

(1) A terra é redonda.
(2) "A terra" é sujeito da sentença "A terra é redonda".

Em (1), tem-se linguagem objeto; em (2), tem-se o que os lógicos e os linguistas após Jakobson chamam de metalinguagem.

Essa distinção é revista por Jakobson ao ser, de certa forma, retirada do contexto da lógica, para ser ressignificada no contexto de estudo da língua em seus usos cotidianos. Para Jakobson, "a metalinguagem não é apenas um instrumento científico necessário, utilizado pelos lógicos e pelos linguistas; desempenha também papel importante em nossa linguagem cotidiana" (1974: 127).

Decorre dessa interpretação que, aos olhos de Jakobson, existe a *metalinguagem lógica* e a *metalinguagem cotidiana.* A função metalinguística diz respeito à *metalinguagem cotidiana.* É Jakobson quem explica: "praticamos a metalinguagem sem nos dar conta do caráter metalinguístico de nossas operações" (1974: 127). Os exemplos também são de Jakobson (1974: 127):

(3) "Não o estou compreendendo – que quer dizer?", pergunta quem ouve;
(4) "Entende o que quero dizer?", pergunta quem fala;

Considere também o diálogo a seguir, imaginado pelo próprio Jakobson (1974: 127 [grifos do autor]).

(A) "O "*sophomore*" foi ao pau".
(B) "Mas que quer dizer *ir ao pau*?".
(A) "A mesma coisa que *levar bomba*".
(B) "E *levar bomba*?".
(A) "Levar bomba é *ser reprovado no exame*".
(B) "E o que é '*sophomore*'?", insiste o interrogador ignorante do vocabulário escolar em inglês.
(A) "Um '*sophomore*' é (ou quer dizer) um *estudante de segundo ano*".

Conforme Jakobson, nesse diálogo, vemos informações a respeito do código – no caso, lexical – do idioma. A função aqui é, portanto, metalinguística.

Jakobson conclui suas observações sobre a função metalinguística chamando atenção para a importância dessa função em dois fenômenos: o processo de aquisição da linguagem e a perda afásica.

7) Função poética

O fator preponderante é a mensagem. Essa função enfoca "a mensagem por ela própria" (Jakobson, 1974: 127-8). Para entender o que é a função poética – uma das grandes novidades do trabalho de Jakobson, na opinião do semiólogo Roland Barthes (1987) – importa ver que, em primeiro lugar, "função poética" não é a mesma coisa que poesia. É Jakobson mesmo quem explica:

> Essa função não pode ser estudada de maneira proveitosa desvinculada dos problemas gerais da linguagem, e, por outro lado, o escrutínio da linguagem exige consideração minuciosa da sua função poética. Qualquer tentativa de reduzir a esfera da função poética à poesia ou de confinar a poesia à função poética seria uma simplificação excessiva e enganadora. A função poética não é a única função da arte verbal, mas tão somente a função dominante, determinante, ao passo que, em todas as outras atividades verbais, ela funciona como um constituinte acessório, subsidiário. [...]. Daí que, ao tratar da função poética, a linguística não possa limitar-se ao campo da poesia. (Jakobson, 1974: 128)

Além dessa advertência, Jakobson formula uma definição muito precisa da função poética a partir da qual a especificidade dessa função é mais bem colocada: "*A função poética projeta o princípio de equivalência do eixo de* ***seleção*** *sobre o eixo de combinação*" (Jakobson, 1974: 130 [grifo do autor]). Ora, o entendimento dessa definição depende da compreensão de "eixo de seleção" e de "eixo de combinação". Tais eixos são claramente apresentados no artigo "Dois aspectos da linguagem e dois tipos de afasia", presente, também, na coletânea *Linguística e comunicação.*

Para o linguista russo, "falar implica a *seleção* de certas entidades linguísticas e sua **combinação** em unidades linguísticas de mais alto grau de complexidade" (Jakobson, 1974: 37 [grifos nossos]). E exemplifica: "isto se evidencia imediatamente ao nível lexical: quem fala seleciona palavras e as combina em frases, de acordo com o sistema sintático da língua que utiliza; as frases, por sua vez, são combinadas em enunciados" (Jakobson, 1974: 37).

Pois bem: o "eixo de seleção" é aquele em que o falante opera uma escolha entre termos alternativos, o que implica a possibilidade de substituição de um elemento por outro. Tais elementos são equivalentes em um aspecto e diferentes em outro; o "eixo de combinação" é aquele em que o falante opera a concatenação dos termos. O exemplo dado por Jakobson, um enunciado de *Alice no País das Maravilhas*, é muito ilustrativo:

> "Você disse porco ou porto?", perguntou o Gato. "Eu disse porco, respondeu Alice". Dentro deste enunciado específico, o destinatário felino se esforça por captar uma escolha linguística feita pelo remetente. No código comum do Gato e de Alice, em português corrente, a diferença entre uma oclusiva velar e uma oclusiva dental, mesmo se todo o restante for igual, pode modificar a significação da mensagem. Alice usou o traço distintivo "velar/dental" rejeitando o segundo para escolher o primeiro dos dois termos opostos, e no mesmo ato de fala ela combinou essa solução com alguns outros traços simultâneos, pois /k/ é surdo por oposição a /g/ sonoro, e oclusivo por oposição a /r/ vibrante velar. Assim, todos esses atributos foram combinados em um feixe de traços distintivos: no que se chama um fonema. O fonema /k/ é precedido e seguido pelos fonemas /p/, /o/, /r/ e /o/, os quais são, eles próprios, feixes de traços distintivos produzidos simultaneamente. Pode-se dizer que a concorrência de entidades simultâneas e a concatenação de entidades sucessivas são os dois modos segundo os quais nós, que falamos, combinamos os constituintes linguísticos.
>
> Nem feixes de traços como /k/ ou /t/, nem sequências de feixes como /porku/ ou /portu/ são inventados pela pessoa que os utiliza. Tampouco pode o traço distintivo velar/dental, ou o fonema /k/, aparecer fora do contexto. O traço velar aparece em combinação com outros traços concomitantes e o repertório de combinações desses traços em fonemas como /p/, /b/, /t/, /d/, /k/, /g/ etc. é limitado pelo código da língua dada. O código impõe limitações às possíveis combinações do fonema /k/ com os fonemas subsequentes e/ou precedentes, e somente uma parte das sequências de fonemas permissíveis é realmente utilizada no estoque lexical de uma língua dada. (Jakobson, 1974: 38)

Enfim, o falante seleciona /k/entre os fonemas possíveis e combina-o com os que o seguem e o precedem. Ou seja, sempre que falamos, selecionamos elementos (fonológicos, morfológicos, lexicais etc.) e os combinamos.

Compreendidas as noções de "eixo de seleção" e de "eixo de combinação", voltemos à função poética. Pois bem: Jakobson propôs que a língua apresenta e exerce função poética quando a equivalência da seleção se projeta sobre a combinação. Mas exatamente o que quer dizer *projetar o princípio de equivalência do eixo de seleção sobre o eixo de combinação*? Ora, isso significa que o falante, em seu discurso, combina elementos equivalentes (semelhantes). É o eixo da seleção (paradigma) que determina o eixo da combinação (sintagma). Vejamos um primeiro exemplo em poesia que encontramos em Chalhub (2005: 25):

> a rima, que é um ecoar e reecoar de sonoridades semelhantes, é projeção, no sintagma, de relações de similaridade do som: as frequências se repetem, distribuídas na corrente da mensagem, criando ritmos:
>
> A vida é pra valer
> A vida é pra levar
> (Vinícius de Morais)
>
> Redundância que não é repetição e que está no jogo de valer/levar. Além de rimarem em eco no final do verso, são as mesmas letras, redistribuídas graficamente. No dicionário, apontam para a diferença de significado; no texto, para significação similar.

Vejamos, agora, um segundo exemplo, de uma situação cotidiana, dado pelo próprio Jakobson. Trata-se do *slogan* político da campanha de Dwight D. Eisenhower, presidente dos Estados Unidos entre 1953 e 1961:

> O *slogan* político *"I like Ike"* (*ai laic aic*, "eu gosto de Ike"), sucintamente estruturado, consiste em três monossílabos e três ditongos /ai/, cada um dos quais é seguido simetricamente de um fonema consonantal /*.. l .. k .. k*/. O arranjo das três palavras mostra uma variação: não há nenhum fonema consonantal na primeira palavra, há dois à volta do ditongo, na segunda, e uma consoante final na terceira. [...]. Ambas as terminações da fórmula trissilábica "*I like / Ike*" rimam entre si, e a segunda das duas palavras que rimam está incluída inteira na primeira (rima eco), /*laic*/ - /*aic*/, imagem paronomástica de um sentimento que envolve totalmente o seu objeto. Ambas as terminações formam uma aliteração, e a primeira das duas aliterantes está incluída na segunda: /*ai*/ - /*ai*/, uma imagem paronomástica do sujeito amante envolvido pelo objeto amado. A função poética secundária deste chamariz eleitoral reforça-lhe a impressividade e a eficácia. (Jakobson, 1974: 128-9 [grifos do autor])

Como explica Frank (1992: 14), "a função poética traz tais aspectos expressivos da própria linguagem para o primeiro plano". Assim, a escolha das palavras, dos fonemas, dos morfemas etc., na função poética, é governada pelas relações de equivalência e simetria (e dissimetria) que têm precedência sobre a combinação, na qual se projetam.

Para finalizar, é importante recolocar o esquema dos fatores envolvidos no processo de comunicação do qual partimos, desta vez incluindo as funções da linguagem a eles ligadas.

Esquema 1 – Esquema das funções da linguagem.

CONTEXTO
(função referencial)

REMETENTE	**MENSAGEM**	**DESTINATÁRIO**
(função emotiva)	(função poética)	(função conativa)

CONTATO
(função fática)

CÓDIGO
(função metalinguística)

Fonte: adaptado de Jakobson (1974: 123-9).

Leituras complementares: Chalhub (1991; 2005); Fiorin (2013b, 2022); Frank (1992).

Capítulos relacionados: Funcionalismo. Estruturalismo. Linguística.

Gerativismo

O **gerativismo** é uma escola linguística que teve início na segunda metade do século XX, com os trabalhos do linguista norte-americano Noam Chomsky (1928-). O trabalho seminal que marca o início do gerativismo é provavelmente o primeiro livro publicado por Chomsky, em 1957, *Estruturas sintáticas*, ainda que outros estudos seus desse período sejam também considerados fundacionais, tais como seu trabalho de conclusão de curso *Morphophonemics of Modern Hebrew* [A morfofonêmica do hebraico moderno], de 1951, seu trabalho monográfico *The Logical Structure of Linguistic Theory* [A estrutura lógica da teoria linguística], de 1955, e uma resenha influente que Chomsky publicou sobre o livro *Verbal Behavior* [Comportamento verbal], livro-base da teoria comportamentalista do psicólogo norte-americano B. F. Skinner, em 1959.

Há também uma outra resenha que se encontra entre os textos fundacionais do gerativismo: a resenha publicada pelo linguista Robert B. Lees, na revista *Language*, ainda em 1957, sobre o *Estruturas sintáticas*. Nessa resenha, Lees reconhece o ineditismo e a importância do trabalho de Chomsky para uma nova linguística. Para ele, o *Estruturas* é

> uma das primeiras tentativas sérias de um linguista para construir [...] uma teoria abrangente de linguagem que possa ser entendida no mesmo sentido em que uma teoria química ou biológica é comumente entendida em química ou biologia. Não se trata de uma mera reorganização de dados em um formato de catálogo bibliotecário, nem outra filosofia especulativa sobre a natureza do Homem e da Linguagem; é antes uma explicação rigorosa de nossas intuições sobre a linguagem em termos de um sistema axiomático explícito, com teoremas derivados desse sistema, resultados explícitos que podem ser comparados com novos dados e com outras intuições, tudo baseado plenamente em uma teoria explícita da estrutura interna das línguas. (Lees, 1957: 377-8)

Uma das ideias centrais de Chomsky foi aproximar a investigação sobre a linguagem da investigação nas áreas das ciências exatas e biológicas, ressaltando o caráter sistemático e matematizado das regras de descrição gramatical de uma língua, ao mesmo tempo em que ligava a linguagem à cognição – e, portanto, à biologia – humana.

Ao longo do desenvolvimento do programa gerativista, Chomsky propôs algumas questões de pesquisa que são caras à investigação linguística de base gerativa. Estas cinco questões são provavelmente as mais conhecidas:

1. Em que consiste o conhecimento linguístico humano?
2. Como esse conhecimento é adquirido por crianças durante seu desenvolvimento?
3. Como o conhecimento linguístico é colocado em uso em situações comunicativas concretas?
4. Quais são os correlatos neurofisiológicos no cérebro que estão relacionados com o conhecimento linguístico de um falante?
5. Como esse conhecimento se originou na história da humanidade?

Cada uma dessas questões recebeu um nome que serve de homenagem a um filósofo ou cientista. A primeira questão é conhecida na literatura como o **Problema de Humboldt**, a segunda é conhecida como o **Problema de Platão**, a terceira como o **Problema de Descartes**, a quarta questão é chamada de **Problema de Broca** e, finalmente, a última questão é conhecida na literatura como o **Problema de Wallace-Darwin**.

Chomsky dedicou sua atenção para tentar responder a essas cinco grandes questões do gerativismo em diferentes etapas de seu percurso acadêmico e intelectual, e o próprio empreendimento gerativista avançou na medida em que as respostas a essas questões foram sendo formuladas.

Leituras complementares: Battisti, Othero e Flores (2021); Borges Neto (2005); Chomsky (1994; 2014; 2015); Guimarães (2017); Milner (2020); Othero e Kenedy (2019); Pinker (2004).

Capítulos relacionados: Cognitivismo. Formalismo. Funcionalismo. Sintaxe.

Gramática comparada

Conforme Paveau e Sarfati (2008), a denominação **gramática comparada** (doravante GC) designa o conjunto dos estudos linguísticos ocorridos no século XIX e diz respeito a dois momentos dessa disciplina, que podem ser tomados separadamente. De um lado, a GC é "um campo de estudo e uma orientação linguística que consistiu em estabelecer os laços de parentesco existentes entre dois ou mais idiomas distantes no tempo e, mais frequentemente, no espaço" (Paveau e Sarfati, 2008: 9). De outro lado, a GC se transforma em linguística histórica, assumindo um programa de pesquisas que visa a reconstruir em detalhes "o intervalo e as linhas de evolução, inacessíveis, que, em princípio, vinculam, em uma relação de dependência (ou de "filiação"), uma língua B – atual ou tardia – a uma língua A que lhe é cronológica e culturalmente anterior" (Paveau e Sarfati, 2008: 9).

O impulso dos estudos comparativistas decorre da descoberta do sânscrito e da suposição de parentesco entre esta língua, o grego e o latim, como descrito por sir William Jones, em 1786:

> O sânscrito, seja qual for sua antiguidade, tem uma estrutura maravilhosa; mais perfeito que o grego, mais copioso que o latim, e mais primorosamente refinado que ambos, embora mantenha com eles tamanha afinidade, tanto nas raízes dos verbos como nas formas da gramática, que é impossível pensar que isso se deu por acidente; a afinidade é de fato tão forte que nenhum filólogo poderia examinar as três línguas sem pensar que elas tenham brotado de alguma fonte comum que, talvez, não mais exista. (Jones, apud Pinker, 2004: 321)

Ora, dizer que a descoberta do sânscrito proporcionou o desenvolvimento dos estudos histórico-comparatistas implica aceitar que os primeiros estudiosos da área eram, na verdade, sanscritistas. Assim, o grande estudo inaugural do sânscrito é de 1808, escrito pelo alemão Friedrich von Schlegel, *Über die Sprache und Weisheit der Indier* [Sobre a língua e a sabedoria dos indianos]. Friedrich von Schlegel é apoiado pelo irmão, August Schlegel, que foi professor de sânscrito na Universidade de Bonn (cf. Camara Jr., 2021a).

Considerado o parentesco entre o sânscrito e as línguas indo-europeias, o comparatismo linguístico segue duas orientações: o acesso por reconstrução das transformações de uma língua a outra e o estabelecimento de correspondências formais entre as línguas através da comparação de elementos gramaticais. Essa segunda orientação é que dá origem à expressão "gramática comparada", propriamente dita.

Em termos didáticos, pode-se traçar o seguinte percurso para o entendimento da consolidação dos estudos histórico-comparativos (cf. Paveau e Sarfati, 2008; Camara Jr., 1969; 2021a; Robins, 1983; Lyons, 1987):

a. Friedrich von Schlegel (1772-1829)

Com a sua *Über die Sprache und Weisheit der Indier*, chamou atenção para o papel das estruturas morfológicas no estudo genético das línguas, com ênfase nos aspectos flexionais, e apresentou elementos sobre a origem comum do sânscrito, do grego e do latim. Atribui-se a Schlegel a autoria da expressão "gramática comparativa" (*vergleichende Grammatik*) (cf. Camara Jr., 2021a). Seu irmão, August Schlegel, esboça a primeira classificação das línguas (isolantes, aglutinantes e flexionais), retomada em outras bases mais adiante por outros autores.

b. Jacob Grimm (1785-1863)

Escreveu uma gramática comparada das línguas germânicas. A *Deutsche Grammatik* [Gramática alemã] dá grande atenção ao gótico e à fonética. Grimm desenvolveu um estudo aprofundado da mudança fonética no estudo comparado das línguas germânicas. Ficou conhecido por ter desenvolvido uma lei linguística que levou seu nome, a *lei de Grimm*. Sobre essa lei, assim se manifesta Lyons (1987: 185):

> Ele não foi o primeiro a notar tal correspondência: o crédito pela observação original tem que ser atribuído ao erudito dinamarquês Rasmus Rask. Mas o trabalho de Grimm, sendo escrito em alemão, era mais imediatamente acessível ao saber internacional; e a lei sonora que foi postulada para dar conta das correspondências observadas é geralmente conhecida como a lei de Grimm. Reformulada em termos da fonética articulatória moderna (e simplificada em alguns aspectos), a lei de Grimm afirma que:
> (a) As aspiradas sonoras do protoindo-europeu (PIE) [$*b^h$, $*d^h$, $*g^h$] tornaram-se oclusivas sonoras [*b, *d, *g] - ou possivelmente fricativas sonoras [*β, *ð, *ɣ] - em protogermânico (PGmco);
> (b) as oclusivas sonoras PIE [*b, *d, *g] tornaram-se oclusivas surdas [*p, *t, *k] em PGmco;

> (c) as oclusivas surdas PIE [*p, *t, *k] tomaram-se fricativas surdas [*f, *θ, *h] em PGmco.
> [...] A lei de Grimm, formulada dessa maneira, engloba um grande número de correspondências observadas.

Embora essa lei não dê conta de algumas exceções e venha a ser complementada pela chamada *lei de Verner*, ela tem um papel epistemológico importante, uma vez que justifica o princípio de regularidade das leis fonéticas, que dá origem aos estudos fonéticos histórico-comparados.

c. Rasmus Rask (1787-1832)

Talvez o primeiro linguista a fazer progressos reais nos estudos comparativistas. Escreveu um livro importante intitulado *Undersøgelse om det gamle Nordiske eller Islandske Sprogs Oprindelse* [Investigação da origem do antigo escandinavo e do islandês], originalmente em dinamarquês, língua pouco difundida à época. Por isso, atribui-se a Franz Bopp a fundação da linguística comparada. No entanto, as ideias fundadoras que deram origem ao estudo comparado são oriundas da obra de Rask. Ele foi o primeiro a estudar ordenadamente as relações etimológicas, realizando comparações entre formas de palavras e estabelecendo correspondências entre sons de duas línguas, utilizando, para isso, farta documentação como exemplo: "se se puder descobrir alguma correlação entre as formas de palavras fundamentais de duas línguas, ao ponto de se poder estabelecer regras de mudanças de letras que expliquem a passagem de uma para outra, então existe um relacionamento básico entre essas línguas" (Rask, apud Robins, 1983: 138). Eis um princípio de explicação da mudança linguística.

d. Franz Bopp (1791-1867)

O trabalho comparativo de Bopp sobre os verbos do sânscrito, do grego, do latim, do persa e das línguas germânicas, cujo objetivo maior era descobrir a origem das formas gramaticais, é considerado, por muitos historiadores, o início oficial do comparativismo. Segundo Paveau e Sarfati (2008: 14),

> O projeto de Franz Bopp é significativamente diferente, marcado por uma forte ambição de totalização. Embora o cientista seja diferente da maioria das interpretações românticas em termos de filosofia da linguagem (natureza, origem etc.), ele permanece apegado à suposição de uma "língua materna". Seu interesse, marcado pela pesquisa dos irmãos Schlegel e Grimm, o leva a buscar a motivação comum do conjunto das línguas indo-

europeias. É Bopp que, na Alemanha, juntamente com Rask na Dinamarca, orientará a GC no exame da organização morfológica das palavras (em particular do substantivo e do verbo). Ele colocará em evidência uma série de regularidades históricas, através das quais os mecanismos das línguas atestadas foram definidos e formados a partir de formações arcaicas. Bopp é um dos estudiosos de sua época que se posicionou a favor da hipótese da primogenitura do sânscrito: esse idioma seria o tronco inicial do qual todas as línguas indo-europeias derivariam após uma longa série de transformações.

Cabe destacar que o trabalho de Bopp é fortemente voltado aos estudos morfológicos, tendo desenvolvido a ideia de flexão – apenas sugerida por Schlegel –, a partir da qual dividiu as línguas em

> I) Línguas sem organismo ou gramática, como o chinês, na qual o vocábulo é uma forma fixa e indivisível; II) Línguas com raízes monossilábicas que adquirem seu organismo ou gramática, por meio de composição das raízes com elementos secundários; III) Línguas com raízes dissilábicas e três consoantes obrigatórias, a vogal da raiz que se altera para exprimir noções gramaticais. Nessa última classe ele colocou, exclusivamente, as línguas semíticas, separando-as tipologicamente das línguas indo-europeias, que veio a incluir numa segunda classe. (Camara Jr., 2021a: 61)

Franz Bopp é considerado o fundador da linguística indo-europeia propriamente dita. Ao provar a existência de uma família de línguas (a família indo-germânica ou indo-europeia), à primeira vista muito separadas, abriu caminho metodológico para descobrir o desenvolvimento histórico delas, a chamada linguística histórica.

e. Wilhelm von Humboldt (1767-1835)

O grande filósofo-linguista Humboldt ocupa um lugar especial e de maior destaque no campo da GC. Nada do que se possa falar resumidamente sobre esse grande autor seria suficiente para dar a conhecer a envergadura de sua obra. Portanto, não faremos mais do que apontar alguns aspectos de seu projeto teórico.

Em tudo, sua reflexão é diferente das teorias dos demais autores de seu tempo, uma vez que a história não tem, para ele, um lugar privilegiado. Humboldt desenvolve uma concepção dinâmica e estrutural da linguagem.

Flores (2019a) lembra que o texto que melhor apresenta o projeto da linguística humboldtiana, conforme Trabant (1992), é o discurso proferido em 1820 na Academia de Berlin, *Ueber das vergleichende Sprachstudium in Beziehung auf die verschiedenen Epochen der Sprachentwicklung* [Sobre o estudo comparativo das línguas em relação com as diferentes épocas do desenvolvimento da linguagem], no qual se encontra um programa de estudos dedicado à diversidade das línguas e no qual uma noção de *homem* tem lugar especial. A versão escrita desse texto, composta de 23 parágrafos, começa fazendo alusão à grande questão da comparação entre as línguas: "O estudo comparativo das línguas somente pode conduzir ao conhecimento seguro e importante sobre a linguagem, a evolução dos povos e a formação do homem se se faz disso um estudo próprio que tenha sua utilidade e seu fim em si mesmo" (Humboldt, 2000: 65).

O conhecimento da "formação do homem" está condicionado pela análise das línguas em si mesmas, e é através dela que se pode encontrar o que é mais caro à condição de existência do homem. No décimo terceiro parágrafo do discurso de 1820, lê-se, nesse sentido, uma formulação que não soaria estranha aos ouvidos de linguistas mais contemporâneos, como Sapir, Whorf e Benveniste. Apesar de longa, é necessário retomá-la na íntegra aqui:

> A língua deve ser, esta é minha total convicção, considerada como depositada imediatamente no homem, pois não se saberia explicá-la como obra do entendimento que opera na clareza da consciência. De nada adianta reunir séculos e séculos para explicar a sua invenção. A língua não teria sido inventada se seu modelo já não estivesse presente no entendimento humano. Para que o homem compreenda verdadeiramente uma única palavra, não como um simples estímulo sensorial, mas como um som articulado que designa um conceito, é preciso que a língua, na sua estrutura de conjunto, esteja inteira nele. Não há nada isolado na língua, cada um de seus elementos somente se anuncia como parte de um todo. Por natural que seja a hipótese de uma formação progressiva das línguas, a sua invenção não pode se produzir senão de um só golpe. O homem é homem apenas pela linguagem; mas, para inventar a linguagem, ele já deveria ser homem. Quando se imagina que isso tenha se produzido aos poucos e por etapas – passo a passo, como se diz –, que o homem tenha se tornado mais homem ao inventar um pouco mais de língua e, por esse progresso, tenha podido inventar ainda mais de língua, se ignora a indissociabilidade entre a consciência humana e a linguagem humana, assim como a natureza da ação do entendimento requerido para a compreensão de uma só palavra, suficiente para compreender toda a língua. (Humboldt, 2000: 83-5)

Vê-se que aqui Humboldt apresenta as linhas gerais de seu entendimento sobre a origem da linguagem e sobre a diversidade das línguas. Ao afirmar uma relação de existência entre homem e linguagem, Humboldt pôde conceber a diversidade das línguas como uma manifestação do humano e uma via de acesso e de conhecimento do homem. A linguagem humana se realiza nas línguas concretas e particulares, logo elas são uma possibilidade de entendimento do homem.

Finalmente, cabe lembrar que Humboldt é responsável, entre outras coisas, por apresentar ao mundo a noção de **visão de mundo**. Esse conceito da antropologia linguística humboldtiana é suficientemente complexo para não se deixar esgotar em poucas palavras. Porém, vale lembrar, ao menos, uma passagem do que afirma Humboldt, na Academia de Berlim, em seu discurso *Sobre o estudo comparativo das línguas em relação com as diferentes épocas do desenvolvimento das línguas*, de 29 de junho de 1820, citado aqui a partir da tradução de Denis Thouard para o francês:

> as línguas não são, propriamente falando, meios para apresentar uma verdade já conhecida, mas, ao contrário, para descobrir uma verdade antes desconhecida. Sua diversidade não é uma diversidade de sons e de signos, mas uma diversidade de visão de mundo. (Humboldt, 2000: 101)

Assim, para Humboldt, cada língua teria uma maneira de organizar o mundo, de apreendê-lo, de representá-lo, o que o torna, nela, na língua, um mundo específico. Seu projeto de uma antropologia comparada do homem encontra no estudo das diferentes línguas o apoio fundamental. Nesse sentido, "o objetivo [de Humboldt] é fundar uma verdadeira 'ciência do homem', verdadeira, isto é, um conhecimento ao mesmo tempo filosófico e empírico. O homem está no centro de tudo" (Quillien, 2015: 349).

Em suma, o falante se individualiza no universo individual de uma língua que é, por sua vez, manifestação da linguagem. Nesse sentido, o estudo do homem encontra, em Humboldt, seu melhor alicerce no estudo das línguas. O monumental trabalho sobre a língua kavi e os estudos sobre o basco, sobre o chinês e sobre as línguas da América do Norte são suficientes para atestar isso.

f. August Schleicher (1821-1868)

Segundo Paveu e Sarfati (2008: 18), "a introdução do tema historicista, a formulação da hipótese indo-europeia e a reflexão teórica sobre o *status* científico da linguística caracterizam, por sua vez, a contribuição desse continuador da escola alemã". Para os autores,

> num contexto teórico que levou à maturidade o evolucionismo científico (com a crescente influência de Darwin) e o romantismo filosófico (com

> a filosofia da história de Hegel), o trabalho de August Schleicher marca um ponto de virada radical nos desenvolvimentos de GC. Este trabalho constitui uma síntese e uma transcendência da empreitada de Rask e Bopp. (Paveau e Sarfati, 2008: 18)

Há certa unanimidade entre os historiadores da linguística em atribuir a Schleicher papel de maior relevância na instituição da linguística como ciência. Como lembra Camara Jr. (2021a), Schleicher não era apenas um linguista, mas um grande intelectual de seu tempo. Ele coloca a linguística ao lado das ciências da natureza e em oposição à filologia. Assim, para ele, o desenvolvimento linguístico não era visto como algo histórico, mas natural, o que o levou a comparar a língua a uma planta com etapas de nascimento, crescimento e morte. Trata-se de uma visão completamente oposta à de Humboldt e muito aproximada do que propunha Darwin (Schleicher chegou a escrever um livro intitulado *A teoria de Darwin e a linguagem*).

Conforme Camara Jr. (2021a: 76),

> Schleicher trouxe à linguística três importantes ideias novas, as quais, embora inexatas, tiveram grande aceitação durante muito tempo: 1) a língua é um organismo natural e, como tal, deve ser estudado; 2) a língua em suas mudanças tem uma evolução natural no sentido darwiniano, e não é um aspecto da história; 3) a língua depende dos traços físicos dos pensamentos e órgãos da fala dos homens e é um traço racial destes.

Assim, Schleicher vai além da demonstração de correspondências linguísticas. O seu método comparativo busca reconstruir os intervalos que separam duas línguas que têm relação de parentesco ou dois estados da mesma língua. Schleicher é responsável pela formulação da hipótese do indo-europeu, a língua original (*Ursprache*), que ele apresenta em um modelo de árvore genealógico (*Stammbaumtheorie*), utilizado até os dias de hoje para representar a evolução de um conjunto de família de línguas.

Dito de outra maneira, a linguística de Schleicher visa a reconstruir a **árvore genealógica** das línguas com base em laços familiares e leis que governam as transformações. Para tanto, procede, à moda de um botânico ou zoólogo, e considera as línguas espécies biológicas que evoluem sob o efeito de forças naturais.

A introdução de um esquema arbóreo de representação da origem das línguas e a reconstrução hipotética do indo-europeu estão entre as suas maiores contribuições. Salvo melhor juízo, Schleicher foi o primeiro linguista a incorporar as árvores genealógicas no estudo das famílias linguísticas.

Figura 1 – Árvore genealógica de Schleicher.

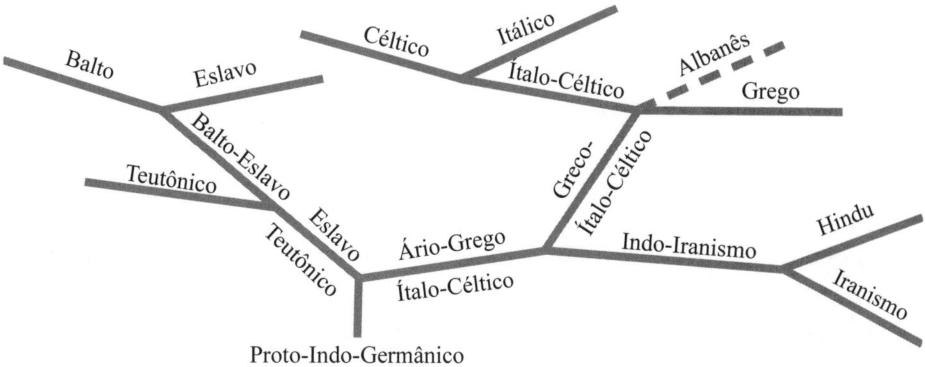

Fonte: Camara Jr. (2021a: 77).

Assim, Camara Jr. comenta essa figura:

> De acordo com a classificação de Schleicher, as línguas-ramo nascem de uma língua-mãe, das línguas-ramo nasciam ramos menores e desses ramos menores surge uma bifurcação de dialetos. Finalmente, temos o tronco da árvore – a *Ursprache*, ou a protolíngua indo-germânica. Desta maneira nasceram dois ramos: 1) o eslavo-teutônico; 2) o ário-greco-ítalo-céltico. O primeiro ramo deu origem aos ramos menores do teutônico e balto-eslavo, este último se subdividindo em báltico e eslavo. O ário-greco-ítalo-céltico deu origem ao greco-ítalo-céltico e ao indo-iraniano. O outro ramo deu lugar a um ramo menor ítalo-céltico e a um ramo grego; o ítalo-céltico subdividiu-se em celta e itálico enquanto que, do grego, houve a ramificação para o albanês. (Camara Jr., 2021a: 77 [grifo do autor])

Enfim, a noção de "gramática comparada" não se estabeleceu sozinha nem foi obra de uma só pessoa. No mínimo, pode-se dizer que ela resulta do acúmulo de pesquisas em línguas antigas e modernas, das classificações operadas e do estabelecimento de regularidades, o que só foi permitido partindo-se da "gramática comparada" de Schlegel, passando pela ideia de "lei" de Jacob Grimm, de "mudança" de Rask, de "organismo" de Bopp, pela "antropologia linguística" de Humboldt e pela "*Stammbaumtheorie*" de Schleicher.

Leituras complementares: Camara Jr. (2021a); Lyons (1987); Moura e Cambrussi (2018); Robins (1983).

Capítulos relacionados: Linguística. Linguística histórica. Neogramáticos.

Gramática de Port-Royal

A obra conhecida como *Gramática de Port-Royal* – na verdade, intitulada *Grammaire générale et raisonée* [Gramática geral e razoada] – deve seu nome célebre ao Mosteiro Port-Royal-des-Champs, entregue, em 1255, às monjas cistercienses, uma ordem religiosa monástica católica. Escrita por Claude Lancelot (1615-1695), um professor das "Petites Écoles" [Escolinhas] – escolinhas instaladas em torno do Mosteiro que empregavam uma pedagogia que buscava garantir a vivência da razão – e Antoine Arnould (1912-1994), teólogo e padre francês, exerceu forte influência nos estudos gramaticais de seu tempo e mesmo posteriormente (cf. Bassetto e Murachco, 1992).

A *Gramática* veio a público em 1660, 23 anos depois de *O discurso do método*, do filósofo René Descartes (1596-1650). Essa observação não passaria de mera informação histórica se não fosse a indicação de um ponto importante: a *Gramática* aplica o método cartesiano ao estudo da linguagem. O que isso quer dizer?

A obra de Descartes notabilizou-se por, entre outros motivos, formular uma teoria acerca do "cogito", o "penso logo sou" (*Cogito ergo sum*), em que a existência do eu é dependente do pensamento. A *Gramática* não fica longe dessa ideia, dedicada que é a demonstrar os termos pelos quais o homem concebe ideias, formula juízos e encadeia raciocínios.

A influência da *Gramática de Port-Royal* na história dos estudos linguísticos é devida, em especial, à busca do conhecimento geral de todas as línguas. Daí uma noção de "gramática universal" se projeta, na medida em que são formuladas observações relativas a todas as línguas. O objeto desse estudo é, portanto, os mecanismos comuns a todas as línguas, ou, ainda, o que virá a ser conhecido, posteriormente, como "universais linguísticos". Em outras palavras, a importância histórica da *Gramática* diz respeito à atenção dada a esses aspectos gerais, comuns a todas as línguas, o que marca o encerramento de certo privilégio dado ao latim como modelo linguístico a partir do qual todas as gramáticas eram produzidas. Não se trata mais, então, de fazer uma gramática do francês (ou do português); ela é a mesma para todas as línguas; ela é universal.

A *Gramática* é dividida em duas partes precedidas por uma pequena Introdução – "Gramática geral e razoada" – e um Prefácio. A primeira parte, intitulada "Onde se fala das letras e dos caracteres da escrita", apresenta seis capítulos dedicados à relação entre letras e sons, às vogais e consoantes, às noções de sílaba e acento, e encerra com um capítulo que discorre sobre um método de leitura. A segunda parte, mais extensa, intitulada "Onde se fala dos princípios e dos motivos sobre os quais se baseiam as diversas formas da significação das palavras", apresenta 24 capítulos. Desses, alguns são iminentemente teóricos, ou seja, apresentam as concepções da *Gramática* acerca de temas ligados à proposição; outros são dedicados às classes (nomes, verbos, artigos, pronomes, advérbios, preposições, conjunções, interjeições etc.); outros ainda dedicados a categorias (gênero, caso, número etc.) e, finalmente, capítulos dedicados à sintaxe e à construção da palavra.

Além disso, em função da atenção ao modo cartesiano de conceber a relação entre a linguagem e o pensamento, a ***Gramática de Port-Royal*** busca dar uma explicação ao uso linguístico particular, a partir da dedução de regras gerais pertencentes à lógica. Na Introdução da *Gramática*, assim se manifestam seus autores: "A Gramática é a arte de falar. Falar é explicar seus pensamentos por meio de signos que os homens inventaram para esse fim" (Arnauld e Lancelot, 1992: 1). O que essa passagem deixa claro é que, nessa visão, a linguagem é a representação do pensamento. Como explicam Ducrot e Todorov (1988: 16 [grifo dos autores]):

> Lancelot e Arnauld admitem de maneira explícita, e certos gramáticos (como Beauzée) declaram explicitamente, que a comunicação do pensamento através da palavra exige que esta seja uma espécie de "quadro", de "imitação", do pensamento. Quando afirmam que a função da língua é a REPRESENTAÇÃO do pensamento, cumpre tomar esse termo em sua acepção mais forte.

Decorre dessa ideia a centralidade da "proposição", das classes de palavras e, muito especialmente, da sintaxe. Observemos a passagem a seguir, que é, integralmente, o Capítulo I da Segunda Parte da *Gramática.* Apesar de longa, ela dá o testemunho dos termos pelos quais a *Gramática* é organizada:

> CAPÍTULO I
> QUE O CONHECIMENTO DAQUILO QUE SE PASSA EM NOSSO ESPÍRITO É NECESSÁRIO PARA COMPREENDER OS FUNDAMENTOS DA GRAMÁTICA; E QUE É DISSO QUE DEPENDE A DIVERSIDADE DAS PALAVRAS QUE COMPÕEM O DISCURSO
>
> Até aqui consideramos na palavra apenas aquilo que ela tem de material e que é comum, pelo menos em relação ao som, aos homens e aos papagaios.

Resta-nos examinar aquilo que ela tem de espiritual, que a torna uma das maiores vantagens que o homem tem sobre todos os outros animais e que é uma das grandes provas da razão: é o uso que dela fazemos para expressar nossos pensamentos, e essa invenção maravilhosa de compor, com vinte e cinco ou trinta sons, essa variedade infinita de palavras que, nada tendo em si mesmas de semelhantes ao que se passa em nosso espírito, não deixam de revelar aos outros todo seu segredo e de fazer com que aqueles que nele não podem penetrar compreendam tudo quanto concebemos e todos os diversos movimentos de nossa alma.

Assim se pode definir as palavras: sons distintos e articulados, que os homens transformaram em signos para significar seus pensamentos. É por isso que não se pode compreender bem os diversos tipos de significação que as palavras contêm, se antes não se tiver compreendido o que se passa em nossos pensamentos, pois as palavras foram inventadas exatamente para dá-los a conhecer.

Todos os filósofos ensinam que em nosso espírito há três operações: CONCEBER, JULGAR e RACIOCINAR.

CONCEBER não é mais que um simples olhar de nosso espírito sobre as coisas, seja de um modo puramente intelectual, como quando conheço o ser, a duração, o pensamento, Deus; seja com imagens físicas como quando imagino um quadrado, um círculo, um cachorro, um cavalo.

JULGAR é afirmar que uma coisa que concebemos é tal ou não é tal: como quando afirmo, depois de ter concebido o que é a *terra* e o que é *redondo*, que *a terra é redonda*.

RACIOCINAR é servir-se de dois julgamentos para produzir um terceiro, como quando concluo, após ter julgado que toda virtude é louvável, que a paciência é louvável.

Donde se vê que a terceira operação do espírito é apenas uma extensão da segunda; com isso, para o nosso objetivo bastará considerar as duas primeiras, ou aquilo que da primeira está contido na segunda; pois os homens não falam apenas para expressar somente aquilo que concebem, mas quase sempre para expressar os julgamentos que fazem das coisas que concebem.

O julgamento que fazemos das coisas, como quando digo: "A terra é redonda", se chama PROPOSIÇÃO; e assim toda proposição encerra necessariamente dois termos: um, chamado sujeito, que é aquilo de que se afirma algo, como *terra*; o outro, chamado *atributo*, que é o que se afirma, como *redonda* - além da ligação entre esses dois termos, *é*.

Ora, é fácil de ver que os dois termos pertencem propriamente à primeira operação do espírito, porque é o que concebemos e é o objeto de nosso

> pensamento, e que a ligação pertence à segunda, que pode ser considerada propriamente como a ação de nosso espírito e a maneira pela qual pensamos. E assim a grande distinção daquilo que se passa em nosso espírito é dizer que se pode considerá-lo o objeto de nosso pensamento, a forma ou a maneira de nosso pensamento, a principal do qual é o julgamento: aqui, porém, é preciso relacionar ainda as conjunções, disjunções e outras operações semelhantes de nosso espírito, todos os outros movimentos de nossa alma, como os desejos, o comando, a interrogação etc.
> Disso se deduz que, tendo os homens necessidade de signos para exteriorizar tudo o que se passa em seu espírito, é indispensável que a distinção mais geral seja que uns signifiquem os objetos do pensamento e outros a forma e o modo de nossos pensamentos, embora esses signos não estabeleçam só a maneira, mas também o objeto, como o demonstraremos.
> As palavras do primeiro tipo são as que foram denominadas *nomes*, *artigos*, *pronomes*, *particípios*, *preposições* e *advérbios*; as da segunda são os *verbos*, as *conjunções* e as *interjeições*; todas foram inferidas, como uma consequência necessária, da maneira natural pela qual expressamos nossos pensamentos, como iremos mostrar. (Arnauld e Lancelot, 1992: 28-9 [grifos dos autores])

Há muito para comentar a partir dessa linda passagem: em primeiro lugar, a ideia de que a "palavra" é constituída, de um lado, pelo som, de outro, pelo que "ela tem de espiritual". Ou seja, anuncia-se uma perspectiva de entendimento do "signo linguístico" formado por duas faces.

Soma-se a isso, em seguida, um ponto essencial: a "palavra" é definida com relação ao pensamento. Justifica-se, portanto, que as palavras sejam classificadas conforme correspondam às operações do pensamento, o que leva a dividi-las em dois grupos: no primeiro, estão *nomes*, *artigos*, *pronomes*, *particípios*, *preposições* e *advérbios*; no segundo, os *verbos*, as *conjunções* e as *interjeições*. Essa divisão – estranha aos olhos de um linguista de hoje – tem razão de ser desde que se compreenda que, no contexto de *Port-Royal*, não se está discutindo a linguagem em si, mas a sua relação com o pensamento. Nesse sentido, em tal divisão, não estão operando critérios linguísticos *stricto sensu*.

Dito de outra maneira, vê-se, nessa classificação, a reprodução, no plano dos instrumentos linguísticos, da divisão de operações espirituais que são responsáveis pelo julgamento (a proposição). De um lado, as palavras pelas quais o espírito *concebe* (primeira operação) os termos; de outro lado, aquelas que servem para ligar (ou não) os termos no quadro da proposição, seja ela simples (apenas com o verbo) ou composta (com a conjunção), que permitem explicitar o *julgamento* e o *raciocínio*. A interjeição parece não ter função nesse ponto e é uma parte pouco desenvolvida no conjunto da *Gramática*.

O princípio dessa divisão é semântico. O primeiro grupo é formado por palavras que, tomadas isoladamente ou em relação, significam (*concebem*) uma ideia; o segundo grupo é formado por palavras que significam uma operação do espírito (*julgar* e *raciocinar*). Assim, os elementos linguísticos que compõem a proposição possibilitam conhecer o que pensa o falante e quais operações ele formula sobre suas representações.

A *Gramática*, como facilmente se conclui, dá bastante destaque ao segundo grupo de palavras, em especial, ao verbo e à conjunção e, por esse viés, à sintaxe. Vejamos, a título de exemplo, uma análise do verbo, proposta na *Gramática* (cf. Capítulo XIII da Segunda Parte).

A natureza do verbo está ligada à operação de julgar, que implica afirmar um *atributo* em relação a um *sujeito*. Considere a sentença (1) a seguir:

(1) A Terra é redonda.

Há, em (1), dois termos: aquele que é afirmado como *Terra* (o sujeito) e o que se afirma sobre ele, *redonda* (o atributo). A afirmação de um em relação ao outro é a ação do espírito, papel desempenhado pelo verbo "*cujo principal emprego é significar a afirmação*, isto é, indicar que o discurso, em que a palavra é empregada, é o discurso de um homem que não concebe somente as coisas, mas que as julga e as afirma" (Arnauld e Lancelot, 1992: 85 [grifo dos autores]).

A *Gramática* divide os verbos em dois grupos: os verbos *substantivos*, representados apenas pelo *ser*, em especial, na terceira pessoa do presente, *é* (cópula), pois este é o único verbo que efetivamente afirma o atributo em relação ao sujeito. Isto é, "levando-se em conta simplesmente o que é essencial ao verbo, sua definição única e verdadeira é: *Vox significans affirmationem* – 'uma palavra que significa afirmação'" (Arnauld e Lancelot, 1992: 89 [grifo dos autores]). O segundo grupo é composto por todos os demais verbos, quer dizer, os verbos que, além de significarem a afirmação do atributo em relação ao sujeito, acrescentam algum atributo particular. Assim, por exemplo, a *Gramática* analisa uma proposição do tipo *Pedro vive* como *Pedro é/está vivo* em que *vive* encerra a afirmação e ainda o atributo de ser vivo. Nesse sentido, pode-se dizer que *Pedro é/está vivo* é subjacente a *Pedro vive*.

Nesse sentido, a *Gramática*, ao distinguir as partes do discurso que são "objetos do pensamento" daquelas que são "forma ou maneira de nosso pensamento", dá consistência ao projeto de elaborar uma sintaxe: "a sintaxe do juízo (sintaxe lógica) encaminha-se para uma sintaxe linguística" (Kristeva, 1988: 194). A proposição é o elemento chave da reflexão gramatical na justa medida em que ela permite apresentar uma concepção sintática de língua com base em uma concepção sintática do juízo.

Os efeitos da *Gramática de Port-Royal* na linguística contemporânea são muitos e importantes. Um exemplo de linguista que, no século XX, recorre textualmente à *Gramática* para fundamentar suas formulações é Noam Chomsky. Em *Linguística cartesiana*, Chomsky (1972) dedica-se a mostrar essa importância. No capítulo "Estrutura profunda e estrutura de superfície", Chomsky alonga-se sobremaneira na apresentação da *Gramática*, inclusive retomando a análise anteriormente apresentada, para afirmar que dois pontos essenciais de sua teoria gerativa são oriundos de *Port-Royal*. Observemos:

> Observe-se que a teoria da estrutura profunda e superficial, tal como foi desenvolvida nos estudos linguísticos de Port-Royal, contém implicitamente mecanismos recursivos, e com isso permite o uso infinito dos meios finitos de que dispõe, como deve fazer qualquer teoria adequada da linguagem. Vemos, além disso, que nos exemplos dados os mecanismos recursivos satisfazem certas condições formais que não são aprioristicamente necessárias. Quer nos casos triviais (por exemplo, conjunção, disjunção etc.) quer nos casos mais interessantes, discutidos a propósito das orações relativas e infinitivas, o único método de estender as estruturas profundas consiste em acrescentar proposições completas da forma básica sujeito-predicado. (Chomsky, 1972: 53)

Sem dúvida, Chomsky vê anunciadas na *Gramática* as ideias de que a linguagem pode ser explicada com o auxílio de modelos subjacentes (no caso, a estrutura profunda) e de que a linguagem humana é constituída de uma propriedade fundamental, a recursividade. Ambas são angulares para o que se conheceu do desenvolvimento da teoria gerativa.

Cabe, ainda, considerar um ponto ao qual apenas fizemos menção de passagem: a noção de "generalidade" mobilizada pela *Gramática*. Segundo Colombat, Fournier e Puech (2010), essa noção diz respeito ao tratamento das operações intelectuais envolvidas na formação do discurso: "a pesquisa 'do que é comum a todas as línguas' se funda, portanto, não sobre a confrontação com a diversidade dos fatos constatados empiricamente, mas sobre a identificação dos 'fundamentos' da arte de falar" (Colombat, Fournier e Puech, 2010: 151-2). É por isso que boa parte das gramáticas oriundas da tradição de *Port-Royal* não procede ao exame de grande quantidade de línguas. O modelo almejado é pouco implicado no estudo da diversidade das línguas, detendo-se, em especial, no que é universal a todas as línguas.

Por fim, uma última observação cujo valor é, no mínimo, inspirador. Dissemos anteriormente que a *Gramática* pouco trata a questão das *interjeições*, embora as coloque junto ao grupo de palavras de maior interesse. É verdade. Há pouca referência ao tema. Isso, porém, não implica ausência absoluta, nem mesmo presença pífia. No final do Capítulo XXIII, encontramos:

> *Das interjeições*
> As interjeições são igualmente palavras que nada significam fora de nós; são apenas palavras mais naturais que artificiais, que indicam os movimentos de nossa alma, como *ah!, ó, heu!,hélas etc.* (Arnauld e Lancelot, 1992: 136 [grifos dos autores])

A mensagem é clara: em se tratando do *Homo sapiens*, é certo que, em algum lugar, haveremos de encontrar os "movimentos" de sua "alma". É alentador resguardar a ideia de que esse lugar coincida com a sua condição de *Homo loquens* [homem que fala]. Isso não é pouco!

Leituras complementares: Auroux (1998); Chomsky (1972); Colombat, Fournier e Puech (2010); Ducrot e Todorov (1988).

Capítulos relacionados: Geratívismo. Gramática comparada. Linguística histórica.

Gramática descritiva

A **gramática descritiva** é "uma posição metodológica, válida em princípio para qualquer linguista trabalhando dentro de qualquer dos modelos teóricos do momento" (Perini, 2015: 185). Isso quer dizer que a gramática descritiva não deve ser entendida como um modelo teórico ou de análise particular. Como lembra Travaglia (1998: 32), a gramática descritiva "trabalha com qualquer variedade da língua". Logo, podemos fazer gramática descritiva de qualquer variedade de língua e a partir de distintas correntes teóricas (estrutural, gerativa, funcional etc.).

No Brasil, estudos pioneiros de gramática descritiva começaram a tomar corpo com os escritos de Joaquim Mattoso Camara Jr. (1904-1970), particularmente na segunda metade do século passado. Em sua vasta obra, Camara Jr. investigou, em especial, propriedades morfológicas e fonológicas do português brasileiro, sem a preocupação que um gramático normativo costumeiramente teria. Isso quer dizer que ele não estava preocupado em mostrar exemplos de "certo" e "errado" na língua, tampouco em expressar qualquer tipo de julgamento avaliativo sobre os dados que serviram como objeto de pesquisa. As descrições e análises que compõem uma gramática descritiva devem justamente ser isentas de qualquer avaliação qualitativa sem base científica.

Nas palavras de Camara Jr., a gramática descritiva

> é o estudo do mecanismo pelo qual uma dada língua funciona, num dado momento [...], como meio de comunicação entre os seus falantes, e a análise da estrutura, ou configuração formal, que nesse momento a caracteriza. Quando se emprega a expressão gramática descritiva, ou sincrônica, sem outro qualificativo a mais, se entende tal estudo e análise como referente ao momento atual, ou presente, em que é feita a gramática. (Camara Jr., 2019: 27)

Para Camara Jr., a gramática descritiva deve também ser sincrônica, ou seja, deve lidar com um momento específico da língua, em particular com o momento atual da língua. Isso transparece em seus estudos descritivos sobre o português brasileiro e também no desenvolvimento da linguística descritiva no Brasil no século XX, de maneira geral.

Para ilustrar a discussão, tomemos um exemplo de estudo descritivo envolvendo sintaxe, fonologia e morfologia, tal como a concordância nominal em português brasileiro (PB). O papel de um linguista, de um ponto de vista descritivo, é tentar, justamente, descrever como ocorre o fenômeno da concordância na língua. Considere estes exemplos.

(1) Os meninos chegaram.
(2) Os menino chegaram.
(3) *O meninos chegaram.

Seguindo a tradição em linguística, usa-se asterisco para indicar uma construção impossível ou *agramatical* na língua. Nesses exemplos, o asterisco indica que a marcação de plural pode acontecer de duas maneiras: ou o plural é marcado no determinante e no substantivo que serve de núcleo do sintagma nominal (como em (1), *Os meninos*) ou o plural é marcado apenas no determinante (como em (2), *Os menino*). Ainda que seja uma construção condenada pela regra prescritiva de concordância da tradição gramatical, estamos descrevendo o que de fato acontece nessas construções em PB contemporâneo (cf. Scherre, 1978 e trabalhos subsequentes). A construção em (3) é agramatical, ou seja, não é uma sequência bem formada em PB – ainda que construção semelhante seja bem formada em outras línguas (em inglês, por exemplo, o plural é marcado apenas no substantivo e não no determinante, cf. *the boy/the boys*).

Esses exemplos poderiam ser explicados a partir de um ponto de vista "ingênuo": a regra para descrever os dados apresentados em (1) a (3) poderia ser elaborada como segue: "o segmento sonoro [s] pode ser suprimido do substantivo se já vier marcado no determinante"; por isso, (2) é bem formada e (3) é malformada. No entanto, devemos confrontar essa hipótese/regra com mais exemplos, tais como (4) a (6):

(4) Os ônibus chegaram.
(5) *Os ônibu chegaram.
(6) *O ônibus chegaram.

Os exemplos (4) e (6) estão em conformidade com a descrição que esboçamos anteriormente, na explicação dos exemplos (1) a (3), sobre a supressão de [s] no substantivo poder acontecer na marcação de plural do sintagma nominal. Entretanto, é necessário que se descreva adequadamente o que acontece em (5), uma vez que há ali a marcação de plural somente no determinante (tal como prevê a regra/hipótese esboçada anteriormente) sem que o resultado seja uma frase bem formada em PB. Nesse caso, o problema reside na palavra *ônibu, malformada em PB.

É necessário constatar que uma sequência linear sonora como *Os ônibus chegaram* traz mais informações do que aparenta superficialmente. Na palavra *ônibus*, o segmento sonoro final [s] não marca o morfema de plural como em *meninos*. Em *ônibus*, o [s] é parte integrante do radical e não um morfema acrescido a um vocábulo. Por isso, (5) é uma sequência agramatical (para muitas variedades do PB). Isso se torna interessante porque não vemos aqui uma regra operando apenas sobre a forma pronunciada das palavras, mas sobre sua estrutura morfológica, algo não trivial para o falante sem treinamento linguístico. Em outras palavras, a regra que está operando aqui não atua sobre a sequência sonora superficial (como esboçamos anteriormente, "apague o segmento sonoro [s] final do substantivo"), mas sobre a estrutura morfológica que é veiculada pela substância sonora: "apague o segmento sonoro [s] quando ele corresponder a um morfema de marcação de plural, mas não quando for parte integrante da palavra". Um linguista descritivo deve estar atento a esses fatos, pois eles constituem o conhecimento gramatical intuitivo que qualquer falante tem sobre o funcionamento de sua língua, ainda que esse conhecimento não esteja ao alcance consciente de um falante comum.

Leituras complementares: Basso (2019); Camara Jr. (2019; 2021b); Chomsky (2015); Perini (2006; 2008; 2015; 2016).

Capítulos relacionados: Estruturalismo. Fonologia. Gramática tradicional. Morfologia. Semântica. Sintaxe.

Gramática tradicional

A expressão **gramática tradicional** (doravante GT), normalmente, designa um conjunto de reflexões acerca da língua que tem origem na cultura greco-romana (em especial a partir de filósofos como Platão e Aristóteles). Dito dessa maneira, não fazemos justiça a tudo o que a GT produziu e cuja importância é tamanha que sentimos seus efeitos até os dias de hoje.

Para definir com clareza o objeto do qual vem se ocupando a gramática tradicional, podemos adotar dois procedimentos, não necessariamente excludentes: de um lado, é possível explicitar os pressupostos políticos, filosóficos e culturais do que se convencionou chamar de tradição gramatical; de outro lado, podem-se elencar conceitos, termos, noções e procedimentos analíticos que surgiram desde a Antiguidade e que serviram de ferramentas de estudo das línguas.

No primeiro caso, fazemos uma abordagem epistemológica da GT e conseguimos circunscrever os efeitos de seus pressupostos sobre a história da reflexão linguística. Decorrem de uma análise feita nesses termos conclusões que destacam a origem filosófica, a retórica e a lógica da gramática, sua preocupação com as regras do "bem falar e escrever", o privilégio dado à língua escrita literária, o caráter normativo de seus posicionamentos etc. Dito de outra maneira, podemos considerar a GT ligada ao seu contexto de origem e, com isso, precisamos a contingência histórica que a constituiu desde o seu surgimento (influências sociais, políticas, econômicas, ideológicas etc.).

Como lembra Lyons (1987: 47 [grifos do autor]),

> As introduções à linguística costumam traçar uma distinção nítida entre **gramática tradicional** e **linguística moderna**, contrastando o *status* científico desta com o *status* não científico daquela. Há boas razões para haver esta diferenciação e para ressaltar que muitas das concepções erradas sobre a língua, populares em nossa sociedade, podem-se explicar, historicamente, em termos das premissas filosóficas e culturais que determinaram o desenvolvimento da gramática tradicional.

Nesse sentido, a primeira perspectiva de abordagem da GT, além de fornecer a história do surgimento de uma reflexão bastante influente no campo dos estudos da linguagem – afinal, não se desconhece que a GT perdura há 25 séculos, o que, de longe, supera em longevidade qualquer reflexão linguística que tenha sido produzida pela humanidade –, estabelece os termos pelos quais se pode explicar o lugar que a GT ocupou e ocupa em cada sociedade. Como destaca Faraco (2006: 17), entender um pouco da história da GT e de suas razões de ser permitirá desmistificá-la e reduzi-la "a suas reais proporções".

Muitos dos preconceitos linguísticos que circulam em nossa sociedade derivam do uso que historicamente se fez da GT. A literatura especializada da área é fértil em precisar os efeitos danosos de uma normatização linguística (cf. Bagno, 1999; 2000; 2003; Othero, 2017). Todo e qualquer preconceito ou sinal de intolerância linguística devem ser combatidos; e o linguista tem papel fundamental nesse combate. Entretanto, deve-se evitar confundir a necessidade de fomentar uma visão crítica da gramática (para combater preconceitos decorrentes da normatização gramatical) com a ignorância da história do pensamento acerca da linguagem humana. A explicitação dos pressupostos da GT permite tomá-la como um objeto histórico de conhecimento como qualquer outro.

Assim, do ponto de vista histórico e epistemológico, podemos dizer que a GT tem, na sua origem, forte vinculação (cf. Faraco, 2006): a) com as práticas políticas e jurídicas – o que oportuniza o surgimento da retórica e de discussões em torno dos "ornamentos" do discurso (questões de estilo, figuras de linguagem etc.) –; b) com a filosofia clássica – o que possibilita o surgimento de reflexões sobre a natureza da linguagem (o debate entre analogistas e anomalistas; entre convencionalidade e natureza dos signos; a construção lógica dos raciocínios etc.); c) com a literatura e seus autores – o que permite o surgimento da tradição normativista do estudo da língua, feito com base nos "grandes autores".

No segundo caso, procedemos a uma análise dos aspectos analíticos da GT e circunscrevemos o alcance metodológico das análises gramaticais empreendidas. São avaliadas aqui as definições e as classificações operadas pela GT (as divisões em classes de palavras, as partes da oração, os estudos fonéticos e etimológicos, entre outros), sua heterogeneidade conceitual e de critérios. Aqui, enfocamos o "modelo de análise da GT" propriamente dito. Conforme Moura Neves (2002: 36 [grifo da autora]), especificamente com relação à organização gramatical operada pelos gregos, podem-se considerar três aspectos: "os elementos, as partes do discurso e as chamadas *categorias gramaticais*".

A análise gramatical grega é responsável por boa parte do que conhecemos, na atualidade, como classificação de palavras, flexão, derivação, análise da frase em sujeito e predicado e a própria divisão em morfologia e sintaxe. Os exemplos compilados a seguir são de Lobato (1986: 79-80 [grifos da autora]):

> A análise gramatical dos gregos baseava-se na palavra, e restringia-se a classificar os vocábulos em partes do discurso (ou classes de palavras) e a identificar os paradigmas e modelos flexionais desses vocábulos. [...]. A Protágoras, no séc. V, deve-se a distinção dos gêneros gregos. A Platão, a divisão da oração grega em um elemento nominal e um elemento verbal com consequente estabelecimento das classes do nome e do verbo. [...] Aristóteles acrescentou a essas duas classes uma outra, denominada *conjunções*, que recobria o que modernamente se reconhece como conjunções, provavelmente as preposições, o artigo e os pronomes. [...]. Seguindo Protágoras, Aristóteles manteve a divisão dos gêneros na classe nominal, os quais faziam parte da classe dos *casos*, categoria essa que abrangia outras variações na forma dos vocábulos, como o número, a declinação, os comparativos e superlativos, os tempos verbais e outras. [...]. Os estoicos subdividiram as palavras primeiramente em quatro classes: nome, verbo, conjunção e artigo; posteriormente, consideraram cinco, em virtude da divisão dos nomes em próprios e comuns, estando os adjetivos incluídos dentro da classe dos nomes. Quanto à flexão, o uso que se faz da categoria de caso originou-se, naquela época, sendo mais uma das contribuições dos estoicos ao estudo gramatical: o caso "reto" (o nominativo) era a forma primeira, básica, e os outros casos, os "oblíquos" (o acusativo, o genitivo, o dativo) eram vistos como derivações do primeiro. O termo *caso* era pelos estoicos aplicado unicamente aos substantivos, adjetivos e particípios, restringindo-se à posição sufixal e abrangendo tanto o nominativo quanto os casos oblíquos; mas Aristóteles o estendera aos verbos – o passado e o futuro são chamados *casos*; o presente do indicativo é o caso real –, e incluía na classe toda a derivação, considerando o nominativo como a forma *real*, e exclusivamente o genitivo, o dativo e o acusativo como *casos*. Os verbos foram por eles classificados em *passivos* e *ativos*, *transitivos* e *neutros* (=intransitivos). À distinção entre tempo presente e tempo passado, estabelecida por Aristóteles, foi acrescentada pelos estoicos a oposição entre aspecto concluso e aspecto inconcluso.

Essa passagem é suficiente para ilustrar o que estamos considerando o segundo procedimento possível de análise da GT com vistas ao seu entendimento crítico. Trata-se de olhar a GT "por dentro", quer dizer, visando a analisar o alcance e os limites das análises por ela empreendidas e, ainda hoje, presentes em compêndios gramaticais.

A título de síntese didática, poderíamos chamar essa segunda possibilidade de análise de "interna" que, articulada à anterior, a "externa", produz uma "visão crítica da gramática". Tal "visão crítica" é necessária para não incorrermos em erros avaliativos de uma tradição de estudos que se constituiu de maneira complexa e tem tantos pontos positivos como negativos. Ou seja,

> Independentemente da origem elitista dessa tradição de pensamento sobre a linguagem humana que veio a favorecer com este instrumento, entre outros, um segmento social em detrimento da maioria, o processo cumulativo que se desenvolveu durante vinte e três séculos e que se perpetua até nossos dias é do maior interesse para a história cultural do homem e para a percepção de como se foi construindo um campo de saber, o da reflexão sobre a linguagem humana, o da linguística, portanto. (Mattos e Silva, 1989: 14)

Cabe destacar, ainda, que, na atualidade, se opõe a GT à linguística moderna em função do caráter prescritivo da primeira e do caráter descritivo (no sentido de não normativo) da segunda. A diferença entre elas é devida a algo que podemos chamar, genericamente, de "natureza das regras". As regras da GT se definem no eixo do "dever" ("não devemos dizer isso / devemos dizer isso"), são de natureza prescritiva, um imperativo; as regras da linguística se definem no eixo do "afirmar" ("não dizemos / dizemos isso"), são de natureza não prescritiva, não normativa, mas descritiva e explicativa. Como explica Lyons (1987: 55):

> A razão pela qual os linguistas de hoje são tão insistentes com a distinção entre regras descritivas e prescritivas é simplesmente que a gramática tradicional tinha um caráter acentuadamente normativo. O gramático acreditava que sua missão era formular os padrões de correção e impor, se necessário, aos falantes da língua, tais normas de comportamento.

Dessa forma, é correta a interpretação crítica de Mattos e Silva (1989: 12), para quem "a gramática tradicional pretende estabelecer as regras de uma língua e através dela ensinar a língua àqueles que já a dominam", o que, no mínimo, configura um paradoxo. Na verdade, a GT pretende estabelecer "regras de um pré-determinado modelo ou padrão da língua, para aqueles que já dominavam outras variantes dessa língua e também algumas regras daquela variante que é padrão" (Mattos e Silva, 1989: 12).

Ora, o caráter eminentemente prescritivo da GT deve-se a um ponto de vista sobre a língua – e isso desde a sua origem na Antiguidade – que privilegia o estabelecimento de regras para a forma escrita das línguas, em especial, a utilizada por uma elite intelectual (escritores, poetas etc.). Esse ponto de vista é sintetizado por Lyons (1979: 9) na feliz expressão "erro clássico", que condensa o duplo equívoco que está na origem da GT: a defesa de uma precedência da escrita em relação à fala e a seleção de uma variedade tida como a mais correta, mais culta, da língua. De acordo com Perini (1999: 6), adicionalmente, "as falhas da gramática tradicional são, em geral, resumidas em três grandes pontos: sua inconsistência teórica e falta de coerência interna; seu caráter predominantemente normativo; e o enfoque centrado em uma variedade da língua, o dialeto padrão (escrito), com exclusão de todas as outras variantes".

Finalmente, esperamos que tenha ficado claro que a GT é um objeto de pesquisa importante para a história do pensamento acerca da linguagem. Para analisá-la é preciso atitude crítica, com atenção aos procedimentos externos e internos de sua constituição e às diferenças e semelhanças que mantém com a linguística moderna.

Leituras complementares: Azeredo (2015); Bagno (2000); Battisti (2022); Lyons (1979; 1987); Mattos e Silva (1989); Menuzzi e Othero (2022); Perini (1999).

Capítulos relacionados: Gramática comparada. Linguística. Linguística histórica.

Idioma

Idioma costuma ser, no senso comum, um sinônimo para "língua" (natural ou artificial), ou então uma palavra usada para se referir a uma língua oficial de um país, tal como "o idioma português" ou "o idioma inglês", mas não "o idioma brasileiro" ou "o idioma canadense", por exemplo. Admitida essa definição geral e relativamente bem aceita, cabe lembrar, também, que o termo recebe nuances em função de elementos que a ele se agregam. Ferdinand de Saussure, por exemplo, no *Curso de linguística geral* (CLG), anunciava uma questão importante quanto ao assunto:

> o termo *idioma* designa com muita precisão a língua como algo que reflete os traços próprios de uma comunidade (o grego *idiōma* já tinha o sentido de "costume especial"). Há nisso uma ideia justa, mas que se torna um erro quando se chega a ver na língua um atributo, não mais da nação, mas da raça. (Saussure, 1975: 221 [grifos do autor])

Como se pode ver, o mestre genebrino, no início do século XX, já chamava a atenção para o fato de a noção de "idioma" estar atrelada aos aspectos políticos implicados em uma língua e não a algum julgamento de valor relativo a questões externas à língua (a raça de um povo, por exemplo).

Entre nós, no Brasil, Camara Jr. (1986), em uma direção muito semelhante à adotada por Saussure, assim se refere ao termo:

> termo com que se insiste na unidade linguística, inconfundível, de uma nação em face das demais. [...]. o idioma se refere à língua nacional, propriamente dita, e pressupõe a existência de um estado político, do qual seja a expressão linguística. (Camara Jr., 1986: 142)

Apesar do que dizem essas duas opiniões verdadeiramente abalizadas, é justo que se admita que a noção de idioma, em geral, não costuma ser um termo contemporaneamente empregado por linguistas. Ainda assim, ela pode ter alguma relevância no campo da linguística desde que se entenda que diz respeito à língua – considerada no que tem de particular e próprio a uma nação e a um povo – e ao conjunto de traços de natureza social, política, cultural que a singularizam em comparação com outras línguas. Nesse sentido, o "idioma" passa a implicar uma ideia geral de unidade linguística referente à existência de um estado político e à expressão de uma visão de mundo.

Leituras complementares: Camara Jr. (1986); Guimarães (2022); Kenedy (2013).

Capítulos relacionados: Língua materna. Língua oficial. Língua viva e língua morta.

Léxico

Em termos de competência linguística, **léxico** é o componente da língua que contém itens equivalentes a palavras, os **itens lexicais**, também chamados de **entradas lexicais** ou **lexemas**. O léxico armazena informações sobre a pronúncia, o significado, as propriedades morfológicas e sintáticas das entradas lexicais, e eventualmente informações idiossincráticas das entradas, se houver.

Essa é uma definição de nosso léxico mental, que interage com os demais componentes linguísticos – sintaxe, morfologia, fonologia – na produção e interpretação dos enunciados das línguas naturais. Há uma outra acepção corrente do termo *léxico*, entendido como conjunto dos itens lexicais de uma dada língua-E ou de uma certa área de conhecimento.

A concepção de léxico como representação mental de nosso conhecimento sobre os vocábulos, seus constituintes e suas especificidades morfológicas e sintáticas relaciona-se à linguística gerativa. As raízes dessa visão, no entanto, encontram-se já no pensamento saussuriano. Ao afirmar que a linguística estática ou sincrônica pode ser chamada de gramática, Saussure defende que ela contemple lexicologia além de morfologia e sintaxe, pois:

> Muitas relações expressas em certas línguas por casos ou preposições são expressas, em outras, por compostos, já mais próximos das palavras propriamente ditas (port. *reino dos céus* e alem. *Himmerleich*), ou por derivados (port. *moinho de vento* e polonês *wiatr-ak*), ou, finalmente por palavras simples (fr. *bois de chauffage* "lenha" e russo *drovà,* fr. *bois de construction* "madeira" e russo *lyês*). A alternação de palavras e de locuções compostas no interior de uma mesma língua (port. *considerar* e *tomar em consideração*, *vingar-se* e *tomar vingança de*) é igualmente muito frequente. [...] A interpretação da morfologia, da sintaxe e da lexicologia se explica pela natureza, no fundo idêntica, de todos os fatos de sincronia. (Saussure, 1975: 157-8 [grifos do autor])

No capítulo do *Curso de linguística geral* de que esse trecho foi retirado, Saussure reconhece a solidariedade entre os níveis de análise (morfológico, sintático, lexical) e também o desafio de separá-los, chegando a afirmar que "linguisticamente, a morfologia não tem objeto real e autônomo; não pode constituir uma disciplina distinta da sintaxe" (Saussure, 1975: 157).

Os estruturalistas norte-americanos, que contribuíram grandemente para o desenvolvimento da análise morfológica, dão papel menor ao léxico. Para eles, o léxico contém apenas informações idiossincráticas, isto é, informações sobre o que é imprevisível, se aplica esporadicamente ou está sujeito a restrições *ad hoc*. "O léxico é realmente um apêndice para a gramática, uma lista de irregularidades básicas" (Bloomfield, 1933: 274). Na linguística estruturalista, então, as propriedades regulares dos vocábulos são previstas por regras fonológicas, morfológicas ou sintáticas, não pelo léxico, que acaba sendo uma simples lista de morfemas.

Por exemplo, uma regularidade do português é o fato de que a maior parte das palavras é paroxítona (*i.e.*, tem acento primário na penúltima sílaba). Se esse padrão é regular, então o acento não precisa ser anotado, no léxico, em cada item lexical/morfema. O acento primário é atribuído por regra fonológica após os processos de formação vocabular. Para ilustrar, considere-se um vocábulo do português como *casa*: o léxico fornece o radical *cas-* e a vogal temática *-a* à morfologia, que promove a formação de *casa*. O vocábulo, então, está apto a receber acento pela regra de atribuição de acento primário. As etapas sucessivas desse processo poderiam ser representadas assim: *cas-* + *-a* > *casa* > *cása*.

Os linguistas gerativistas, pelo foco na competência linguística e na linguagem como capacidade cognitiva, admitem também a existência de uma competência morfológica. Como consequência, a natureza e o papel do léxico são revistos.

> O consenso parece ser o de que as palavras de uma língua são listáveis de um modo que as sentenças não são. Os significados de muitas palavras (por exemplo, *sem* e *cem*) deve estar listado no léxico porque não há nada a respeito de seus sons ou de sua estrutura morfológica que permita depreender seu significado. [...] Embora nenhuma palavra seja infinita em extensão, em princípio não há limite para a extensão das formas que podem funcionar como bases a partir de que novas palavras são formadas. [...] a morfologia é produtiva. Não há limite para o número de palavras potenciais de uma língua. Portanto um léxico que simplesmente tentasse listar as palavras da língua em um *corpus* seria lamentavelmente inadequado. (Katamba, 1993: 65-6 [grifos do autor])

Para gerativistas como Halle (1973), Jackendoff (1975) e Aronoff (1976), o léxico contém uma lista de entradas lexicais não derivadas e um componente de formação de palavras. Ou seja, léxico e morfologia operam conjuntamente. O léxico do português contém o adjetivo *prático* e o sufixo nominalizador *-idade*, por exemplo. Além disso, possui uma regra morfológica de sufixação que adiciona *-idade* a adjetivos e assim deriva o substantivo [[prático] -idade]. Essa forma passa, então, para o componente fonológico, de que resulta *praticidade*, pela ação de regras de alternância fonológica (apagamento da vogal temática da base, fricatização de /k/ final da base antes de /i/).

Nessa abordagem, léxico e morfologia interagem com fonologia, mas de um modo que não distingue, dentre as regras fonológicas, aquelas que se aplicam no léxico, aquelas que se aplicam fora do léxico (no nível da frase). Kiparsky (1982) propõe um modelo conhecido como Fonologia Lexical para dar conta disso. Nesse modelo, o léxico contém (a) uma lista de itens lexicais não derivados, (b) níveis ordenados de regras de derivação/flexão de palavras e (c) uma lista de regras fonológicas ordenadas. Nele, a forma derivada [[prático] -idade] passa a *praticidade* pela atuação de regras fonológicas no nível lexical, ou seja, no léxico.

A sintaxe interage com o léxico à medida que, exatamente neste último, encontram-se os núcleos dos constituintes sintáticos (os sintagmas). As entradas lexicais que podem ser núcleo de sintagmas possuem traços reconhecíveis e identificáveis pelo componente sintático da gramática. Mioto, Figueiredo Silva e Lopes (2013) explicam que, na Teoria X-Barra (Chomsky, 1970), há dois tipos de núcleo, lexical e funcional. Para exemplificar, os autores consideram as categorias que funcionam como núcleos lexicais – nomes, verbos, adjetivos e algumas preposições – e os traços nominal [N] e verbal [V]. No léxico, os nomes são especificados [+N, -V], os verbos são especificados [-N, +V], os adjetivos são [+N, +V] e as preposições são [-N, -V]. Os autores explicam:

> tomemos um radical como *AM-* do qual se derivam um nome *amor*, um adjetivo *amado* e um verbo *amar*. O radical em si se presta a estabelecer o sentido lexical da palavra (a famosa relação de amor) e a princípio não é associado a ele qualquer traço [±V] ou [±N]. Desse radical pode ser formada a palavra *amar* que é definida pelos traços [-N, +V] e identificada como um verbo: não tem traços [+N] como gênero e tem traços [+V] reconhecidos nos morfemas verbais como tempo, modo e/ou aspecto. A palavra *amor* é definida pelos traços [+N, -V] e é identificada como um nome: tem traços [+N] de gênero e não tem traços [+V]. E a palavra *amado*? Sem dúvida pode ter traços [+N] de gênero e número quando é combinada com o verbo *ser* (*Maria foi amada* por *João*), por exemplo, mas não porta tais traços quando combinada com o verbo *ter* (*A Maria tinha amado João*), caso em que revela o aspecto verbal. Por isso, a palavra *amado* é definida pelos traços [+N, +V]. (Mioto, Figueiredo Silva e Lopes, 2013: 57 [grifos dos autores])

A interação com a sintaxe, com a morfologia e a fonologia no processamento da linguagem mostra que o léxico funciona não só como um dicionário mental, mas também como um mecanismo que capta regularidades mais amplas relativas às palavras da língua.

ALGUMAS OBSERVAÇÕES

a. Estudos lexicológicos já eram realizados antes do advento da ciência linguística. Halliday (2004) relata que, na Índia, nos séculos III e II a.C., elaboraram-se glossários das escrituras sagradas Hindus. Na China, também no século III a.C., surgiu um precursor do *thesaurus*, denominado Er Ya. O termo *dictionary* [dicionário] apareceu na Inglaterra no século XIII, e o primeiro dicionário inglês monolíngue foi o de Robert Cawdrey, de 1604, que continha cerca de 2.500 palavras.
b. De acordo com Biderman (2001b), **lexicologia**, **lexicografia** e **terminologia** são **ciências do léxico**. A lexicologia estuda a palavra, a categorização lexical e a estruturação do léxico. A lexicografia dedica-se à elaboração de dicionários. A terminologia se ocupa de subconjuntos lexicais de áreas específicas do conhecimento humano.

Leituras complementares: Alves (2011); Biderman (2001a); Krieger (2011); Marantz (2015); Oliveira e Isquerdo (2001); Preti (2003); Scher (2015).

Capítulos relacionados: Enunciação. Gerativismo. Morfologia. Sintaxe.

Língua artificial

Uma **língua artificial** é uma língua criada por um indivíduo ou grupo de indivíduos, em geral com um determinado fim, como ser a língua falada por personagens de uma obra de ficção ou servir de segunda língua para falantes nativos de diferentes línguas maternas.

Entre as línguas artificias que foram criadas para obras de ficção, recebem destaque o *quenya*, o *klingon* e o *dothraki*. O quenya foi criado pelo escritor e linguista J. R. R. Tolkien (1892-1973) e é falado pelos elfos que figuram em *O senhor dos anéis* e *O Hobbit*, por exemplo. Sua origem aparece parcialmente explicada no livro *O Silmarillion*. Tolkien, por sua formação (ele foi professor de língua, filologia e literatura na Universidade de Oxford entre 1925 e 1945), desenvolveu uma gramática bastante completa do quenya, além de outras línguas élficas. Com a popularização dos livros do autor e, posteriormente, dos filmes baseados em sua obra, muitos fãs, por todo o mundo, foram aumentando a quantidade de palavras da língua, bem como descrevendo e ampliando sua gramática.

Outra língua artificial criada para uma obra de ficção foi o klingon, desenvolvida pelo linguista Marc Okrand (doutor em linguística pela Universidade da Califórnia em Berkeley), para a série de filmes *Jornada nas estrelas*. O klingon foi originalmente a língua dos klingons, uma espécie alienígena do planeta Kronos. Pela imensa popularidade da série televisiva e cinematográfica *Jornada nas estrelas*, a língua logo se popularizou e extrapolou os limites da televisão e do cinema. Hoje, existem diversos grupos dedicados a pesquisar e ensinar a língua klingon pelo mundo – talvez o mais conhecido seja o Instituto da Língua Klingon (www.kli.org), ativo desde 1992. O klingon também conta com um extenso conjunto de itens lexicais e com uma gramática complexa.

Mais recentemente, outra língua recebeu destaque no mundo da ficção científica e da fantasia: a língua dothraki, falada pelo povo nômade dothraki, que habita o continente de Essos, no universo criado pelo escritor George R. R. Martin para sua série de livros intitulada *As crônicas de gelo e fogo* – adaptada como série televisiva pela HBO sob o título de *Game of thrones*. Os rudimentos dessa língua foram esboçados pelo próprio autor, mas ela foi desenvolvida e expandida pelo linguista e escritor David Joshua Peterson. Como aconteceu com o quenya e com klingon, a língua dothraki também caiu nas mãos dos fãs, que seguem ampliando seu vocabulário e descrevendo sua gramática. Assim como essas outras línguas, o dothraki é uma língua artificial criada com o objetivo de ser falada por personagens de obras de ficção.

Outras línguas, contudo, foram criadas com o intuito de serem usadas em situações comunicativas reais, com o objetivo de se tornarem a segunda língua falada ou escrita por pessoas que não compartilham uma mesma língua nativa. Esse é o caso do esperanto, por exemplo. O **esperanto** foi criado pelo médico e estudioso polonês Ludwig L. Zamenhof, no final do século XIX. É uma língua baseada em diversas línguas europeias. Em 1887, após concluir a sua nova língua, Zamenhof publicou um livro chamado *Lingvo Internacia* e usou o pseudônimo Dr. Esperanto. Essa língua artificial chamou a atenção de interessados desde o início e logo passou a ser conhecida como "esperanto", o pseudônimo de seu criador, palavra que também significa "aquele que espera", nessa língua.

Desde sua criação, a pretensão do esperanto é se tornar uma língua universal – não substituindo as línguas oficiais dos países, mas sendo uma segunda língua, que possa ser utilizada e compreendida por todos. O esperanto pretende ser uma língua de prestígio nos meios acadêmicos e científicos; uma língua internacional que todos consigam utilizar em conferências e encontros internacionais, por exemplo. As regras gramaticais do esperanto são relativamente simples e lógicas, supostamente fáceis de serem aprendidas por qualquer falante, principalmente por falantes de línguas oriundas do ramo indo-europeu. O esperanto escrito tem 28 letras (todas do alfabeto latino), 28 fonemas distintivos (23 consonantais e 5 vocálicos) e um sistema gramatical relativamente simples (por exemplo, não há nenhum verbo irregular, há apenas um artigo definido, *la*, as palavras tendem a ser todas paroxítonas etc.). O esperanto é provavelmente a língua artificial não criada para uma obra de ficção mais conhecida e divulgada. Por ter sido criada com o intuito de se tornar uma língua efetivamente usada pelas pessoas em situações comunicativas (ao invés de ter sido inventada especificamente para uma obra de ficção), alguns preferem chamá-la de "língua planejada" ao invés de "língua artificial".

Leituras complementares: Abdo (2016); De Morais e Souza Jr. (2007); Garvía (2012); Guimarães (2022); McWhorter (2013); Rónai (1970).

Capítulos relacionados: Idioma. Língua materna. Língua viva e língua morta.

Língua materna

"**Língua materna**" é um termo usado para se referir, normalmente, à primeira língua adquirida pelo falante. Em um ambiente monolíngue – como é o caso de grande parte do Brasil –, o conceito de língua materna não apresenta maiores dificuldades: a língua materna é a língua falada pelos pais e cuidadores de uma criança em fase de aquisição da linguagem; é aquela que cerca o ambiente linguístico da criança. Essa língua (ainda pensando em um ambiente predominantemente monolíngue) é basicamente a mesma língua falada por cuidadores, escola e sociedade em geral. Insistimos no advérbio "basicamente", pois a língua falada em todos esses ambientes (lar, escola, sociedade) não é exatamente a mesma. E é importante frisar: ainda que essa língua receba (em nosso caso) o nome político de "língua portuguesa", não estamos diante de uma língua homogênea, que não apresenta variações (nenhuma língua natural falada por diferentes comunidades de fala está isenta de variação). A língua portuguesa é composta, na verdade, por um sem número de diferentes falares, que variam entre si em aspectos sintáticos, morfológicos, fonético-fonológicos e lexicais. Tal variação costuma ser condicionada por fatores de natureza social, como a região onde se encontram os falantes, seu nível de escolaridade, a classe social a que pertencem etc.

De qualquer maneira, ainda estamos autorizados a nos referir à língua portuguesa como a língua materna das pessoas que crescem num Brasil monolíngue – ainda que o país não seja, em sua integralidade, monolíngue. Embora a língua majoritária no Brasil seja o português, existem dezenas de línguas minoritárias que são língua materna de uma parcela significativa da população, em especial línguas indígenas e línguas de imigração. Ainda que nem sempre seja fácil contabilizar o número de línguas minoritárias faladas em determinado território (veja discussão em Othero, 2017), algumas pesquisas recentes apontam que são faladas, no Brasil, cerca de 160 línguas indígenas (cf. Silva, 2009) e 56 línguas de imigração (cf. Altenhofen, 2013; Petter, 2022). O país é, portanto, multilíngue, embora a maior parte dos brasileiros seja monolíngue.

O conceito de língua materna se torna mais complicado quando se pensa em ambientes multilíngues. Há casos, por exemplo, em que os pais falam em casa uma língua diferente daquela falada na escola ou na sociedade em geral. Uma criança que cresce em tal ambiente possivelmente será proficiente nas duas línguas. Podemos, ainda assim, argumentar que a língua materna é aquela falada pelos pais, pois foi provavelmente a primeira língua com que a criança teve contato. Há casos, contudo, em que pai e mãe falam, cada um, uma língua diferente com a criança. Nessas circunstâncias, a criança poderá ter duas línguas maternas, a depender da língua falada por pares e em outros contextos de comunicação.

Além do termo "língua materna", também é possível encontrar, na literatura linguística, os termos "língua familiar", "língua nativa", "L1" ou "primeira língua". Novamente, em contextos monolíngues, a definição desses termos é relativamente pacífica; em sociedades realmente multilíngues, essas definições tornam-se, por vezes, opacas.

Leituras complementares: Bagno (2017); Guimarães (2022); Olmo e Escudé (2019); Petter (2022); Spinassé (2006).

Capítulos relacionados: Idioma. Língua oficial. Língua viva e língua morta.

Língua oficial

A **língua oficial** de um país, um município ou uma organização é a língua que é utilizada em documentos oficiais que circulam e são válidos em todas as esferas de poder e de administração, tais como nas regulamentações e nas atividades jurídicas, executivas e legislativas. No caso de países e municípios, a língua oficial também é a língua primária do ensino formalizado nas instituições públicas, em todos os seus níveis.

A oficialização de uma língua em determinado território depende majoritariamente de forças políticas atuando em favor dessa língua, muitas vezes em detrimento de outras. Isso significa dizer que, no momento em que uma língua é escolhida como a língua oficial de determinado território, outras línguas seguirão sendo faladas, mas não exatamente nos mesmos domínios sociais, o que pode reduzir seu uso e eventualmente implicar sua extinção. De acordo com Spolsky (2016: 374),

> Durante o século XX, a maior parte da gestão linguística foi influenciada pela ideologia monolíngue de antigos e novos Estados. As tentativas de desenvolver políticas que reconheciam o multilinguismo e a diversidade da maioria das comunidades geralmente não obtinham sucesso, de modo que os vários planos de ativistas que procuravam reverter o processo de substituição linguística – e fazer valer os direitos linguísticos das minorias étnicas – naufragaram, por um lado por causa de pressões nacionalistas; por outro, por causa do inglês, visto como língua global. Houve alguns poucos casos de sucesso: o hebraico foi revernaculizado, revitalizado e estabelecido como a língua dominante no novo Estado de Israel; a Indonésia conseguiu estabelecer a utilidade da língua padrão; a China obteve sucesso ao espalhar a língua putonghua (i.e. mandarim padrão) como uma língua oficial; a União Soviética consagrou o russo como a língua dominante e obteve sucesso em acabar com línguas minoritárias como o yiddish; e em várias partes do mundo, os ativistas de direitos humanos encorajaram atividades para preservar línguas indígenas. Em resumo, ao mesmo tempo em que a compreensão da natureza da área e dos problemas da gestão linguística aumentou, as atividades mais bem sucedidas foram aquelas que encorajaram a hegemonia das línguas nacionais e o papel auxiliar do inglês como uma língua global.

No Brasil, o artigo 13 da Constituição Federal Brasileira (aprovada em Assembleia Nacional Constituinte em 22 de setembro de 1988 e promulgada em 5 de outubro desse mesmo ano) prevê: "A língua portuguesa é o idioma oficial da República Federativa do Brasil" (Brasil, 2020). Mais recentemente, alguns municípios brasileiros têm alçado línguas indígenas ou de imigração ao *status* de línguas cooficiais (juntamente com a língua portuguesa). O município de São Gabriel da Cachoeira (AM), por exemplo, tem como línguas oficiais, além do português, o nheengatu, o tukano e o baniwa (cf. Basso e Gonçalves, 2014) e o município de Pomerode (SC) adotou o alemão como língua cooficial (cf. Pomerode, 2010).

De acordo com Oliveira (2016: 391),

> a cooficialização de línguas em nível municipal [...] é um verdadeiro movimento social no Brasil, que conta já com 11 línguas oficializadas em 19 municípios, 7 línguas indígenas e 4 línguas alóctones ou de imigração, em sete estados brasileiros nas regiões norte, centro oeste, sudeste e sul.

Ainda no Brasil, o Decreto n. 5.626 (de 22 de dezembro de 2005), que regulamenta a Lei n. 10.436 (de 24 de abril de 2002), e o artigo 18 da Lei n. 10.098 (de 19 de dezembro de 2000), sobre o ensino e o uso da Língua Brasileira de Sinais (**Libras**) no território nacional, reconhecem oficialmente a Libras como língua de ensino e comunicação no território nacional, apesar de ela não ter o *status* de língua oficial. De acordo com o decreto,

> Art. 3º A Libras deve ser inserida como disciplina curricular obrigatória nos cursos de formação de professores para o exercício do magistério, em nível médio e superior, e nos cursos de Fonoaudiologia, de instituições de ensino, públicas e privadas, do sistema federal de ensino e dos sistemas de ensino dos Estados, do Distrito Federal e dos Municípios.
>
> [...]
>
> Art. 13. O ensino da modalidade escrita da Língua Portuguesa, como segunda língua para pessoas surdas, deve ser incluído como disciplina curricular nos cursos de formação de professores para a educação infantil e para os anos iniciais do ensino fundamental, de nível médio e superior, bem como nos cursos de licenciatura em Letras com habilitação em Língua Portuguesa.
>
> [...]
>
> Art. 14. As instituições federais de ensino devem garantir, obrigatoriamente, às pessoas surdas acesso à comunicação, à informação e à educação nos processos seletivos, nas atividades e nos conteúdos curriculares desen-

> volvidos em todos os níveis, etapas e modalidades de educação, desde a educação infantil até à superior. (Brasil, 2005)

Apesar desses documentos relativamente recentes, o reconhecimento oficial da língua portuguesa como a língua nacional majoritária no Brasil aconteceu pela primeira vez no século XVIII, momento em que se usavam línguas indígenas como **línguas gerais** de comunicação em grande parte do território, em especial a língua geral paulista (de base tupi-guarani) e a língua geral do norte (o nheengatu). De acordo com Rodrigues (1994), a língua geral paulista foi

> a língua que no século XVII falavam os bandeirantes que de São Paulo saíram a explorar Minas Gerais, Goiás, Mato Grosso e o Sul do Brasil. Por ser a língua desses pioneiros e aventureiros, penetrou essa Língua Geral em áreas onde nunca tinham chegado índios Tupi-guarani e aí deixou sua marca no vocabulário popular e na toponímia. Em São Paulo ela foi dominante no século XVII, mas passou a ser suplantada pelo Português no século XVIII. [...] Já a Língua Geral Amazônica [ou do Norte] desenvolveu-se inicialmente no Maranhão e no Pará, mais tarde do que a do Sul [a Paulista], a partir do Tupinambá. Ao contrário de São Vicente e São Paulo, onde a colonização teve início já na primeira metade do século XVI, no Maranhão a conquista portuguesa começou quase cem anos depois, na primeira metade do século XVII. O litoral do Maranhão, onde primeiro se estabeleceram os portugueses, estava densamente povoado pelos índios Tupinambá, que se estendiam para oeste até a foz do rio Tocantins. Em consequência dessa situação, aí o Tupinambá foi a língua predominante na população colonial durante o século XVII e acabou dando origem à nova Língua Geral, que foi falada pelas tropas e missões que foram penetrando e criando núcleos de povoamento no vale amazônico. Portanto, o Tupinambá e essa Língua Geral em que ele se transformou, é que foi a língua da ocupação portuguesa da Amazônia nos séculos XVII e XVIII. (Rodrigues, 1994: 102)

No século XVIII, incomodada com o uso das línguas indígenas no Brasil, a administração portuguesa começou a articular movimentos rumo à oficialização da língua portuguesa em território brasileiro e ao consequente abandono das demais línguas faladas no país a partir daí. Segundo Basso e Gonçalves (2014: 232-3 [grifo dos autores]),

> [...] neste período, encontramos alguns movimentos políticos efetivos partindo de Portugal para a promoção da língua portuguesa no lugar das línguas gerais. Em 1702, o governador-geral João de Lencastro propõe ao rei a criação

> de seminários para os índios "com condição de que nos Seminários se não havia de fallar outra lingoa mais do que a Portugueza" [...]. Alguns anos depois, em 1727, o rei de Portugal ordenou ao governador do Maranhão que proibisse a língua geral nos povoados e nas aldeias dos índios. [...] Porém, a medida mais importante deste período certamente foi o *Diretório dos Índios*, promulgado pelo Marquês de Pombal, em 1757. Esse diretório foi proposto como uma "medida civilizatória" que propunha, entre outras coisas, que os índios pagassem impostos e que fossem todos convertidos ao cristianismo, além de promover o casamento entre portugueses e índias. Juntamente com essas medidas abusivas, com relação à língua, o diretório diz: "Para desterrar este perniciosissimo abuso, será hum dos principáes cuidados dos Directores, estabelecer nas suas respectivas Povoaçoens o uso da Lingua Portugueza, naõ consentindo por modo algum, que os Meninos, e Meninas, que pertencerem ás Escólas, e todos aquelles Indios, que forem capazes de instrucçaõ nesta materia, usem da Lingua propria das suas Naçoens, ou da chamada geral; mas unicamente da Portugueza, na forma, que Sua Magestade tem recõmendado em repetidas ordens, que até agora se naõ observáraõ com total ruina Espiritual, e Temporal do Estado".

Não apenas países e municípios podem ter línguas oficiais, mas também entidades internacionais, como é o caso da ONU, que reconhece seis línguas oficiais: árabe, chinês (mandarim padrão), inglês, francês, russo e espanhol; ou da Fifa, cujas línguas oficiais são inglês, espanhol e francês. Todos os documentos oficiais dessas entidades devem ser publicados nas suas respectivas línguas oficiais.

ALGUMAS OBSERVAÇÕES

a. A língua portuguesa também é oficial em outros oito países que, juntamente com o Brasil, formam a Comunidade dos Países de Língua Portuguesa (CPLP), criada em 1996. São eles: Angola, Cabo Verde, Guiné-Bissau, Guiné Equatorial, Moçambique, Portugal, São Tomé e Príncipe e Timor Leste. Além disso, o português também é língua oficial em Macau (juntamente com o chinês), apesar de ser falado por uma minoria absoluta da população.
b. Em alguns dos países da CPLP, o português é, apesar de língua oficial, uma língua minoritária. Em Moçambique, por exemplo, são faladas cerca de 40 línguas nativas – e o português é a língua materna de cerca de apenas 6% da população (cf. Basso e Gonçalves, 2014: 167).
c. Dois períodos críticos para a oficialização da língua portuguesa no Brasil:
   1. 1750-1777: "período do governo do Marquês de Pombal, o todo-

poderoso ministro de D. José I. Realizou ampla reforma do ensino em Portugal; introduziu a obrigatoriedade de aulas de português na escola fundamental; fez adotar a *Arte da Gramática da Língua Portuguesa*, de Reis Lobato, como o manual oficial do ensino de português. Alterou substancialmente, mas sem muito sucesso, toda a política anterior em relação às populações indígenas da Amazônia, buscando emancipá-las e integrá-las à sociedade colonial. Entre outras medidas, abandonou a tolerância com o uso público da língua geral, grande instrumento de catequese dos jesuítas. Expulsou os jesuítas de Portugal e seus domínios" (Faraco, 2019: 184).

2. 1938: "O início intensivo da Campanha de Nacionalização conduzida pelo Estado Novo getulista. Obrigatoriedade de uso do português no ensino e proibição de publicações em outras línguas. O alvo eram as línguas de imigração (classificadas sempre, na legislação nacionalizante, como *estrangeiras*). Via-se nas línguas de imigração uma ameaça à unidade territorial e nacional do país. Negava-se a elas (como antes se fizera com as línguas indígenas) o estatuto de bens do patrimônio sociocultural do país. A política estadonovista reforçava, nesse sentido, a ideia de que o Brasil é um país monolíngue, uniforme e homogêneo" (Faraco, 2019, 184).

d. Portugal reconhece três línguas oficiais: a língua portuguesa (reconhecida na Constituição da República Portuguesa), a língua gestual portuguesa (reconhecida a partir de 1997, em uma revisão da constituição portuguesa) e o mirandês (Lei n. 7/99, de janeiro de 1999), uma língua indo-europeia falada por cerca de 10 mil pessoas em território português.

e. Apesar de o inglês ser a língua nacional nos Estados Unidos (*i.e.*, ser a língua nativa da maior parte da população do país e ser falada e reconhecida por todo o território norte-americano), ela não é a língua oficial do país – a legislação americana, até o momento, nunca elegeu uma língua como língua federativa oficial.

f. O país que reconhece o maior número de línguas oficiais é o Zimbabwe, que tem como línguas oficiais as seguintes: bárue, cheua, coissã, inglês, kalanga, língua de sinais zimbabueana, nambya, ndau, ndebele, shangani, sotho, tonga, tsuana, venda, xhosa e xona.

Leituras complementares: Auroux (2009); Bagno (2017); Faraco (2019); Lorenset (2016); Oliveira (2000; 2016).

Capítulos relacionados: Idioma. Língua materna. Gramática tradicional.

Língua viva e língua morta

As línguas podem ser classificadas em línguas vivas, mortas ou extintas. Para que se diga que uma língua é viva, é preciso que se encontre pelo menos um falante nativo daquela língua. Em geral, uma **língua viva** é a língua falada por uma comunidade de fala e é adquirida como língua nativa por crianças em idade de aquisição de linguagem. A depender do número de falantes nativos da língua, pode-se classificá-la como uma língua em perigo de extinção. Nesse caso, estamos diante de uma língua em que

> o número anual de novos falantes (normalmente crianças) é substancialmente menor do que o número anual de falantes que estão morrendo. [...] No final do século XX, muita atenção foi dada a afirmações infundadas de que mais da metade das línguas do mundo estivesse em perigo de extinção ao longo do século XXI. Apesar desse exagero, membros de comunidades de fala que estão, de fato, em perigo devem poder ter a oportunidade de gravar e registrar o máximo possível sua herança linguística e cultural de maneira audiovisual, para o benefício de seus descendentes e do restante do mundo. (*Observatoire Linguistique*, 1999/2000: n. p.)

Existem cerca de 7.100 línguas vivas faladas no planeta hoje (os números mais recentes do projeto Ethnologue, em ethnologue.com, de fevereiro de 2019, apontam 7.111 línguas exatamente). Dessas, estima-se que cerca de 3 mil línguas estejam em perigo (cf. Ethnologue, 2019). No Brasil, são faladas hoje mais de 200 línguas – a metade pode ser considerada em perigo de extinção. Dessas 200 línguas, em torno de 180 são línguas indígenas, faladas por cerca de 220 povos diferentes (cf. Rodrigues, 1993; 2005; Silva, 2009). De acordo com Othero (2017: 111-2),

> Se hoje temos cerca de 180 línguas indígenas faladas no Brasil, estima-se que, em 1500, à época da chegada portuguesa em terras brasileiras, o número era de 1.270 línguas, ou seja, um número sete vezes maior (cf. Rodrigues 1993, 2005). Além de o número total de línguas ter reduzido drasticamente – e com isso o número de populações indígenas –, todas as línguas indígenas brasileiras podem hoje ser consideradas línguas

> ameaçadas. Nenhuma das 180 línguas documentadas conta com mais do que 30.000 falantes. Na verdade, 76% das línguas indígenas brasileiras contam com menos de mil falantes nativos (cf. Rodrigues 2005), e a média de falantes de cada uma dessas línguas é de menos de 200 pessoas (cf. Leite & Franchetto 2006, Silva 2009). [...] Quando uma língua deixa de existir, perdemos mais do que um sistema gramatical ou de comunicação complexo e estruturado; perdemos uma maneira de ver e compreender o mundo. Algumas línguas indígenas, como as línguas poyanáwa, arikapú, mondé, xipaya, kuruáya e guató não têm mais do que 10 falantes. E a língua kaixana contava, em 2009, com apenas um único falante, de 78 anos de idade (cf. Stenzel, 2005, Silva 2009). As línguas indígenas estão, desde o século XVI, sendo extintas, gradativa e sistematicamente.

Uma vez que uma língua não tenha mais falantes nativos, ela deixa de ser uma língua viva e passa a ser classificada como uma **língua morta**. A diferença entre uma língua morta e uma língua extinta está no conhecimento que temos sobre a língua. No caso de uma língua morta, sabemos de sua existência e conhecemos sua história e sua gramática. É o que vemos hoje com o latim e com o grego clássico, por exemplo. Essas línguas não contam com falantes nativos nem com crianças que estejam adquirindo tais línguas durante seu processo de aquisição da linguagem. Ainda assim, são estudadas; temos registros literários e documentais delas. A língua extinta, por outro lado, é uma língua que não nos deixou registros e sobre a qual sabemos muito pouco. É o caso do indo-europeu, por exemplo, ou das línguas nativas americanas ágrafas que morreram juntamente com seus últimos falantes durante o período de colonização das Américas, como as línguas nativas brasileiras acroá, outke e potiguara.

Leituras complementares: Altenhofen (2022); Basso (2022); Deutscher (2014); Franchetto (2005); Negrão (2022); Walter (1997).

Capítulos relacionados: Idioma. Língua materna. Língua oficial.

Linguística

Quando se busca definir a linguística, é comum encontrar-se, em vários trabalhos de introdução ao campo, o recurso à ideia de *ciência*. A linguística é sempre apresentada como um estudo científico. No entanto, Lyons (1987), em uma das mais importantes introduções à linguística do século XX, já advertia em seção criticamente intitulada por uma pergunta – "A linguística é uma ciência?":

> O próprio fato de que há uma seção neste livro e em outras introduções à linguística, explicitamente dedicada à discussão do *status* científico desta disciplina não deve deixar de ser comentado. Afinal, disciplinas cujo *status* científico é inquestionável – a física, a química, a biologia etc. – não têm necessidade de justificar sua reinvindicação de se chamar ciência. Por que deveria a linguística preocupar-se tanto em defender a validade de seu título? E por que, ao defender suas credenciais científicas, o linguista tantas vezes dá a impressão de protestar em demasia? O leitor tem todo o direito de levantar suspeita. (Lyons, 1987: 45)

O comentário de Lyons é extremamente pertinente e não pode ser ignorado pelos linguistas, e isso, ao menos, por um motivo: não há univocidade em torno do sentido que se pode atribuir à palavra "ciência", e seu correlato "científico", quando aplicada à linguística. Quer dizer, o que se considera um estudo científico, nesse campo, pode variar muito, em função dos princípios epistemológicos adotados.

Por exemplo, um estudo vinculado a princípios naturais e biológicos do conhecimento mobiliza uma perspectiva de ciência completamente distinta se comparada com aquele que mobiliza aspectos culturais do conhecimento humano. Poderíamos, no primeiro caso, *grosso modo*, falar em ciências biológicas ou naturais; no segundo, em ciências sociais. Nesse sentido, poderíamos aproximar a linguística de um paradigma científico natural ou de um paradigma científico sociocultural. Em qualquer um dos casos, implicaria fazer escolhas teóricas e metodológicas diferentes.

Em outras palavras, a aproximação da linguística às ditas "ciências naturais" ou às ditas "ciências sociais", apenas para nos mantermos no exemplo anterior, produz reflexões muito distintas entre si, o que, na atualidade, permitiria falar em linguísticas, no plural. Não à toa o campo que antigamente não hesitávamos em denominar de linguística, nos dias de hoje tem recebido outras designações: *estudos da linguagem*, *estudos linguísticos*, *ciências da linguagem* e *ciências linguísticas* são apenas algumas. Essa heterogeneidade de designações, sem dúvida, é sintoma evidente da heterogeneidade epistemológica do campo.

Somente esses pontos até aqui destacados já seriam suficientes para nos encher de desconfiança em relação a definições diretivas de linguística. No entanto, há mais. Não é raro encontrarmos na literatura especializada introdutória da área definições que à ideia de "ciência/científico" acrescentam a de "**objeto**" dessa ciência, o que complica consideravelmente a discussão. Definições como "a linguística é a ciência que estuda X" ou "a linguística é o estudo científico de X" – em que "X", nesses contextos, pode ser substituído por "linguagem", "línguas" ou por algum outro termo do campo – carecem de maior precisão.

Isso se deve ao fato de também os termos utilizados para determinar o suposto objeto da linguística não receberem conceituação unívoca. Dito de outra maneira, uma palavra como "linguagem" pode adquirir valores muito distintos, e mesmo opostos, se referidos a quadros teóricos diferentes.

Com relação apenas aos termos "linguagem" e "línguas", antes utilizados, Flores (2019a) problematiza:

> Do lado das línguas: o que é uma língua? O que as línguas têm em comum? Que propriedades são inerentes às línguas? O que as diferencia de outros sistemas de comunicação? Do lado da linguagem, a situação não é menos complexa: trata-se de uma faculdade? Se sim, de que natureza? Biológica? Antropológica? Cultural? Se não, que características ela tem? (Flores, 2019a: 38)

A isso, acrescenta o autor, na mesma página:

> Observe-se que tais especulações não dizem respeito propriamente ao objeto da linguística. Elas são, na verdade, condição de possibilidade da reflexão acerca do objeto da linguística, ou seja, elas estão ligadas a uma epistemologia anterior, dos primitivos teóricos. É necessário, primeiro, saber sobre o que está em causa para depois decidir se isso cabe, ou não, no objeto de uma dada linguística. (Flores, 2019a: 38)

Em outras palavras, não basta indagar o que significam os termos que normalmente são apresentados como designadores do(s) "objeto(s)" da(s) linguística(s) se não se reconhece que esses termos também não têm definição única: "linguagem" tem definições diferentes se tomada em um quadro estruturalista ou em um quadro gerativista, por exemplo.

Os termos de uma dada linguística operam no interior de um dado raciocínio e é somente neste que adquirem sentido: "o que caracteriza o mais fundamental no estudo da linguagem é que o *objeto* não pode ser separado do *ponto de vista* segundo o qual ele é considerado" (Colombat, Fournier e Puech, 2010: 223 [grifos dos autores]). Em resumo, a definição do objeto de cada linguística não é independente da teoria utilizada para formulá-lo.

Isso posto, o leitor poderia, com razão, questionar se essa aparente heterogeneidade não conduziria a uma fragmentação desmedida, o que impediria inferir alguma unidade do campo dos estudos linguísticos. Não pensamos assim.

Na verdade, a complexidade da linguagem humana impede que seu estudo seja integralmente feito a partir de uma única perspectiva teórica. Sempre que fazemos linguística, incluímos alguns aspectos e excluímos outros. É inerente ao fazer científico recortar e, consequentemente, incluir e excluir determinados elementos.

Ferdinand de Saussure, considerado o fundador da linguística moderna, já em seu *Curso de linguística geral* anunciava as dificuldades em torno desse tema e sugeria uma atitude geral que, acreditamos, ainda é válida. Observe-se:

> Qual é o objeto, ao mesmo tempo integral e concreto, da linguística? A questão é particularmente difícil: veremos mais tarde por quê. Limitemo-nos, aqui, a esclarecer a dificuldade.
>
> Outras ciências trabalham com objetos dados previamente e que se podem considerar, em seguida, de vários pontos de vista; em nosso campo, nada de semelhante ocorre. Alguém pronuncia a palavra *nu:* um observador superficial será tentado a ver nela um objeto linguístico concreto; um exame mais atento, porém, nos levará a encontrar no caso, uma após outra, três ou quatro coisas perfeitamente diferentes, conforme a maneira pela qual consideramos a palavra: como som, como expressão duma ideia, com a correspondente ao latim *nūdum* etc. Bem longe de dizer que o objeto precede o ponto de vista, diríamos que é o ponto de vista que cria o objeto; aliás, nada nos diz de antemão que uma dessas maneiras de considerar o fato em questão seja anterior ou superior às outras. (Saussure, 1975: 15 [grifos do autor])

Saussure formula esse raciocínio após ter afirmado que "a matéria da linguística é constituída [...] por todas as manifestações da linguagem humana" (Saussure, 1975: 13). Ora, Saussure trabalha aqui com a diferença entre "matéria" e "objeto", distinção esta nem sempre evidente aos olhos dos especialistas. Tais observações do mestre parecem muito atuais e, segundo pensamos, podem ser assim parafraseadas: a matéria da reflexão linguística é a linguagem humana; o objeto é o ponto de vista adotado sobre essa matéria. A consequência disso é evidente: há muitas linguísticas, pois há muitos objetos. Tem razão, portanto, o grande linguista russo Roman Jakobson quando sentencia: "a linguística interessa-se pela linguagem em todos os seus aspectos" (Jakobson, 1974: 34).

Evidentemente, nada impede que se continue usando a expressão singular "a linguística" para referir, em seu conjunto, o campo de estudos que reúne diferentes abordagens de diferentes objetos, constituídos a partir da consideração da linguagem humana. O importante é ter-se clareza de que a designação singular não pode encobrir a multiplicidade constitutiva do campo. Ou seja, cabe resguardar o "direito à existência" dos vários estudos linguísticos existentes no mundo, pois é tão legítimo o ponto de vista de estudo criado por Saussure, no início do século XX, quanto aquele criado por Chomsky, na metade desse mesmo século, apenas para citar dois dos grandes expoentes do nosso tempo. Cada um mobiliza uma perspectiva própria de entendimento de linguística, de método para desenvolvê-la e de objeto a ser abordado.

Com o exposto até aqui, esperamos ter apresentado ao leitor argumentos suficientes para defendermos a existência das linguísticas e de seus respectivos objetos. No entanto, ainda nada foi dito sobre o mencionado caráter de cientificidade da linguística. Ora, a partir do que foi apresentado, seria legítimo esperar do leitor um questionamento nos seguintes moldes: é suficiente "um ponto de vista" para se realizar um estudo "científico" da linguagem humana?

Como é possível ver, voltamos ao ponto inicial de nossa discussão. No entanto, agora, temos melhores condições de precisar o que pode ser compreendido sob o rótulo de "científico". Em primeiro lugar, apressamo-nos em dizer que a resposta à indagação anterior é obviamente negativa. Isto é, não é *qualquer* estudo sobre a linguagem que pode ser considerado, do ponto de vista da linguística, científico. E, nesse sentido, nos fazemos acompanhar da excelente explicação de Lyons (1987: 46):

> Deveríamos, pois, interpretar a palavra "ciência" no título desta seção [trata-se da seção intitulada "A linguística é uma ciência?"] como simplesmente "disciplina acadêmica devidamente constituída"? Há bem mais nesta questão do que nos sugeria tal interpretação. A maioria dos linguistas que adotam a definição de sua disciplina como sendo o estudo científico da língua o fazem por ter em mente uma distinção entre uma forma científica e acientífica de realizar a tarefa. Podem discordar sobre algumas das implicações da palavra "científico", como os filósofos e historiadores da ciência. Mas concordam unanimemente sobre as principais diferenças entre o estudo científico da língua e o estudo não científico.

Em tese, a formulação de Lyons é inconteste. Da perspectiva da linguística, há estudos científicos e há estudos não científicos acerca da linguagem humana ou, repetindo Lyons, há uma forma científica e uma forma acientífica.

Evidentemente, ninguém desconhece que a tradição dos estudos sobre a linguagem é enorme, que remonta aos séculos anteriores à era cristã e que não pode ser associada apenas à dita linguística moderna iniciada no século XX. Antes desta, há os estudos retóricos, lógicos e gramaticais da tradição greco-latina; os estudos da tradição chinesa, suméria, egípcia, indiana e árabe; os estudos desenvolvidos na Idade Média, na Renascença, no século XIX, além de muitos outros. Portanto, seria abusivo ignorar que o início dos estudos acerca da linguagem tem origem em séculos anteriores, nos quais correntes de pensamento articuladas a contextos filosóficos construíram trabalhos cuja pertinência é incontestável.

Nessa direção, tem valor operacional a designação "Cronologia da reflexão linguística" dada por Auroux (1998) à extensa cronologia anexa ao seu livro. A expressão "reflexão linguística" utilizada por Auroux é ampla o suficiente para incluir as descobertas, as discussões e as grandes viradas concernentes ao estudo da linguagem que não estejam circunscritas apenas à linguística *stricto sensu*, a moderna.

Porém, é importante dizer, nem todos esses estudos são considerados "científicos" aos olhos de um linguista – o que, evidentemente, não impede de serem considerados "científicos" aos olhos de outro especialista, um filósofo, por exemplo.

Em linhas gerais, podemos dizer que um estudo deve atender duas condições para ser considerado científico no âmbito da linguística: a) delimitar um "fazer científico" e b) adotar uma "atitude científica".

Para atender à primeira condição, é necessário e suficiente que se estabeleça claramente método e objeto para o trabalho empreendido. Por exemplo: costuma-se creditar o surgimento "científico" da linguística moderna ao suíço Ferdinand de Saussure e à obra póstuma que lhe é atribuída, o *Curso de linguística geral*, publicada em 1916. A que se deve a eleição desse marco? Muitas poderiam ser as respostas a tal indagação. Da perspectiva que estamos falando, basta dizer que Saussure fundou um estudo linguístico científico porque formulou método e princípios válidos para o estudo das línguas; porque construiu um "ponto de vista".

Para atender à segunda condição, é necessário:

a. rechaçar todo tipo de juízo de valor. Deve-se romper com atitudes normativistas em relação a qualquer manifestação linguística. Decorre disso o abandono de dicotomias como certo/errado; feio/bonito; normal/anormal etc. Consequentemente, também, deve-se recusar qualquer associação entre a linguagem humana em suas diferentes manifestações linguísticas e preconceitos de natureza social, cultural, nacionalista, de raça etc.;

b. admitir que a transformação constante das línguas não é algum tipo de "corrupção". A mudança linguística é uma característica inerente às línguas, empiricamente observável e, como tal, explicável.
c. manter interesse por todas as línguas, que são estudadas não importando o nível de "cultura" acadêmica do povo que as utilize; independentemente se se trata de línguas ágrafas ou com cultura letrada plenamente desenvolvida.
d. considerar que não há qualquer tipo de hierarquia entre as línguas, já que todas constituem igualmente realidades complexas e com traços específicos (*i.e.*, não há línguas mais complexas do que outras ou línguas superiores/inferiores a outras);
e. estudar a linguagem humana e as línguas naturais faladas e/ou escritas por qualquer comunidade humana.

Essa distinção que fazemos entre "fazer científico" e "atitude científica" não privilegia esta ou aquela epistemologia ou modelo teórico. Ou seja, qualquer teoria linguística, qualquer escola de pensamento ou programa de investigação linguística (estruturalismo, funcionalismo, gerativismo etc.) e qualquer linguista certamente aceitam essas duas condições como uma espécie de linha-mestra que permite diferenciar, em sentido amplo, uma perspectiva científica do estudo linguístico de uma perspectiva não científica.

Com isso, estabelecemos as condições mínimas para afastar da linguística explicações míticas, religiosas, fantasiosas que não raras vezes justificam atitudes fundamentalistas. Como bem lembra Saussure sobre o campo das questões linguísticas, "não há domínio onde tenha germinado ideias tão absurdas, preconceitos, miragens, ficções [...]. **A tarefa do linguista, porém, é, antes de tudo, denunciá-los e dissipá-los tão completamente quanto possível**" (Saussure, 1975: 14 [grifo nosso]). É, portanto, salutar e absolutamente alinhada à recomendação do mestre genebrino a atitude de Othero (2017: 9) ao iniciar seu *Mitos de linguagem* considerando que "uma boa maneira de introduzir os alunos no assunto [a linguística] e ouvir suas opiniões acerca da linguagem é levar a eles alguns 'mitos'". Sem dúvida, é a desmistificação sobre a linguagem humana a primeira atitude científica que garante à linguística o fazer científico.

ALGUMAS OBSERVAÇÕES

a. O fato de termos situado o início da linguística "científica" na publicação do *Curso de linguística geral* de Ferdinand de Saussure não implica que as questões teórico-metodológicas por ele encaminhadas tenham sido unanimemente aceitas. Ao contrário disso, muitas teorias linguísticas surgem, no decorrer do século XX, em reação ao que colocava Saussure. O importante é apenas reter que Saussure teve uma atitude cuja consequência epistemológica abriu espaço para o surgimento de um pensamento científico sobre a linguagem humana.

b. Da maneira como formulamos as explicações anteriormente, decorre que o leitor deverá ficar atento ao seguinte: cada ponto de vista e seu consequente objeto de estudo – isto é, cada linguística – exige hipóteses, categorias de análise, terminologia, conceitos, princípios metodológicos, proposições, dados próprios etc. Ou seja, é fundamental que se entenda cada teoria linguística em sua imanência. Somente assim é possível relacioná-las entre si, procurando semelhanças ou diferenças que entre elas existam.
c. Importante destacar também que, em matéria de linguística, não raras vezes os "pontos de vista" estão associados aos nomes de seus criadores. É assim que o século XX viu surgir, além da linguística de Ferdinand de Saussure e da linguística gerativa de Noam Chomsky, lembradas anteriormente, o distribucionalismo de Leonard Bloomfield, a linguística antropológica de Edward Sapir, a linguística funcionalista de Roman Jakobson, a glossemática de Louis Hjelmslev, a sociolinguística de William Labov, a linguística geral de Émile Benveniste, a linguística da dupla articulação de André Martinet, a linguística sistêmico-funcional de Michael Halliday, a linguística cognitiva de George Lakoff e a linguística dos universais de Joseph H. Greenberg, entre muitas outras.
d. Muitos autores operam com distinções como linguística geral, linguística teórica, linguística formal, linguística descritiva, linguística aplicada etc. Essa distinção encontra abrigo no que dissemos anteriormente a respeito da noção de ponto de vista.

Leituras complementares: Battisti, Othero e Flores (2021); Fiorin (2002; 2013a); Flores (2019a); Lyons (1987); Milner (2020).

Capítulos relacionados: Estruturalismo. Funcionalismo. Gerativismo.

Linguística histórica

A linguística histórica é a área da linguística que estuda a mudança linguística e a história das línguas. Em geral, é um estudo de natureza diacrônica – ainda que se possa empreender um estudo histórico sobre um determinado momento da língua; por exemplo, o estudo da colocação pronominal em português brasileiro no final do século XIX, o que caracteriza, assim, um estudo de cunho sincrônico.

Em geral, encontram-se dois tipos de estudos em linguística histórica: os estudos que focam a *história interna* da língua e aqueles que se preocupam com a *história externa* da língua. Evidentemente, essas duas maneiras de empreender uma investigação em linguística histórica não são excludentes, e pesquisas do primeiro tipo podem levar em conta elementos da história externa da língua, ao passo que estudos sobre a história externa da língua muitas vezes explicam fenômenos tradicionalmente abordados por estudos de sua história interna.

Um estudo de caráter histórico que investiga a história interna da língua se preocupa, em geral, com mudanças estruturais ocorridas no interior do sistema linguístico, sem necessariamente levar em consideração a história social da língua e de seus falantes. Por exemplo, é possível investigar a mudança ocorrida na colocação pronominal em português sem recorrer necessariamente a fatores externos ao sistema linguístico, tal como explicam Othero e Cardozo (2017: 1719 [grifos dos autores]):

> Acreditamos que a diferença na ordem dos complementos verbais pronominais (clíticos *vs.* tônicos) tem relação com a ordem de superfície da frase em PB [português brasileiro]. Sabemos que, em um determinado momento de sua história (até a metade do século XIX), o PB manifestou a ênclise [e.g. *viu-me*] como regra generalizada de colocação pronominal, mantendo, assim, a ordem superficial SVO. Em um momento posterior (a partir da segunda metade do século XIX), a regra de colocação do clítico passou a ser a próclise [e.g. *me viu*], acarretando uma mudança na ordem superficial da frase, que passou de SVO para SOV nas construções pronominais [...]. Finalmente, em um terceiro momento, no PB atual (séculos XX e XXI), o

sistema parece estar tentando recuperar a aparente ordem SVO – não pelo recurso da ênclise pronominal (como acontece em português europeu (PE), por exemplo), mas pela "substituição" do tipo de pronome que pode desempenhar a função de objeto direto do verbo: ao invés de usarmos clíticos em posição pós-verbal, passamos a aceitar pronomes plenos nessa posição.

Por outro lado, um estudo que leva em consideração fatores da história externa da língua privilegia fatos sócio-históricos que podem ter influenciado determinadas mudanças gramaticais em uma língua. Como explica Lucchesi (2019: 257-8):

> A realidade linguística brasileira é profundamente dividida, tendo em um extremo, a linguagem da elite letrada; e do outro lado, a linguagem dos segmentos sociais mais marginalizados. Essa clivagem linguística reflete o apartheid social que caracteriza a sociedade brasileira como uma das mais injustas e cruéis do mundo. [...]
> Quanto à divisão linguística do Brasil, ela se baseia, tanto na diferença entre o comportamento linguístico das classes dominantes e das classes populares, quanto em marcadores ideológicos, que se traduzem no preconceito linguístico que se abate sobre as formas mais típicas da linguagem popular. [...]
> Por outro lado, a atual polarização sociolinguística do Brasil é o resultado histórico de uma clivagem etnolinguística que marca a sociedade brasileira, desde o início da colonização portuguesa, nas primeiras décadas do século XVI. No período colonial e do Império, só um terço da população brasileira era composto por falantes nativos do português filhos de falantes nativos dessa língua, ou seja, os colonizadores portugueses e seus filhos legítimos. Os outros dois terços eram compostos por índios aculturados, africanos escravizados e seus descendentes. Os índios e africanos eram obrigados a adquirir a língua portuguesa, mas muitas vezes o faziam de uma forma muito limitada. As crianças que nasciam nessas condições, tanto nos aldeamentos indígenas, quanto nas senzalas, não adquiriam as línguas dos seus ancestrais, mas a portuguesa, porém, tinham como modelo muitas vezes as variedades defectivas de português falado como segunda língua pelos adultos com que conviviam. Há muitas semelhanças entre as sociedades de plantação do Caribe dos séculos XVII e XVIII e a sociedade do Brasil colonial, principalmente no Nordeste açucareiro. Porém, enquanto nesse período dezenas de línguas crioulas se formaram no Caribe, tornando essa região aquela que mais concentra esse tipo de língua no mundo, não houve um processo duradouro e representativo de crioulização do português no Brasil. Explicar por que não houve crioulização no Brasil é uma questão central para a linguística histórica.

A linguística histórica preocupa-se, portanto, tanto com o estudo da mudança linguística *stricto sensu*, isto é, mudanças fonético-fonológicas, sintáticas, semânticas e morfológicas ocorridas no interior do sistema linguístico, quanto com a investigação das mudanças geopolíticas e sociais por que passaram as comunidades de fala que efetivamente usam a língua na vida cotidiana.

Leituras complementares: Basso e Gonçalves (2014); Faraco (2005; 2019); Gabas Jr. (2001); Galves (2019); Lucchesi (2014; 2019); Mendívil-Giró (2019).

Capítulos relacionados: Gramática comparada. Linguística. Origem das línguas e da linguagem.

Morfologia

A morfologia é a área da linguística que investiga as palavras e sua estrutura interna, além de investigar os processos de formação e criação de novas palavras nas línguas. "Tradicionalmente se define a morfologia como a parte da gramática que estuda a palavra do ponto de vista da forma" (Basílio, 2009: 1).

De todas as áreas de investigação linguística, a morfologia é certamente a que conta com uma das histórias mais antigas no Ocidente, em especial por figurar como uma das áreas de preocupação dos estudos gramaticais de natureza tradicional – mas não apenas no Ocidente: Figueiredo Silva e Medeiros (2016: 7) relatam que "plaquinhas de barro recuperadas na região da Mesopotâmia, escritas por volta de 1.600 a.C. [...] descrevem a estrutura do verbo na língua suméria [...] [e] o árabe conta com estudos de morfologia que datam de cerca de 1.200 a.C".

Além disso, no cerne das investigações sobre linguagem no âmbito da tradição gramatical de base grega e latina, se encontra, via de regra, a preocupação de investigar a estrutura interna das palavras e classificá-las com base em determinadas classes que compartilham comportamentos formais semelhantes. A gramática latina legou, por exemplo, as famigeradas classes de palavras *nome*, *verbo*, *particípio*, *pronome*, *preposição*, *advérbio*, *interjeição* e *conjunção*, ainda presentes nas gramáticas normativas contemporâneas de língua portuguesa. E a **Nomenclatura Gramatical Brasileira** (NGB), documento basilar no ensino de Língua Portuguesa no Brasil, elaborado na década de 1950, foi a responsável por fixar, entre os conteúdos a serem ensinados na disciplina de Língua Portuguesa no país, a classificação morfológica das palavras em *substantivos*, *artigos*, *adjetivos*, *numerais*, *pronomes*, *verbos*, *advérbios*, *preposições*, *conjunções* e *interjeições* (cf. "Segunda Parte" do documento da NGB, disponível gratuitamente on-line).

Para além da definição das "classes de palavras", contudo, a morfologia tradicionalmente também tem se ocupado com a investigação da estrutura interna das palavras. Por isso, dizemos que seu limite mínimo de estudo são os **morfemas** que formam as palavras. Um morfema é entendido como a menor unidade de significado na língua. Em português, por exemplo, existem palavras **monomorfêmicas**, formadas por um único morfema (1) e palavras morfologicamente complexas, formadas por mais de um morfema (2).

(1) Jacaré, pão, dor, mar, sol, café, parabéns etc.
(2) Cantar (cant+a+r), felizmente (feliz+mente), livros (livr+o+s), sorrindo (sorr+i+ndo), ilegal (i+legal) etc.

As palavras em (2) apresentam uma estrutura interna formada por mais de um morfema, seja ele um morfema lexical (que carrega conteúdo referencial, como *feliz*, *cant-*, *livr-*, *legal* e *sorr-*), seja ele um morfema gramatical (que exprime uma relação gramatical necessária para que a palavra seja usada em contexto, tais como a vogal temática verbal, um prefixo ou o morfema de plural).

Se o objeto mínimo de estudo da morfologia é comumente entendido como o morfema, pode-se afirmar que seu objeto máximo seja a *palavra*. Entretanto, apesar de parecer trivial, a própria definição de *palavra* não é simples nem consensual entre os estudos linguísticos. Para perceber isso, considere a frase (3):

(3) Os alunos se encontraram com os professores de linguística numa livraria de Porto Alegre.

Vendo a frase impressa em (3), pode parecer relativamente simples definir o que é uma palavra, assinalar quais são as palavras que constituem essa frase e enumerá-las. Ainda assim, essa não é uma tarefa sem suas complexidades. Por exemplo, se digitarmos essa frase em um processador de texto e pedirmos para que ele faça a contagem de palavras, ele nos dirá que há 14 palavras ali:

(3') [Os] [alunos] [se] [encontraram] [com] [os] [professores] [de] [linguística] [numa] [livraria] [de] [Porto] [Alegre].

O critério usado por um processador de textos é bastante rudimentar: ele considera uma nova palavra a cada espaço em branco ou a cada sinal de pontuação. Por isso, o programa irá identificar 14 palavras em (3). O computador adota como conceito de definição de palavra aquilo que se chama, em terminologia linguística, de **palavra gráfica**.

Essa contagem de 14 palavras, contudo, é contraintuitiva por algumas razões:

(i) há mais de uma ocorrência das mesmas palavras – *os* aparece duas vezes e *de* aparece duas vezes. Devem ser consideradas duas palavras independentes ou serão uma única palavra (em cada caso) repetidas em duas ocorrências?
(ii) Há ali uma palavra composta, *Porto Alegre*. Ela deve ser considerada duas palavras diferentes ou apenas uma, já que sabemos que é a combinação entre *Porto* e *Alegre* que designa o nome da capital gaúcha?

(iii) Também há ali um verbo que entendemos como sendo *encontrar-se* (um verbo pronominal, que está assim dicionarizado). É possível contabilizar duas palavras diferentes quando o pronome *se* está separado do verbo por um espaço (ao invés do hífen)?

(iv) Há ali uma palavra gráfica que une duas palavras, *numa*. Sabemos que essa palavra é, na verdade, um amálgama da preposição *em* com o artigo indefinido feminino *uma*. Temos ali, então, duas palavras ou apenas uma?

Por conta de problemas como esses – e pelo fato de que muitas línguas do mundo não contam com um sistema de escrita –, os morfólogos tiveram de trabalhar com diferentes definições de palavra, além da palavra gráfica que exploramos anteriormente. Nem sempre é possível contar com a grafia de uma palavra e, mesmo quando a língua possui um sistema de representação ortográfica, surgem problemas da natureza de (i) a (iv). Por isso, existem também os conceitos de **palavra fonológica**, **palavra morfológica** e **palavra sintática**, por exemplo. Como afirmam Villalva e Silvestre (2014: 77 [grifos dos autores]):

> a segmentação do contínuo sonoro faz uso de pistas linguísticas de diversa natureza: uma é a identificação das sílabas mais proeminentes, que é fundamental para a localização de fronteiras prosódicas entre as unidades a que se pode dar o nome de **palavras fonológicas**; por outro lado, da capacidade de estabelecer nexos semânticos para diferentes segmentos do contínuo sonoro depende a interpretação global do enunciado – a essas unidades dá-se o nome de **lexemas**, se são detentores de um significado, e de **operadores gramaticais**, se atuam sobre os lexemas; mas também é necessário considerar propriedades formais relativas à natureza das estruturas sintáticas (a ordem de palavras, p. ex.) e o reconhecimento de propriedades lexicais, como as categorias a que as unidades encontradas pertencem – as unidades a que a sintaxe chama palavra podem também ser chamadas **átomos sintáticos**. Pode ainda haver desencontro entre o que a morfologia considera ser uma palavra e o que é palavra para a sintaxe. É o que sucede, por exemplo, no caso das contrações, vistas agora pelo lado da sua realização fonética e não da sua grafia – *neste*, que é uma contração, é uma única **palavra morfológica**, mas para a análise sintática são duas palavras (*em* + *este*); é o que sucede também no caso de alguns compostos, embora o desencontro possa estar invertido: *escola-modelo*, por exemplo, é uma única palavra na sintaxe, mas contém duas palavras morfológicas.

Cabe à fonologia (e à prosódia), à morfologia, à sintaxe e à semântica definir o que, no seu domínio de análise, é uma palavra, mas é claro que a segmentação obtida por cada um deles não produz resultados totalmente idênticos ao do outro e daí decorre também que os segmentos encontrados serão proporcionalmente distintos.

A **palavra fonológica**, por exemplo, tem relação com a segmentação prosódica da frase. As palavras fonológicas têm acentos proeminentes; por isso, elementos átonos, na cadeia regular de fala, acabam se adjungindo a palavras de maior força fonológica. A frase (3), por exemplo, poderia ser segmentada prosodicamente como segue, considerando uma segmentação em palavras fonológicas:

(3") [Os alunos] [se encontraram] [com os professores] [de linguística] [numa livraria] [de Porto Alegre].

Se antes havíamos encontrado 14 palavras gráficas, percebemos, de fato, na cadeia sonora, apenas 6 palavras fonológicas. Isso acontece porque, na segmentação prosódica da frase, os elementos que carecem de acento prosódico ("os", "se", "de", "com", "numa") se adjungem às palavras com acento prosódico, formando, então, um agrupamento que se convencionou chamar de *palavra fonológica* (ou vocábulo fonológico). Quando ouvimos uma língua estrangeira da qual temos pouco ou nenhum conhecimento, esse é um exercício que temos de fazer constantemente: tentar segmentar a cadeia sonora aparentemente contínua de fala em unidades menores, como as palavras fonológicas.

Para além do estudo da palavra em si, a morfologia (em especial a morfologia de base gerativa) também investiga o conhecimento gramatical interiorizado que os falantes têm sobre aspectos morfológicos de suas línguas. Por exemplo, conseguimos identificar palavras novas com base em pistas morfológicas e sintáticas e, por isso, a frase em (4), apesar de não fazer sentido, soa como uma frase bem formada do português.

(4) Os mopos estão cartunando lingoticamente.

Apesar de "mopos" "cartunando" e "lingoticamente" não terem qualquer significado, o conhecimento morfológico inconsciente que temos a respeito da forma morfológica das palavras (aliado a nosso conhecimento sintático) nos permite identificar "mopos" como um substantivo (cuja forma singular deve ser *mopo* e a forma feminina *mopa*), "cartunando" como um verbo (possivelmente com infinitivo em *cartunar*) que se encontra no gerúndio e "lingoticamente" como um advérbio (derivado do adjetivo *lingótico*, em sua forma feminina, *lingótica*). Isso acontece porque sabemos manipular os morfemas que compõem essas palavras, tais como os sufixos *-s* (que indica plural), *-ndo* (que indica a forma gerundiva de um verbo) e *-mente* (usado para a formação de advérbios).

Todo esse conhecimento (excetuando a terminologia que usamos para descrevê-lo) é pré-teórico, o que quer dizer que faz parte de um conjunto de conhecimentos que o falante tem sobre as estruturas morfológicas de sua língua. Esse mesmo tipo de competência lexical também nos permite formar palavras novas, tais como as recentes *googlar*, *shipar*, *tuitável*, *sextar*, *deboísmo*, *internetês* etc. Para formá-las, usamos morfemas lexicais, como *Google*, *(to) ship*, *Twitter*, *sexta-feira* e "*deboa*" (uma palavra formada a partir da expressão "de boa"), *internet*, que servem de bases para os morfemas gramaticais; juntos, formam as novas palavras na língua.

Operam aí, em nossa competência lexical, dois tipos de regras: as regras de formação de palavras, RFPs, e as regras de análise estrutral, RAEs (cf. Aronoff, 1976; Basílio, 1980). O primeiro tipo de regra está por trás do conhecimento morfológico subjacente que permite ao falante formar palavras complexas, com mais de um morfema, ao mesmo tempo em que o falante categoriza essa formação no sistema lexical da língua. Por exemplo: o falante comum tem um conhecimento intuitivo sobre a classe gramatical de *rápido* como adjetivo (isto é, ele ou ela flexiona regularmente esse adjetivo em gênero, *rápida*, e número, *rápidos*). Ao mesmo tempo, sabe que é possível formar, a partir daí, um advérbio com o sufixo *-mente*, que não pode sofrer flexão de gênero ou número (**rapidamenta*, **rapidamentes*) e que vai apresentar outra distribuição na estrutura sintática da frase: *rápido* vai funcionar como predicativo do sujeito ou adjunto adnominal, por exemplo (*A Maria é rápida*, *A menina rápida*), ao passo que *rapidamente* desempenhará outras funções sintáticas, mas não essas (**A Maria é rapidamente*, **A menina rapidamente*).

O segundo tipo de regra que faz parte da competência lexical (as RAEs) permite que os falantes da língua analisem a estrutura morfológica dos vocábulos, decompondo-os em unidades morfêmicas, tal como mostramos ao longo da argumentação exposta aqui.

Leituras complementares: Camara Jr. (2019; 2021b); Figueiredo Silva e Medeiros (2016); Gonçalves (2016; 2019); Petter (2003); Villalva e Silvestre (2014).

Capítulos relacionados: Estruturalismo. Fonologia. Sintaxe.

Neogramáticos

Para falar sobre os **neogramáticos**, é esclarecedor iniciar pela advertência de Robins (1983), em sua *Pequena história da linguística*:

> A principal controvérsia linguística do último quartel do século passado [século XIX] esteve relacionada ao que hoje se conhece como doutrina dos neogramáticos ou *Junggrammatiker*. Ao discorrer sobre esse movimento, e não podemos deixar de fazê-lo, situamo-nos no limiar da história contemporânea da linguística. Os princípios dos neogramáticos e as suas implicações são, ou devem ser, parte de qualquer curso de linguística geral, e suas ideias poderão ser encontradas em importantes manuais dessa disciplina. [...] O movimento neogramático provocou de imediato uma série de reações e, o que é mais significativo, serviu diretamente de estímulo para a abertura de vários novos caminhos de pesquisa e reflexão. Grande parte da nossa teoria linguística, particularmente a que se relaciona com o aspecto histórico da linguagem, não teria a forma que possui se não fosse o trabalho dos neogramáticos. Em vista desse fato, é possível dizer que eles fazem parte do quadro linguístico contemporâneo e que "todos nós somos neogramáticos". (Robins, 1983: 147-8 [grifo do autor]).

Como se pode notar pelo tom, os neogramáticos integram um dos capítulos mais importantes da história da linguística. E quem são os "neogramáticos"? Costuma-se designar por esse rótulo o grupo de linguistas, sediados inicialmente na Universidade de Leipzig, na Alemanha, que tem entre seus maiores expoentes Karl Brugmann (1849-1919) e Hermann Osthoff (1847-1909).

Relata Camara Jr. (2021a) que esse grupo teve início a partir de um desentendimento entre Karl Brugmann e Georg Curtius (1820-1885), proeminente professor em Leipzig. Conforme Auroux (2000), ambos eram redatores da revista *Studien zur griechischen und lateinischen Grammatik* (1868-1878) [Estudos sobre a gramática grega e latina]. Em 1876, enquanto Curtius está ausente de Leipzig, Brugmann se ocupa da publicação do volume IX da revista, no qual publica um artigo que traz importantes informações sobre mudanças fonéticas que, segundo ele, dependeriam exclusivamente de três princípios: as leis fonéticas, a analogia e o acento. Curtius desaprova a publicação e seu conteúdo e publica, no mesmo número da revista, uma nota de recusa à atitude de Brugmann. Em função disso, Brugmann demite-se da revista e cria outra revista, em 1878, juntamente com Osthoff, *Morphologische Untersuchungen auf dem Gebiete der Indogermanischen Sprachen* [Pesquisas morfológicas no domínio das línguas indo-europeias]. No primeiro volume, em um prefácio contundente, Brugmann marca seu distanciamento de Curtius e delineia o movimento neogramático. Aliás, é nesse prefácio que a designação "*Junggrammatiker*" [jovens gramáticos] é utilizada pela primeira vez. Ainda com intuito de contextualizar esse importante movimento, cabe uma última observação: a expressão *Junggrammatiker* vem de um uso irônico feito por Curtius para designar os alunos que não o seguiam. Brugmann utiliza essa expressão também em tom irônico. No entanto, esse tom não é compreendido, e o termo "neogramáticos" – que, em sua origem, indicaria apenas a ideia de "jovens gramáticos" – passa a denominar um movimento reformador da linguística, antagônico às teses de Curtius. A substituição do termo "jovem" por "novo", de acordo com Camara Jr. (2021a: 106), se deveu a uma tradução feita por Graziadio Ascoli do termo *Junggrammatiker* para o italiano: "O estudioso italiano Graziadio Ascoli, mais tarde, em uma carta na qual fazia polêmica com Brugmann e seus amigos, traduziu o termo alemão pelo termo *neogrammatici* e aquela cunhagem, com a substituição da ideia de *jovem* pela de *novo,* foi adotada fora da Alemanha". Tem-se, então, a substituição da ideia de "jovens" pela ideia de "novo".

Falemos um pouco sobre esse movimento. A essência das teses dos neogramáticos se encontra (cf. Robins, 1983: 148) no artigo publicado por Brugmann e Osthoff em *Morphologische*. Nesse artigo, aparecem as seguintes teses:

a. as mudanças fonéticas são, todas, processos mecânicos que obedecem a leis que não aceitam nenhum tipo de exceção dentro do mesmo dialeto e o mesmo som, em idênticos contextos, evolui sempre da mesma maneira. Nas palavras dos autores:

   > qualquer mudança fonológica, por ocorrer mecanicamente, acontece de acordo com leis que não admitem exceção. Isto é: a direção da mudança fonológica é sempre a mesma para todos os membros de uma comunidade linguística com exceção dos casos de ruptura dialetal; e todas as palavras nas quais o som sujeito a mudança aparece na mesma relação são afetadas pela mudança sem exceção. (Osthoff e Brugmann, 1878, apud Tarallo, 1990: 46-7)

b. as mudanças lexicais ou gramaticais de uma língua são modificações analógicas e integram um componente universal da mudança linguística.

Conforme Osthoff e Brugmann:

> dado que a associação de formas, isto é, a criação de novas formas linguísticas por analogia, desempenha um papel muito importante na vida das línguas mais recentes, esse tipo de inovação linguística deve ser reconhecido sem hesitação. Esse princípio não somente deve ser reconhecido, como também deve ser utilizado da mesma maneira como é empregado para a explicação dos fenômenos linguísticos de períodos mais recentes. E não nos deveria parecer peculiar se formações analógicas nos confrontarem nos períodos mais antigos e no mais antigo de uma língua na mesma medida ou mesmo mais fortemente do que nos períodos recentes. (Osthoff e Brugmann, 1878, apud Tarallo, 1990: 47)

Culler (1979: 56) explica que a demonstração desses princípios envolvia a descoberta de que as mudanças sonoras eram regulares, desde que os ambientes em que tais transformações ocorressem fossem formulados de maneira precisa. Por exemplo: "o **t** sânscrito corresponde ao antigo **th** germânico quando segue uma sílaba acentuada, mas, se não, corresponde ao antigo **d** germânico". Logo, o princípio da "mudança sem exceção" é decisivo nesse raciocínio.

Os neogramáticos deram grande atenção às mudanças fonéticas e, para tanto, se valeram das ditas "leis fonéticas". Quem melhor explicitou a relação dos neogramáticos com as leis fonéticas foi o linguista alemão August Leskien (1840-1916). Segundo ele, para os neogramáticos, "todas as mudanças fonéticas seguem seu curso sem nenhuma exceção em uma mesma comunidade linguística e em um mesmo período, isto é, todas as palavras em que se encontra um dado som, sob mesmas condições, são afetadas pela mudança" (Leskien, 1876, apud Auroux, 2000: 414). Ou ainda: "se admitimos que a mudança são facultativas, contingentes e desconexas, estaremos afirmando que o nosso objeto de pesquisa, a linguagem, não pode receber um tratamento científico" (Leskien, 1876, apud Robins, 1983: 149).

Nesse sentido, os princípios dos neogramáticos já estavam, de certa forma, contidos em trabalhos anteriores dos comparativistas e dos historicistas. No entanto, o recurso às leis fonéticas possibilitou aos neogramáticos uma melhor abordagem da cronologia dentro dos diferentes ramos da família de línguas indo-europeia e tornou defensável o princípio neogramático da regularidade absoluta da mudança sonora. Como explica Ilari (1999: 19 [grifo do autor]),

> na prática, o trabalho dos neogramáticos se caracterizou por uma exigência de extremo rigor, que se traduziu na crença de que as "leis" da evolução fonética agem de maneira absolutamente regular, admitindo exceções apenas quando sua ação é contrariada pela ação da força psicológica da *analogia*.

A analogia foi utilizada pelos neogramáticos como um recurso para explicar mudanças que escapavam às leis fonéticas, quer dizer, um fator de natureza que pretendiam ser possível isolar e controlar.

Tarallo (1990) faz uma análise detalhada do artigo – que Tarallo considera um verdadeiro manifesto – publicado por Brugmann e Osthoff em *Morphologische*. Nela, encontramos alguns pontos de síntese que cabem ser retomados aqui:

a. Em primeiro lugar, trata-se de uma crítica feita pelos neogramáticos à linguística que os precedia: a linguística comparada, até então, se fixou "única e exclusivamente no aspecto físico da fala humana, totalmente desconsiderando as operações de fatores psicológicos que têm atuado (e atuam) em inúmeras mudanças e inovações fonológicas, e em casos de analogias nos sistemas" (Tarallo, 1990: 45). Isso fica muito claro quando Osthoff e Brugmann dizem: "o mecanismo humano da fala tem um aspecto duplo: um mental e um físico. Chegar a um entendimento claro de sua atividade deve, necessariamente, ser uma meta do linguista-comparatista" (Osthoff e Brugmann, 1878, apud Tarallo, 1990: 45).
b. Em segundo lugar, trata-se de uma crítica ligada ao objeto a ser estudado: a linguística dos neogramáticos considera que os estudos não podem ser limitados à língua escrita: "esse compromisso, excessivo e obstinado segundo os neogramáticos, da linguística comparada com os documentos escritos e com o estabelecimento da protolíngua faz com que tal metodologia perca de vista as variações presentes nas filhas, variações internas a cada uma delas, que, no mínimo, neutralizariam o enviesamento do uso absoluto de textos escritos" (Tarallo, 1990: 46). Dizem Osthoff e Brugmann: "precisamente os estágios mais recentes das novas línguas indo-europeias, os dialetos vivos, são de suma importância para a metodologia da linguística comparada em muitos outros pontos também" (Osthoff e Brugmann, 1878, apud Tarallo, 1990: 46).

Assim, como explica Tarallo em certo tom sarcástico,

> a linguística histórica, segundo a escola neogramática, deveria ocupar-se mais dos "vivos" e deixar um pouco de lado a preocupação obsessiva da linguística comparada com os "mortos" (formas asteriscadas) e com os "velhos" (isto é, os estágios mais antigos dos sistemas, a protolíngua. (Tarallo, 1990: 46)

Por último, cabe dizer que muitos linguistas célebres tiveram formação neogramática. Entre eles, Ferdinand de Saussure, que, como se sabe, estudou em Leipzig, onde foi aluno de Brugmann. Saussure, no entanto, acaba formulando várias críticas aos neogramáticos, conforme se pode ver em diferentes partes de seu *Curso de linguística geral*.

Leituras complementares: Camara Jr. (2021a); Lyons (1987); Robins (1983).

Capítulos relacionados: Classificação das línguas. Gramática comparada. Linguística histórica.

Origem das línguas e da linguagem

A origem das línguas e, consequentemente, da linguagem humana já foi tema de inúmeras abordagens na história intelectual da humanidade:

> mitos arcaicos e/ou religiosos, teorias filosóficas (cf. o *Crátilo* de Platão), especulações mais ou menos estéreis, relatos de experiências improváveis divulgadas durante séculos (ou mesmo milênios, quando é atribuída ao faraó), trabalhos de linguistas, de antropólogos, de arqueólogos e de biólogos. Poucos assuntos se beneficiaram assim de uma preocupação tão constante e apaixonada. (Auroux, 2008: 17 [grifo do autor])

Do ponto de vista estritamente linguístico, a tradição científica, por algum tempo, se recusou a admitir pesquisas acerca da origem das línguas. Essa recusa se institucionalizou por volta dos anos 1870, quando a Société Linguistique de Paris [Sociedade Linguística de Paris], fundada em 1866, proibiu, no segundo artigo de seu estatuto, que fossem apresentados trabalhos científicos que tratassem do tema *origens da linguagem*: "art. 2 – a sociedade não admite nenhuma comunicação relativa ou à origem da linguagem, ou à criação de uma língua universal" (Auroux, 2008: 35). Em 1876, quando da revisão dos estatutos da Sociedade, o art. 2 desaparece e, em seu lugar, é formulado o art. 1, cuja redação, de certa maneira, mantém a antiga proibição: "art. 1 – A sociedade tem por objeto o estudo das línguas e a história da linguagem. Fica rigorosamente proibido qualquer outro objeto de estudo" (Auroux, 2008: 38).

Os séculos XVIII e XIX testemunharam trabalhos seminais e de fôlego sobre a história comum das línguas europeias e asiáticas, como, por exemplo, a defesa, por sir William Jones, em 1786, da existência de relações históricas entre as línguas europeias, o latim, o grego e o sânscrito; ou o trabalho de reconstrução do indo-europeu que decorreu dessa hipótese, desenvolvido por investigadores como Franz Bopp e mesmo Ferdinand de Saussure, em especial em seu trabalho sobre a teoria laríngea do protoindo-europeu. Ainda assim, a grande questão de *como*, *quando* e *onde* as línguas surgiram estava longe de ser desvendada.

Passados mais de 150 anos desde que a Société Linguistique retirou o tema da pauta de investigação linguística, tampouco chegamos a uma resposta derradeira sobre essas questões nos dias de hoje. Contudo, há agora algumas evidências empíricas esclarecedoras e teorias e hipóteses com bases bastante sólidas. Neste primeiro vintênio do século XXI, a investigação sobre as origens da linguagem apresenta-se como um campo multidisciplinar fértil, que extrapola os limites da ciência linguística estrita e envolve pesquisadores da antropologia, da paleontologia, da arqueologia, da genética e da neurociência, pelo menos. Isso se dá justamente por a origem da linguagem estar direta e necessariamente relacionada à origem de nossa espécie: o *Homo sapiens*.

A questão de *como*, *onde* e *quando* (e *por que*) a linguagem começou recebe hoje mais de uma (tentativa de) resposta. Todas as respostas são especulativas, uma vez que não temos evidência cabal para desabonar qualquer hipótese de maneira absoluta, tampouco para aceitar uma única teoria como sendo a grande verdade sobre a origem da linguagem. Há mais de uma hipótese plausível para tentar esclarecer de que modo a linguagem teria surgido na espécie humana, e não há evidências empíricas à prova de falhas que possam corroborar qualquer uma dessas hipóteses. Pode-se aceitar uma teoria como a mais plausível e rejeitar outras com base em falhas de raciocínio lógico-teórico, a depender do modelo que se aceite sobre o que é uma língua, o que é a linguagem e para que ela serve, por exemplo.

Em linguística contemporânea, uma aproximação possível é a de dividir as hipóteses mais conhecidas em dois grandes tipos: a **hipótese da monogenia linguística** e a **hipótese da poligenia linguística**.

A hipótese da monogenia linguística afirma ter havido uma única origem da linguagem, em um único momento da história. Um dos programas de investigação mais influentes em linguística dos últimos 60 anos, o programa gerativista, tem se ocupado, em especial nos últimos 20 anos, com a investigação da origem da linguagem. Um dos grandes problemas da pesquisa linguística dentro do quadro gerativista é intitulado "o Problema de Wallace-Darwin", que pode ser formulado como segue: "De que maneira a complexidade atribuída à competência linguística humana foi alcançada na evolução, tendo em vista a aparente pobreza de precursores e o curto intervalo de tempo para o seu desenvolvimento?" (Nóbrega, 2019: 199).

Para responder a essa questão, uma "nova" linha de investigação, dentro da linguística gerativa, foi criada: a biolinguística (cf. Chomsky, 2018b; 2020), que, como Chomsky enfatiza, tem suas raízes em questionamentos que datam do início do programa gerativo, já na década de 1950. A biolinguística busca trazer evidências que possam contribuir para a compreensão do problema de Wallace-Darwin, tal como formulado anteriormente. A resposta mais aceita entre os gerativistas (e muitos outros pesquisadores, tais como biólogos evolutivos, antropólogos e paleoantropólogos) se enquadra, justamente, no que chamamos aqui de hipótese da monogenia linguística. Para Chomsky, o surgimento da linguagem se deve a alguma mutação no código genético que aconteceu apenas uma única vez, talvez há cerca de 80 mil anos, em um único indivíduo, provavelmente nascido na África. Nas palavras de Chomsky:

> Com relação às origens da linguagem, conhecemos um fato com considerável confiança e temos outra suposição plausível. O fato é que não houve nenhuma evolução detectável desde que nossos ancestrais deixaram a África, talvez há cerca de 50.000 ou 80.000 anos. O mesmo parece valer para a capacidade cognitiva, de maneira geral. A suposição plausível [...]: há poucas razões para supor que a linguagem existisse cerca de 50.000 a 100.000 antes disso. (Chomsky, 2018a: 73)

E ainda:

> O princípio central da linguagem [...] deve ter surgido de alguma reconfiguração do cérebro, presumivelmente como efeito de alguma pequena mutação. Uma tal mudança acontece em um indivíduo, não em um grupo. O indivíduo dotado de tal mudança teria muitas vantagens: capacidade para o pensamento complexo, para o planejamento, para a interpretação etc. Essa capacidade seria transmitida a seus filhos e passaria a dominar um pequeno grupo reprodutor. (Chomsky, 2018b: 31)

Essa ideia encontra respaldo em evidências paleontológicas, em termos de datação, e é, em grande parte, baseada na teoria evolutiva darwiniana (talvez à exceção do princípio *natura non facit saltum*, dada a mudança abrupta que tal mutação teria acarretado na linhagem humana). De qualquer maneira, diversos indícios independentes apontam para uma grande mudança nas culturas humanas a partir de cerca de 50 a 80 mil anos atrás. Houve, por volta dessa época, um salto cultural bastante acentuando que, especula-se, deve estar ligado a alguma mudança na estrutura anatômica e na configuração cerebral dos primeiros humanos. Como afirmam Klein e Edgar (2005: 225),

> a relação entre transformação anatômica e comportamental mudou abruptamente há cerca de 50 mil anos. Antes dessa época, a anatomia e o comportamento parecem ter evoluído mais ou menos no mesmo compasso e de forma muito lenta, mas após esse período a anatomia permaneceu relativamente estável, enquanto a mudança comportamental (cultural) se acelerou rapidamente. O que explicaria melhor esse fato do que a mudança neural que promoveu a capacidade humana extraordinariamente moderna de inovar?

Essa mudança abrupta pode ter sido, como afirma Chomsky, uma mutação relacionada a uma reorganização cerebral de tal maneira que a capacidade para a linguagem pode ter surgido inicialmente em um único indivíduo e ter se espalhado, através de gerações, via herança genética, a populações maiores. Vale dizer, no entanto, que não há um consenso sobre o que é, exatamente, essa "capacidade para a linguagem", que Chomsky identifica com uma operação computacional chamada *Merge*. Essa operação, que permite organizar elementos de maneira hierárquica, é responsável pela capacidade recursiva dos sistemas linguísticos (a esse respeito, ver discussão em Hauser, Chomsky e Fitch (2002) e Pinker e Jackendoff (2005), por exemplo).

Essa ideia acarreta que a linguagem tem, portanto, uma base biológica. Isso significa que, mais do que uma herança cultural, a linguagem – ou a capacidade para a linguagem – é uma herança genética. Essa hipótese está diretamente relacionada, portanto, à ideia de **inatismo** em linguística. Além disso, tal explicação também acarreta que a linguagem tem uma base universal, uma vez que somos todos, por hipótese, descendentes daquele primeiro indivíduo que nasceu com a capacidade para a linguagem. Em sendo esse o caso, é possível afirmar que todas as línguas humanas encontradas hoje (cerca de 7 mil línguas, conforme o Ethnologue em 2021) têm a mesma origem comum, a mesma base biológica e devem, por isso, compartilhar propriedades fundamentais comuns. Em outras palavras, por trás da aparente diversidade de línguas faladas (ou gestuais) que existem hoje no mundo, certas propriedades gramaticais nucleares básicas são compartilhadas por todas as línguas, o que vai ao encontro de outra hipótese central da teoria gerativa: a hipótese da **gramática universal**.

Alternativamente, contudo, há pesquisadores que advogam por uma outra hipótese, que aqui chamamos de hipótese da poligenia linguística. Para eles, a linguagem deve ter surgido como resultado de uma pressão cultural e comunicativa. À medida que as populações humanas foram se tornando maiores, menos nômades e mais complexas, a pressão por um sistema de comunicação mais eficiente foi aumentando. A linguagem teria, então, surgido para suprir essa necessidade de comunicação, sendo assim um "artefato cultural" ou uma "ferramenta cultural", como afirma Everett (2012), por exemplo. Nesse sentido, a linguagem teria evoluído de maneira lenta e gradativa, num processo de "evolução cultural acumulada", conforme Tomasello, Kruger e Ratner (1993) e Tomasello (2003; 2008; 2011).

Sendo uma "invenção cultural", a linguagem pode ter surgido em mais de um agrupamento populacional, em mais de um momento da história. Talvez seja possível aqui traçar um paralelo com o que aconteceu com a invenção da escrita, que é uma tecnologia disponível para algumas culturas, mas não para todas. A escrita não teve uma única origem. Surgiu em diferentes momentos da história e em diferentes lugares. Por exemplo, povos mesopotâmicos desenvolveram um sistema de registro gráfico, a chamada "escrita cuneiforme", há mais de 5 mil anos, para suprir a necessidade de registrar leis, regulamentos e transações comerciais e contábeis. De maneira independente, os egípcios antigos usavam hieróglifos para registrar histórias relacionadas à religião e à realeza há cerca de 5 mil anos. Mais recentemente – e de maneira independente –, os chineses desenvolveram sistemas de escrita por volta de 1500 a.C., e os maias, na América Central, o fizeram por volta do século III a.C. A escrita surgiu, então, de maneira independente, em diferentes momentos, em diferentes lugares e com a intenção de suprir diferentes demandas comunicativas das sociedades organizadas.

Pesquisadores que investigam a origem da linguagem por um viés cultural, em geral, creem que a linguagem tenha surgido por demandas comunicativas, como se ela fizesse parte da história de mudança social dos agrupamentos humanos – ao invés de ser, como vimos, resultado de uma mutação genética. Como afirma Everett (2019: 22 [grifos do autor]):

> Os símbolos (a associação de formas largamente arbitrárias com significados específicos, tais como o uso dos sons na palavra "cão" para significar "canino") foram a invenção que colocou os humanos na rota da linguagem. Por essa razão, nós devemos compreender não somente como eles vieram à tona, mas também como eles foram adaptados por comunidades inteiras e como foram organizados. Uma proposta que eu descarto é seguramente a explicação mais influente sobre a origem da linguagem humana de todos os tempos. É a ideia de que a linguagem resultou de uma única mutação genética, cerca de 50-100 mil anos atrás. Essa mutação supostamente permitiu aos *Homo sapiens* construírem sentenças complexas. Esse é o conjunto de ideias conhecido como "*gramática universal*". Mas uma hipótese muito diferente surge do exame cuidadoso das evidências para a evolução biológica e cultural da nossa espécie, qual seja, a teoria da *progressão do signo* para a origem da linguagem. Isso significa simplesmente que a linguagem surge gradualmente a partir dos índices (itens que representam coisas às quais eles estão fisicamente conectados, tais como a pegada de um animal) passando pelos ícones (coisas que se assemelham fisicamente às coisas que representam, tais como o retrato de uma pessoa real) e finalmente chegando à criação de símbolos (maneiras convencionais de representar significados que são amplamente arbitrários).
>
> No fim, esses símbolos são combinados com outros para produzir uma gramática, construindo símbolos complexos a partir de símbolos simples. Essa progressão de sinais finalmente atinge um ponto na evolução da

linguagem em que os gestos e a entoação são integrados com a gramática e com o significado para formar uma língua humana completa. Essa integração transmite e destaca a informação sobre a qual o falante está falando ao ouvinte. Ela representa um passo fundamental, embora frequentemente ignorado, para a origem da linguagem.

Percebe-se que as hipóteses advogam por diferentes concepções de linguagem, em primeiro lugar, e por diferentes explicações plausíveis sobre *como*, *quando* e *por que* a linguagem teria surgido. É provável que nunca tenhamos uma resposta definitiva que possa esclarecer de vez como se deu o surgimento da linguagem em nossa espécie. Contudo, dispomos de teorias interessantes a respeito. Essas ainda carecem de embasamento empírico, mas podem ser enriquecidas com o tempo, em especial com base em achados arqueológicos, como a descoberta da caverna de Chauvet, no centro-sul da França, em 1994, onde foram encontradas mais de 260 pinturas de animais pré-históricos, retratados ali por artistas antepassados há cerca de 32 mil anos; ou em pesquisas genéticas, como a publicada na *Science* de maio de 2001, sobre o cromossomo Y, que sugere que diversas populações aparentemente não relacionadas tenham os mesmos antepassados africanos em comum, corroborando dados de pesquisas acerca do DNA mitocondrial anteriores, sobre aquela que ficou conhecida como a "Eva africana", uma mulher que teria sido a ancestral comum de todos os humanos vivos, segundo Cann et al. (1987) e Ke et al. (2001); ou ainda com base nas pesquisas relacionadas ao gene FOXP2. Comum a primatas como o chimpanzé, esse gene, nos humanos, apresenta aminoácidos específicos que alteram a proteína de mesmo nome, FOXP2, a qual ativa uma rede de genes específica. Essa sequência de eventos, conforme Konopka et al. (2009), seria suficiente para o desenvolvimento de um sistema de linguagem único nos humanos, relacionado a capacidades linguístico-gramaticais específicas da espécie, de acordo com Vargha-Khadem et al. (2005).

Leituras complementares: Auroux (2008); Berwick e Chomsky (2017); Chomsky (2018a; 2018b); Everett (2019); Franchetto e Leite (2004); Nóbrega (2019, 2022); Tomasello (2003).

Capítulos relacionados: Linguística. Gerativismo. *Pidgin* e língua crioula.

Pidgin e língua crioula

Um ***pidgin*** surge da necessidade comunicativa de falantes de línguas diferentes em situações nas quais não compartilham uma língua comum. O *pidgin*, por isso, não é considerado uma língua propriamente dita, mas uma forma rudimentar de comunicação entre pessoas que falam línguas diferentes. O *pidgin* utiliza alguns itens lexicais das línguas nativas dos falantes envolvidos nessa situação comunicativa e apresenta uma gramática bastante empobrecida. A própria palavra *pidgin*, apesar da origem incerta, parece ter vindo da palavra inglesa *business* [negócio], tal como pronunciada por comerciantes chineses nos séculos XVIII e XIX, conforme Comrie, Matthews e Polinsky (2003) e Neveu (2008).

Um exemplo de *pidgin* que emergiu da necessidade de comunicação em um contexto de comércio muito específico foi, por exemplo, o chamado *russenorsk*, do século XIX, um *pidgin* que continha cerca de 400 palavras e regras gramaticais muito limitadas, utilizado por pescadores russos e noruegueses em situações comerciais, "apenas no verão, quando as duas frotas de pescadores mantinham contato" (Comrie, Matthews e Polinsky, 2003: 144).

Alguns linguistas chamam o *pidgin* de "língua auxiliar", de acordo com Trask (2004: 228), mas devemos entender o termo em sentido metafórico, uma vez que um *pidgin* não pode ser considerado uma língua de fato. Em primeiro lugar, um *pidgin* não apresenta um sistema gramatical que se assemelhe ao sistema de qualquer língua natural; em segundo lugar, o *pidgin* não é a língua nativa de nenhum falante – no entanto, as crianças em fase de aquisição da linguagem que são cercadas por algum *pidgin* têm a tendência de transformar esse *pidgin* em uma língua natural complexa, uma **língua crioula**, como discutiremos a seguir. O *pidgin* é, como dissemos, apenas uma forma de comunicação utilizada em ambientes em que falantes de diferentes línguas precisam se comunicar de alguma forma.

Para Trask (2004: 228 [grifo do autor]),

> Os *pidgins* surgem sempre que as condições são favoráveis, e muitos deles foram criados apenas nos últimos séculos. Alguns foram criados ao longo das costas orientais e ocidentais da África, para facilitar o comércio entre africanos, europeus e árabes. Muitos outros foram construídos na América

do Norte e no Caribe, sobretudo para permitir que os escravos africanos falassem entre si e com seus senhores europeus. Outros ainda foram criados no Extremo Oriente, principalmente para fins de comércio.

Muitos *pidgins* deixaram de existir paralelamente à diminuição do comércio e das trocas linguísticas em determinadas áreas, ou deixaram de ser usados por terem sido suplantados por línguas de colonização. Outros *pidgins* acabaram dando origem a línguas crioulas, que são línguas de fato.

Um *pidgin* se transforma em uma língua crioula justamente quando crianças em fase de aquisição da linguagem crescem ouvindo o *pidgin* da comunidade e passam a desenvolver elementos e recursos gramaticais (como conjunções, artigos, vozes verbais, um quadro pronominal sofisticado etc.) que preenchem as lacunas na rudimentar gramática *pidgin*. Tal é o caso do *tok pisin* – uma língua crioula de base inglesa, falada por cerca de 4 milhões de pessoas em Papua Nova Guiné e cujo nome vem de *talk pidgin* ("falar pidgin", em inglês) – e do *papiamento* – uma língua crioula de base portuguesa, holandesa e espanhola, falada por cerca de 300 mil pessoas em Aruba, Bonaire e Curaçao, no Caribe.

O tok pisin surgiu a partir de um *pidgin* usado por trabalhadores e comerciantes no Pacífico. Esse *pidgin* misturava vocabulário e alguns poucos elementos gramaticais do inglês, do alemão, do malaio, do português e de algumas línguas austronésias. Hoje, sendo uma língua de fato, sua gramática é, em alguns pontos, mais complexa do que a das línguas que lhe serviram de base. O sistema pronominal do tok pisin, por exemplo, é mais complexo do que o da língua inglesa (a língua que mais teve influência em sua formação). Enquanto o inglês apresenta um único pronome para a segunda pessoa do plural e do singular, *you* (que pode expressar "você" ou "vocês", a depender do contexto), o tok pisin apresenta dois pronomes, um para a 2ª pessoa do singular, *yu*, e outro para a 2ª pessoa do plural, *yupela*. Além disso, o sistema pronominal do tok pisin desenvolveu um sofisticado sistema para os pronomes de primeira pessoa do plural: há pronomes inclusivos, referentes ao falante e a um ou mais participantes da interação (*yumitupela*, para o falante e um interlocutor, *yumitripela*, para o falante e dois interlocutores, e *yumi*, para o falante e todos os seus interlocutores) e pronomes de primeira pessoa do plural exclusivos, referentes ao falante e a pessoas que não participam da interação (*mitupela*, para o falante e uma terceira pessoa, *mitripela*, para o falante e duas outras pessoas, e *mipela*, para o falante e várias outras pessoas que não o(s) interlocutor(es)).

Já o papiamento (seu nome vem de "papear", "bater papo") também é uma língua crioula que surgiu a partir de um *pidgin*. Esse *pidgin* foi usado em ilhas caribenhas por africanos escravizados oriundos especialmente de Guiné-Bissau e Cabo Verde que se comunicavam com colonizadores, comerciantes e missionários falantes de português, espanhol, holandês e inglês na região. Por ser um crioulo de base portuguesa e espanhola, é possível reconhecermos (não sem certa dificuldade, é bem verdade) algumas palavras usadas ainda hoje em papiamento. Eis a oração do Pai Nosso nessa língua (fonte: hridiomas.com.br/o-pai-nosso-em-papiamento):

> Nos Tata cu ta na cielo,
> bo Nomber sea santifica,
> laga bo Reino bini na nos,
> bo boluntad sea haci na tera
> como na cielu.
> Duna nos awe nos pan di
> cada dia
> i pordona nos nos debe,
> mescos cu nos ta pordona
> nos debedornan
> i nos laga nos cai den tentacion,
> ma libra nos di malu. Amen.

Leituras complementares: Bagno (2017); Baxter e Lucchesi (1997); Do Couto (1996); Trask (2004).

Capítulos relacionados: Língua materna. Língua oficial. Comunidade linguística.

Pragmática

A **pragmática** é a área das ciências da linguagem que investiga como o significado das palavras, expressões e frases é posto em uso nas situações comunicativas concretas. De acordo com Goldnadel (2019: 67), a pragmática "é a área da linguística que estuda o significado em uso, ou seja, dedica-se a compreender como os processos subjacentes à utilização da linguagem verbal operam de modo a produzir sentidos que vão além daqueles reconhecíveis no nível de análise puramente sentencial". Por exemplo, compreendemos os significados das frases expressas em (1) a (3).

(1) Maria é alérgica a molho de tomate.
(2) Eu fiquei com muito frio lá ontem.
(3) Pedro quer começar a estudar francês.

Sabemos o que (1) a (3) significam porque conhecemos o significado das palavras que compõem cada frase e porque conseguimos fazer uma análise sintática da organização de cada uma. Em outras palavras, sabemos, por exemplo, que, em (1) Maria é alérgica ao molho de tomate (e não o inverso) porque Maria está desempenhando ali a função de sujeito da frase (e não [molho de tomate]). A pragmática, contudo, se interessa pela investigação de como frases como essas são usadas em contextos comunicativos concretos – ao invés de serem analisadas quando aparecem totalmente descontextualizadas, como apresentamos anteriormente. Imaginemos alguns contextos possíveis para (1).

(4) A: Você aceita uma fatia de pizza, Maria?
B: Maria é alérgica a molho de tomate.

Nesse contexto, (1) expressa mais do que apenas a informação "semântica" que capturamos ao lê-la fora de contexto. No diálogo em (4), quando a afirmação de que Maria é alérgica a molho de tomate serve de resposta à pergunta de A, o interlocutor B quer dizer, com (1), pelo menos, o seguinte:

a. sei que as pizzas normalmente têm, entre seus ingredientes, molho de tomate;
b. por isso, a Maria não deveria aceitar uma fatia de pizza;

c. caso aceite, poderá sofrer uma reação alérgica;
d. e o melhor seria não oferecer mais pizza à Maria, caso a pizza contenha molho de tomate.

Não é possível dizer que as informações de (a) a (d) estejam todas codificadas linguisticamente, por meio de morfemas ou palavras, na proposição (1); contudo, o falante chega a elas por conta de seu conhecimento pragmático acerca do significado que (1) tem no contexto situacional discursivo. O interlocutor A poderia não compartilhar essas informações com B, se sua concepção sobre o que é uma pizza não incluísse molho de tomate entre seus ingredientes. Nesse caso, nenhuma das inferências pragmáticas de (a) a (d) seriam disparadas.

(5) A: Você aceita uma fatia de pizza, Maria?
B: Maria é alérgica a molho de tomate.
A: Sim, mas o que isso tem a ver?

A proposição expressa em (1) pode ser uma resposta possível à pergunta do interlocutor A somente se A compartilhar uma série de conhecimentos extralinguísticos com B (tal como "pizzas costumam vir com molho de tomate"). Caso contrário, A sente-se surpreendido com a resposta de B, que acaba violando um princípio conversacional: B espera que A participe do diálogo de maneira coerente e relevante. É preciso que o interlocutor B enxergue a relevância do comentário de A; caso contrário, haverá uma pequena falha no processo comunicativo.

A pragmática investiga, entre outros fenômenos, como a conversação acontece e como o significado das sentenças em uso na comunicação extrapola o significado dito "semântico" descontextualizado. Analisemos a frase (2), repetida a seguir para a conveniência do leitor.

(2) Eu fiquei com muito frio lá ontem.

Há aqui elementos chamados **dêiticos**, ou seja, elementos que não possuem conteúdo referencial apriorístico. Tais elementos são interpretados no momento do **ato de fala** enunciativo. Não é possível saber a quem se refere o pronome *eu*, uma vez que *eu* não tem uma **referência** fixa. Ele é uma forma dêitica que sempre aponta ou se refere ao locutor. Tampouco é possível identificar o lugar para onde aponta o advérbio de lugar dêitico *lá* (apenas se sabe que é um lugar distante de *aqui*, que também não tem referência fixa, apenas contextual) ou o advérbio de tempo dêitico *ontem* (sabe-se simplesmente que *ontem* foi o dia imediatamente anterior a *hoje*, que tampouco conta com referência fixa). Como afirma Goldnadel (2019), uma frase como (2) conta,

> para o seu entendimento, com um conjunto de inferências que excedem os limites do seu sentido meramente sentencial. A começar pelo sujeito, expresso por um pronome pessoal. Para identificar a referência de *eu*, é necessário enxergar o falante. A identificação dessa referência depende, portanto, da consideração de dados situacionais, apreendidos pelos sentidos (sendo, neste caso, visão e audição os principais). Há aqui, portanto, uma interação entre elemento do código (o pronome *eu*) e elementos extracódigo (*outputs* da percepção). Sem acesso a esses elementos externos ao código, o enunciado [...] não pode fazer sentido, já que se inviabilizaria uma atribuição de referência, a que deve ser feita ao pronome. Aqui, então, há uma interação entre código e situação de comunicação. (Goldnadel, 2019: 73 [grifos do autor])

A própria morfologia verbal pode ser compreendida como possuindo valor dêitico: o verbo *fiquei* em (2) aponta para um passado em relação ao momento de fala. Nesse sentido, "todos os verbos conjugados são dêiticos porque, para serem passado, presente ou futuro, devemos considerar um momento de fala, e é somente a partir desse momento que uma ação ou evento, descritos pelo verbo, serão localizados no passado, presente ou futuro" (Basso, 2019: 123). A dêixis é mais um fenômeno linguístico interessante do ponto de vista pragmático, uma vez que o significado de certas palavras (ou morfemas, como no caso dos morfemas verbais flexionais) só pode ser determinado durante o **ato de fala**. Finalmente, analisemos o exemplo (3), repetido a seguir:

(3) Pedro quer começar a estudar francês.

Além do que está, de fato, expresso na frase (3), há um conteúdo *não dito*, *pressuposto*. Se alguém deseja *começar a* fazer determinada atividade (estudar francês, por exemplo), isso significa que esse alguém *ainda não* faz essa atividade. Dito de outra forma, o **conteúdo pressuposto** em (3) é que *Pedro não estuda francês*. É possível saber disso por conta de um elemento que serve como **gatilho pressuposicional**, a expressão "começar a". Outra expressão que funciona como gatilho pressuposicional é "parar de", como vemos em (6):

(6) João parou de estudar francês.

O **conteúdo posto** em (6) é o que efetivamente foi dito; o conteúdo pressuposto em (6) é que João estudava francês. Sabemos disso pela análise da expressão "parar de": se alguém *para de* fazer certa atividade, isso significa que alguém *fazia* essa atividade.

Uma característica do conteúdo pressuposto é que ele não pode ser negado se o conteúdo posto for negado. Em outras palavras, a negação de (3) e (6) não elimina o conteúdo pressuposto explicitado anteriormente.

(3') Pedro não quer começar a estudar francês.
(6') João não parou de estudar francês.

Em (3') e (6'), apesar da negação sentencial, o conteúdo pressuposto segue inalterado ("Pedro não estuda francês" e "João estudava francês"). A **pressuposição** é outro fenômeno das línguas naturais estudado pela pragmática.

Leituras complementares: Armengaud (2006); Costa (2008); Goldnadel (2019); Moura (2007); Perna, Goldnadel e Molsing (2016); Pires de Oliveira e Basso (2014); Plaza Pinto (2001).

Capítulos relacionados: Funções da linguagem. Linguística. Semântica.

Relativismo linguístico

O termo **relativismo linguístico** é normalmente associado à escola linguística oriunda dos trabalhos do antropólogo-linguista Edward Sapir (1884-1939) e seu aluno Benjamin Lee Whorf (1897-1941), influenciados pelo antropólogo Franz Boas (1858-1942), desenvolvida a partir dos anos 1930, nos Estados Unidos.

Assim apresentado esse movimento teórico, não se faz justiça à complexidade das questões enfrentadas pelos seus principais representantes. Na atualidade, as teorias "relativistas" da linguagem – após um período de esquecimento e mesmo de crítica fácil em função de leituras atomizantes e pouco aprofundadas – voltaram a ocupar o centro das grandes discussões em torno da linguagem humana, em especial, a partir de trabalhos como os de Everett (2005; 2012) a respeito do povo Pirahã e sua língua (ver também Everett, 2019). Hoje em dia, muitos trabalhos têm-se dedicado a aprofundar pontos fundamentais da escola relativista (cf. Steiner, 2005; París, 2010; Cunha, 2012; Feldmann, 2019), o que redimensiona o alcance e os limites que uma tal perspectiva pode ter.

De acordo com Gonçalves (2020: 29),

> Em linhas gerais, o que se costuma chamar de relativismo linguístico é, antes de mais nada, um conjunto de teses diversas que afirmam uma crença mais ou menos definida de que a língua que falamos influencia na maneira como pensamos ou como enxergamos a realidade. Uma versão extrema desta tese, o chamado determinismo linguístico, propõe que somos totalmente determinados pela língua que falamos, e não conseguimos conceber conceitos que não estejam presentes em nossa língua. As consequências dos graus mais avançados do relativismo e do determinismo linguístico são a incomensurabilidade entre sistemas linguísticos diferentes e até a impossibilidade da tradução entre as línguas.

De nossa parte, cabe apenas definir que o que se convencionou chamar de "relativismo linguístico" assume, de maneira geral, que a língua é forjada pela cultura e reflete as atividades dos indivíduos pertencentes a essa cultura. Nessa concepção, uma língua não se presta a traduzir pensamentos, mas a construí-los. Assim, os falantes são levados a certos tipos de interpretações do mundo pela língua que eles usam.

De certa maneira, pode-se dizer que os "relativistas" defendem que as línguas veiculam uma "visão de mundo" – termo este oriundo de Wilhelm von Humboldt – que é muito própria a cada comunidade, a cada cultura, a cada sociedade enfim. De acordo com Perini (2010: 3-4 [grifos do autor]),

> Entre língua e pensamento certamente há [um vínculo necessário]. Apesar de a língua ser primariamente um instrumento de comunicação [...], ela é também um instrumento de pensamento. Ou seja, podemos utilizar a língua para pensar, e constantemente o fazemos. Não acredito que a língua que uma pessoa fala condicione em grande medida sua maneira de pensar (contradizendo a chamada hipótese de Sapir-Whorf [...]); mas acho perfeitamente plausível que haja alguma influência da língua sobre as categorias através das quais compreendemos o mundo. Já se fez algum trabalho sobre isso – por exemplo, sustenta-se que os falantes de certas línguas categorizam as cores de maneira diferente dos falantes do português, e isso se reflete em sua língua. Os russos distinguem duas cores no que chamamos de *azul* (*goluboy* "azul claro", *sinniy* "azul escuro"); isso não quer dizer que eles *vejam* essas cores diferentemente, mas certamente sugere que eles "organizam" diferentemente esse detalhe da realidade.
> Mas o verdadeiro vínculo entre língua e pensamento é que o conhecimento e o uso da língua são também formas de pensamento. Ao usarmos uma língua, lançamos mão de conhecimentos não apenas linguísticos *stricto sensu*, mas de todo tipo de conhecimento sobre o mundo. Por exemplo, podemos dizer *animal mamífero*, mas não *mamífero animal*, porque se entende que todo mamífero é animal, e o termo mais restritivo deve sempre aparecer depois do menos restritivo. Nesse caso, a ordem das palavras não é determinada apenas pelo nosso conhecimento da língua, ou seja, da gramática, mas também pelo que sabemos sobre o mundo animal. Os exemplos são muitos, e mostram que não existe uma fronteira nítida entre nosso conhecimento da língua e nosso conhecimento do mundo. A meu ver, existe uma fronteira aproximada entre esses dois tipos de conhecimento, o que nos autoriza a continuar falando de conhecimento linguístico, de gramática etc., mas não se trata de um limite entre componentes estanques, porque os pontos de inter-relação são muitos.

Como é possível notar, as discussões propostas nesse campo giram em torno de temas ligados à cultura, língua e pensamento. Talvez por isso o dito "relativismo linguístico" tenha estado no centro de tantas controvérsias no século XX e início do XXI. Ora, a ideia de que a língua e a cultura determinam o pensamento é antiga, no entanto, ela ganha força na versão relativista, uma vez que seus autores são grandes conhecedores de línguas e dedicam-se a descrevê-las com acuidade. A diversidade das línguas, já tão conhecida de todos, se reveste de valor teórico na perspectiva do relativismo, e temas como a tradução, a aquisição da linguagem, a relação pensamento e linguagem, a relação entre língua e realidade, entre outros, são recolocados na ordem do dia.

Leituras complementares: Everett (2019); Gonçalves (2020); Steiner (2005).

Capítulos relacionados: Estruturalismo. Funcionalismo. Gerativismo. Semântica.

Semântica

O termo **semântica** é, de maneira muito geral, definido, no campo dos estudos linguísticos, como o ramo da linguística que se ocupa do estudo da significação, do significado ou do sentido, entendidos como parte das línguas naturais.

Essa definição é bastante provisória, uma vez que ela não explicita o que se entende pelos termos "significação", "significado" e "sentido". Ou, como considera Lyons (1980: 11): qual é o significado de "significado"? Ou ainda, como lembra Tamba (2006: 10):

> os manuais contemporâneos definem a semântica, com uma bela unanimidade, por meio de seu objeto de estudo: o sentido apreendido através das formas e estruturas significantes das línguas. Mas seu consenso só vai até aí, porque eles delimitam de modo diverso o campo de investigação da semântica.

Do ponto de vista histórico, pode-se considerar que há também um segundo consenso: situa-se o primeiro uso da expressão "semântica" na obra do linguista francês Michel Bréal, em especial em um artigo de 1883 – "Les lois intellectuelles du langage: fragment de sémantique" [As leis intelectuais da linguagem: fragmento de semântica] – e, posteriormente, em *Ensaio de semântica*, livro publicado em 1897. Bréal, nas páginas iniciais do *Essai*, explicita sua intenção: "traçar algumas grandes linhas, marcar algumas divisões, como um plano provisório, sobre um domínio ainda não explorado [...]. Peço ao leitor, então, que veja este livro como uma simples Introdução à ciência que me proponho chamar de semântica" (Bréal, 1992: 20). Coloca em nota de rodapé Bréal, ainda, o esclarecimento que esse nome, que indica "ciência das significações", permite opor-se à fonética, entendida, à época, como a "ciência dos sons".

Isto posto, é bom avisar o leitor: os "consensos" em torno da área limitam-se tão somente à "definição geral" de semântica apresentada anteriormente e à localização histórica de seu nascimento. Para além disso, há inúmeros temas e problemas que são alvo de acirradas polêmicas.

A semântica é uma das áreas que, na história da ciência linguística, tem apresentado mais dificuldades para se instituir disciplinarmente. Essa dificuldade decorre, principalmente, da amplitude e da complexidade que são inerentes à ideia de “significado”. Não à toa, A. J. Greimas (1966) se referiu à semântica como a “prima pobre” da linguística. Em outras palavras,

> se consideramos apenas a área de investigação da semântica, não descobriremos objeto de estudo unificado nem campo de fronteiras bem delimitadas. Se, como observa J. Lyons, a “definição de semântica como ‘o estudo do sentido’ reflete o único ponto sobre o qual os semanticistas entraram em acordo”, não podemos perguntar sobre o valor desse acordo que remete a uma noção de sentido tão solta? [...]. Os modos de descrição variam segundo as teorias linguísticas, e a semântica tomou emprestados procedimentos de análise ou princípios explicativos de diversos campos da linguística – fonética histórica, fonologia, sintaxe –, bem como de outras ciências e técnicas: lógica, matemática, informática, inteligência artificial, por exemplo. (Tamba, 2006: 11-2)

Ora, esse cenário parece, em um primeiro momento, adverso e pode levar a crer que deveríamos abrir mão de um estudo que levasse em conta a dimensão significativa das unidades de uma língua. Não é assim que pensamos.

Talvez se possa olhar essa aparente dispersão de objetos e métodos de um prisma positivo. Para explicar melhor o que estamos propondo observem-se, a título de exemplos, duas passagens oriundas de duas obras importantes de semântica, produzidas na linguística brasileira. Tomaremos essas passagens como uma espécie de *corpus* de uma pequena análise teórico-conceitual que fazemos.

A primeira passagem, escrita pelo linguista Rodolfo Ilari, encontra-se na Introdução do volume III da coletânea intitulada *Semântica*, organizada por Marcelo Dascal, em que são apresentados, em tradução, textos de Leonard Bloomfield (“O significado”), Jerrold J. Katz (“O escopo da semântica”), Manfred Bierwisch (“A classificação dos traços semânticos”), Robert Malcolm Ward Dixon (“Um método de descrição semântica”), Donald Davidson (“Verdade e significado”) e Peter Strawson (“Significado e verdade”):

> Os mais antigos textos linguísticos de que temos notícias giram em torno de problemas semânticos. Entretanto, a semântica ainda é hoje, de todas as disciplinas linguísticas, uma das menos integradas, sendo motivo de controvérsia não só as direções e métodos em que devem buscar soluções corretas para os problemas relevantes, mas ainda a identificação dos “problemas relevantes”, para além de orientações muito gerais, segundo as quais a semântica se interessa por fenômenos de significação.
> Os textos propostos ao leitor na presente seção deste volume não escapam a este estado de coisas. (Ilari, 1982: 7)

A segunda passagem encontra-se também em uma Introdução – cujo subtítulo "Os limites movediços da semântica" é sugestivo – de um pequeno livro, intitulado *Semântica*, de autoria dos linguistas Rodolfo Ilari e João Wanderley Geraldi. Leia-se:

> A palavra ciência evoca domínios de investigação claramente definidos, a respeito dos quais os cientistas aperfeiçoaram métodos de análise unanimemente aceitos e elaboraram conhecimentos coerentemente articulados e fiéis aos fatos. Ao contrário disso, a semântica é um domínio de investigação de limites movediços; semanticistas de diferentes escolas utilizam conceitos e jargões sem medida comum, explorando em suas análises fenômenos cujas relações não são sempre claras: em oposição à imagem integrada que a palavra ciência evoca, a semântica aparece, em suma, não como um corpo de doutrina, mas como o terreno em que se debatem problemas cujas conexões não são sempre óbvias. (Ilari e Geraldi, 1987: 6)

Podemos tomar essas duas passagens como indicadores de um aspecto importante e que pode ser colocado ao lado das anteriormente aludidas unanimidades: é inegável que o significado desempenha um papel nuclear na organização das línguas e, por conseguinte, da linguagem humana – o que garante à semântica seu lugar junto à linguística –, no entanto, o fato de haver pontos de vista, métodos, objetivos diferentes entre as diferentes semânticas não permite configurar uma "ciência homogênea". E isso não é necessariamente algo ruim. Talvez, então, seja mais correto, hoje em dia, falar em semânticas, no plural.

Assim reconhecemos que uma língua comporta diferentes "tipos" de significado: lexical, frasal, gramatical, discursivo, textual, referencial, informativo, cognitivo, inferencial, comunicacional, sistêmico, contextual, cultural, ideológico, lógico, representacional etc. A lista poderia ser facilmente ampliada. Esses significados dizem respeito a diferentes níveis de observação e a diferentes pontos de vista metodológicos e teóricos. Nesse sentido, têm razão Ferrarezi Jr. e Basso (2013) quando, em livro adequadamente intitulado *Semântica, semânticas: uma introdução*, afirmam:

> As diferentes "semânticas", ou seja, as diversas teorias ou vertentes de teorias sobre o estudo do significado linguístico estão ainda sendo feitas e por serem feitas, divergindo com relação à ênfase em diversos aspectos desse objeto, atuando em várias interfaces distintas, com inúmeras aplicações e dentro de referenciais teóricos diferentes, cada uma delas com seus comprometimentos epistemológicos, sua metalinguagem e sua agenda de

> pesquisa. Toda teoria semântica é uma teoria em construção. Toda teoria semântica ainda está em busca de respostas básicas, pilares. Toda teoria semântica é uma jornada distante de seu fim. E se, por um lado, isso pode parecer desanimador ao leitor comum, por outro é incrivelmente desafiador para os estudiosos dedicados à causa. E, bem se sabe, para as almas dispostas, um desafio é muito mais do que um mote contra a imobilidade: é a própria energia que a sustém no decurso da jornada. (Ferrarezi Jr. e Basso, 2013: 14).

Fica evidente, então, que a abordagem linguística do sentido – ou seria melhor dizer "as abordagens"? – antes de ser uma possibilidade é uma necessidade para a linguística. Para levá-la a cabo, é essencial reconhecer os grandes problemas que rondam o campo, para fazer deles uma condição de existência de cada semântica.

Leituras complementares: Cançado (2012); Cançado e Amaral (2016); Chierchia (2003); Ilari e Geraldi (1987); Lyons (1980); Tamba (2006).

Capítulos relacionados: Discurso. Enunciação. Linguística. Pragmática.

Sintaxe

O termo vem do grego antigo *syntaxis* e significa "junto" (*syn*) e "arranjo" (*taxis*). A **sintaxe** é a área da gramática que estuda, via de regra, o domínio da frase, ou sentença. Estuda as regras e os princípios que regem a organização das palavras em unidades maiores (os sintagmas) e essas unidades em orações e frases. Nas palavras de Kenedy e Othero (2018: 9 [grifos dos autores]):

> A sintaxe é a área da linguística que investiga como as **palavras** são organizadas de modo a formar **frases** em uma **língua natural**, como, por exemplo, o português, a Libras, o karajá, o espanhol ou o inglês. Por isso, costumamos dizer que o domínio mínimo da análise de um sintaticista é limitado pela palavra – investigar o comportamento de elementos menores do que um item lexical é tarefa de um morfólogo ou de um fonólogo [...]. Por sua vez, o domínio máximo de investigação em sintaxe costuma ser a frase, muito embora existam sintaticistas que estudem também as relações entre frases [...]. De qualquer maneira, conhecer sintaxe é, em geral, pesquisar fenômenos gramaticais que acontecem nos limites entre a palavra e a frase.

Um estudo de natureza essencialmente sintática se dá, por exemplo, em um nível de organização intermediário entre a palavra e a frase. Tal nível de organização (chamado de **sintagma**) não costuma ser reconhecido pela gramática normativa tradicional, ainda que sua existência esteja, hoje, no centro de qualquer investigação sintática contemporânea. As funções sintáticas clássicas, por exemplo, são desempenhadas por sintagmas, e não por palavras. Por exemplo:

(1) O João entregou ontem um livro de linguística para a Maria.

Efetuando a análise sintática tradicional dessa frase, encontramos os seguintes sintagmas desempenhando as seguintes funções:

(2) [O João] [entregou ontem um livro de linguística para a Maria].
Sujeito = O João
Predicado = entregou ontem um livro de linguística para a Maria
Objeto direto = um livro de linguística
Objeto indireto = para a Maria
Adjunto adverbial = ontem

Ao analisar uma frase em suas partes constituintes, não encontramos palavras desempenhando funções sintáticas, mas agrupamentos de palavras que se organizam de maneira sistemática, os sintagmas. Seria possível, por exemplo, que outros agrupamentos de palavras ocupassem a posição de sujeito, como acontece em (3):

(3) a. [O João] entregou ontem um livro de linguística para a Maria.
b. [O amigo do João] entregou ontem um livro de linguística para a Maria.
c. [Ele] entregou ontem um livro de linguística para a Maria.
d. [A pessoa responsável pela compra de livros na Livaria do *campus*] entregou ontem um livro de linguística para a Maria.
e. [Ø] Entreguei ontem um livro de linguística para a Maria.

Em (3a-e), os elementos destacados por colchetes desempenham a função sintática de sujeito da oração. Tais elementos são chamados de sintagmas e podem ser constituídos por nenhuma (como em (3e)) ou mais palavras. São eles que desempenham as funções sintáticas na frase, e reconhecer sua existência é essencial no estudo da sintaxe.

Os estudos sintáticos também investigam a ordem que esses constituintes ocupam nas frases de uma dada língua ou das línguas de maneira geral. Tal ordem pode ser determinada por fatores de natureza discursiva, por exemplo, como a organização da estrutura informacional que é veiculada pelos constituintes sintáticos. Via de regra, a informação conhecida pelo interlocutor aparece no começo da frase, ao passo que a informação nova no contexto comunicativo tem a tendência de aparecer no final da frase. Veja os seguintes diálogos:

(4) A: Quando o João terminou seu mestrado?
B: Ele terminou seu mestrado em 2018.

A informação compartilhada pelos interlocutores é que alguém chamado João concluiu seu mestrado. Contudo, o locutor A não sabe quando o João fez isso – essa informação não é compartilhada e será a informação nova para A. O interlocutor B, em sua resposta, organiza a frase de tal modo que a informação compartilhada esteja no início da frase, ao passo que a informação velha fique no fim: $_{\text{VELHA}}$[Ele terminou seu mestrado] $_{\text{NOVA}}$[em 2018].

Se tivéssemos outro diálogo, poderíamos obter um ordenamento diferente entre os constituintes da frase de B, como vemos em (5):

(5) A: O que o João fez em 2018?
B: Em 2018, ele terminou seu mestrado.

A informação proposicional veiculada pela resposta de B é a mesma nos diálogos em (4) e (5); a ordem entre os constituintes, no entanto, é distinta. Essa mudança na ordem acontece para acomodar o esquema de estrutura informacional veiculado pelas respostas de B. Aqui, em (5), a informação compartilhada entre os dois interlocutores é que o João fez algo em 2018, ao passo que a informação desconhecida para A (e que será, portanto, a informação nova na resposta de B) é o que foi que ele fez nessa data. Por ser a informação nova, ela aparece no final da frase: $_{\text{VELHA}}$[Em 2018] $_{\text{NOVA}}$[ele terminou seu mestrado].

Uma diferença na organização sintática do português brasileiro (PB) em comparação com o português europeu (PE) reside justamente no fato de que o PB tem certa resistência de deixar o sujeito no final da frase, mesmo que ele esteja veiculando uma informação velha. Nesse caso, a gramática do PB parece preferir outras estratégias (cf. Quarezemin, 2009; Othero e Figueiredo Silva, 2012).

(6) A: Quem terminou o mestrado?
B: O JOÃO terminou o mestrado.
B': ?? Terminou o mestrado o João.

Uma resposta (completa) possível para a pergunta do interlocutor A em (6) aparece em B – as maiúsculas marcam uma ênfase prosódica no sintagma [O João]; uma resposta que soa um tanto estranha em PB aparece em B'. Entretanto, em termos de organização informacional da frase, a organização sintática de B não é ótima, uma vez que a informação nova é veiculada antes da informação velha, ou seja, o interlocutor A sabe que alguém terminou seu mestrado, mas não sabe quem. Em termos informacionais, portanto, a resposta em B está organizada como $_{\text{NOVA}}$[O João] $_{\text{VELHA}}$[terminou o mestrado].

Ainda assim, tal organização sintática é preferível, em PB, à organização informacional ótima que aparece na resposta de B': $_{\text{VELHA}}$[Terminou o mestrado] $_{\text{NOVA}}$[o João]. Tal resposta é bem formada e natural em português europeu, ao contrário do que se dá em PB. Em PB, o sintagma que desempenha a função de sujeito costuma ocupar a posição inicial da frase, independentemente de ele veicular informação velha ou nova, em frases como a resposta em (6). Nesse caso, contudo, o PB conta com o recurso da marcação prosódica do constituinte, ou seja, a gramática fornece uma "marca" prosódica de que aquele constituinte está naquela posição, mas deve ser interpretado como informação nova.

O estudo sintático de uma língua faz interfaces de diferentes naturezas, uma vez que o objeto central de estudo da sintaxe é a frase e sua organização. E nessa organização, há uma série de fatores que estão atuando simultaneamente, sejam eles de natureza discursivo-informacional, semântica, morfológica, pragmática ou prosódica. O estudo sintático das línguas é central para teorias linguísticas correntes, como acontece com o gerativismo ou com o funcionalismo (de diversas filiações). A investigação em sintaxe também costuma figurar como tópico central – ou bastante importante – em diferentes tipos de investigações sobre a linguagem, como investigações sobre aquisição da linguagem, afasias, processamento de linguagem, tradução automática etc.

Por ser uma área tão central nos estudos linguísticos, há diferentes correntes teóricas e linhas de investigação em sintaxe, desde os estudos clássicos dos gramáticos tradicionais (cf. as gramáticas de Celso Pedro Luft ou Evanildo Bechara, por exemplo) até estudos muito recentes sobre o processamento psicolinguístico de frases, isto é, sobre como nosso cérebro interpreta uma frase e faz sua "análise sintática" de maneira automática, enquanto lemos ou escutamos enunciados na nossa língua (cf. Corrêa, 2015; Maia, 2015a; 2015b; Teixeira, 2020, por exemplo).

Leituras complementares: Chomsky (2015); Kenedy e Othero (2018); Mioto, Figueiredo Silva e Lopes (2013); Negrão, Scher e Viotti (2003); Othero e Kenedy (2015); Perini (2019).

Capítulos relacionados: Gramática descritiva. Morfologia. Semântica.

Sociolinguística

Sociolinguística é uma área de estudos que reúne tradições de investigação diversas. Embora todas explorem a relação entre linguagem e sociedade, essas tradições ou teorias sociolinguísticas dedicam-se a diferentes objetos de estudo e orientam-se por objetivos e métodos de pesquisa distintos. Figueroa (1994), por exemplo, compara três perspectivas de análise sociolinguística: a **etnografia da comunicação** (Hymes, 1974), a **sociolinguística interacional** (Gumperz, 1982) e a **sociolinguística variacionista** (Labov, 1972). Essa comparação ilustra a dificuldade de caracterizar a sociolinguística como uma disciplina singular e unificada.

Estabelecidas principalmente após o advento da linguística gerativa (Chomsky, 1957), etnografia da comunicação, sociolinguística interacional e sociolinguística variacionista buscam contornar pilares do gerativismo, como a primazia dada ao idioleto (a gramática do falante-ouvinte ideal) e o estudo da linguagem exclusivamente como janela para o funcionamento da mente humana. Nesse intento, conforme Figueroa (1994), tais perspectivas distanciam-se (etnografia da comunicação e sociolinguística interacional) ou aproximam-se (sociolinguística variacionista) da linguística gerativa em diversos graus, de que derivam suas principais diferenças.

O folclorista, antropólogo e sociolinguista americano Dell Hymes (1927-2009), proponente da etnografia da comunicação, analisa a linguagem como forma de comportamento social, assumindo o pressuposto (funcionalista) de que há uma relação sistêmica entre língua e uso da linguagem. Emprega procedimentos metodológicos etnográficos para esclarecer como as pessoas usam a linguagem nas ações sociais cotidianas, que vão de simples cumprimentos a depoimentos em um tribunal, e como as conversas na vida em sociedade diferem entre culturas. Fundamental para a Etnografia da Comunicação é a noção de competência comunicativa, segundo a qual os usuários de uma língua, além de um conhecimento estrutural do tipo sintático, morfológico, fonológico, dispõem de conhecimento sobre o uso apropriado dos enunciados em certas situações sociais. Essa competência é adquirida na inserção dos sujeitos na matriz social da comunidade de fala, ao utilizarem a linguagem de maneira intencional e criativa para alcançar metas comunicativas. Significado linguístico e significado social, portanto, se conectam no uso normatizado da linguagem na comunidade de fala.

Colega de Hymes, o sociolinguista John J. Gumperz (1922-2013), nascido na Alemanha e radicado nos Estados Unidos ainda jovem, também estuda a linguagem na interface da linguística com a antropologia e a sociologia. Especialmente interessado nas trocas conversacionais face a face, investiga a inferência conversacional em certas situações sociais e o conhecimento sociocultural envolvido nesse processo. Quem diz o que para quem, como é dito e em que contexto é dito são aspectos que importam à sociolinguística interacional de John J. Gumperz, porque determinam os rumos, bem-sucedidos ou não, da interação pela fala. Nessa linha, investiga-se a ampla gama de situações sociais experimentadas pelos sujeitos na vida cotidiana, situações essas em que a interação pela fala tem lugar, como em consultas médicas, aulas, na compra e venda de produtos, na solicitação de informações e favores, no oferecimento de ajuda etc. Nelas, tanto elementos linguísticos (seleção vocabular, estruturação morfossintática e fonológica) quanto paralinguísticos (silêncios, pausas, entonação, expressões faciais, gestos, tom de voz, direção do olhar) são utilizados pelos falantes para veicular informações, sinalizar o enquadre de eventos e o alinhamento dos participantes uns aos outros. Desentendimentos na interação pela fala podem surgir de diferenças culturais entre os falantes e da dificuldade de interpretar pistas que contextualizam ações realizadas na conversa. A análise do tipo discursiva que faz a sociolinguística interacional presta-se a identificar com precisão tais fontes de desentendimento.

Etnografia da comunicação e sociolinguística interacional são teorias sobre usos da linguagem fundadas na competência comunicativa, para as quais forma e função linguística são dependentes. Já a sociolinguística variacionista não é uma teoria sobre usos, mas sobre características da língua correlacionadas a usos da linguagem. Nesse sentido, conforme Figueroa (1994), a sociolinguística variacionista de William Labov orienta-se à competência linguística, não à competência comunicativa, dando autonomia à língua e separando forma de função da linguagem.

O sociolinguista americano William Labov estuda a **mudança linguística** em seu desenvolvimento, explorando as motivações estruturais e sociais das inovações linguísticas. A variação linguística ganha luz nessa linha de investigação porque é o mecanismo da mudança. Para captar padrões de variação e mudança em dialetos sociais (em espaços urbanos) e regionais, a sociolinguística variacionista usa uma metodologia sistemática para coletar e analisar dados de fala. O tratamento quantitativo (estatístico) desses dados permite mostrar que a variação linguística é estratificada socialmente: o uso de variantes de uma variável linguística como a pronúncia do /r/ pós-vocálico, por exemplo, se correlaciona com classe social, etnia etc. As correlações expressam padrões ou modos de fala, resultantes de normas de percepção e produção das variáveis linguísticas compartilhadas na comunidade de fala. É possível, nesse sentido, conceber as normas compartilhadas como regras (variáveis) comparáveis às regras (gerativo-transformacionais) da gramática natural, mas pertencentes à gramática da comunidade de fala.

Outras perspectivas de análise integram a sociolinguística ou relacionam-se a ela. A **sociologia da linguagem** (Fishman, 1972) examina a interação entre o uso da linguagem como comportamento humano e a organização social do comportamento, concentrando-se em temas como atitudes em relação à linguagem e aos usuários da linguagem, planejamento linguístico, educação bilíngue, língua e identidade étnica. A perspectiva social de linguagem assumida por Halliday (1973) em sua **linguística sistêmico-funcional** (LSF) também opera com a concepção de linguagem como comportamento social. Inspirada na ideia de Firth (1935) de que os usos da linguagem e a forma dos textos (orais ou escritos) sistematizam-se em relação a padrões de comportamento social em certos contextos, a LSF distingue dialeto (manifestação regional ou social da linguagem) de registro (tipo uniforme de uso da linguagem) e investiga os registros em termos de estilo (como os enunciados vêm a ser realizados para construir sentido no discurso).

As diferenças de objeto, propósito e método de investigação dessas linhas de análise explicam-se pelo modo como linguagem é concebida, ora como autônoma em relação ao social, como na sociolinguística variacionista, ora como dependente do social, como nas demais perspectivas aqui brevemente caracterizadas. Em comum, os estudos sociolinguísticos têm o fato de contemplarem usos da linguagem, isto é, manifestações da língua situadas no tempo e no espaço, realizadas não só, mas especialmente pela fala na vida em sociedade.

Leituras complementares: Alkmim (2001); Battisti, Othero e Flores (2021); Calvet (2002); Camacho (2001); Coelho et al. (2015); Labov (2008); Ribeiro e Garcez (2002).

Capítulos relacionados: Comunidade linguística. Funcionalismo. Gerativismo. Linguística.

PARTE II

PEQUENA CRONOLOGIA DOS ESTUDOS LINGUÍSTICOS (SÉCULOS XVII-XXI)

Os estudos em torno da linguagem transcendem limites disciplinares; sobre ela, cientistas de diferentes especialidades se debruçaram na história do pensamento humano: médicos, filósofos, biólogos, antropólogos, sociólogos, psicólogos, psicanalistas, além de, evidentemente, linguistas. Por isso, fazer uma cronologia dos estudos linguísticos não é tarefa fácil, uma vez que, em função dos critérios adotados, muitos autores e obras podem, ou não, ser incluídos. A decisão, portanto, somente pode vir da adoção de critérios claros.

Como é possível ver, nossa "Pequena cronologia dos estudos linguísticos (séculos XVII-XXI)" não pretende ser exaustiva. O critério adotado para a sua elaboração decorre do objetivo que temos de distinguir a ordem de ocorrência dos fatos abordados neste *Conceitos básicos de linguística*. Quer dizer, trata-se de uma linha do tempo que visa a relacionar datas e acontecimentos históricos que foram, de alguma maneira, objeto de estudo no interior deste livro. Daí decorre também sua limitação ao período compreendido entre os séculos XVII-XXI.

Nesse sentido, não se trata de propor nem uma cronologia completa, nem uma cronologia definitiva. Sempre é possível incluir autores, obras e acontecimentos que testemunham um fato, um marco, um momento da história do pensamento sobre a linguagem. Em função disso, para o caso de o leitor querer buscar informações mais extensas e gerais, fornecemos, ao final desta Cronologia, uma pequena indicação bibliográfica.

- **1637** – O filósofo francês René Descartes (1596-1650) publica *Discours de la méthode pour bien conduire sa raison, et chercher la vérité dans les sciences* [O discurso do método], obra que ajuda a construir o chamado método cartesiano, que influenciará boa parte do pensamento linguístico dos séculos seguintes.
- **1660** – Claude Lancelot (1615-1695) e Antoine Arnould (1612-1694) publicam a *Grammaire générale et raisonée* [Gramática geral e razoada], conhecida como *Gramática de Port-Royal*.
- **1772** – Johann Gottfried Herder (1744-1803) publica *Abhandlung über den Ursprung der Sprache* [Ensaio sobre a origem das línguas].
- **1784** – Fundada a Sociedade Asiática de Bengala, que publica, em 1786, no primeiro número das *Asiatick Researches of Transactions* [Pesquisas de transações asiáticas], a manifestação de sir William Jones (1746-1794) segundo a qual as afinidades entre o grego, o latim, o sânscrito são de tal ordem que sugerem que tais línguas sejam oriundas de uma fonte comum à qual estariam ligados também o gótico e o céltico.
- **1808** – Friedrich von Schlegel (1772-1829) publica *Über die Sprache und Weisheit der Indier* [Sobre a linguagem e a sabedoria dos indianos].

- **1816** – Franz Bopp (1791-1867) publica *Über das Conjugationssystem der Sanskritsprache in Vergleichung mit jenem der griechischen, lateinischen, persischen und germanischen Sprache* [Sobre o sistema de conjugação do sânscrito em comparação com o do grego, latim, persa e germânico].
- **1818** – August Schlegel (1767-1845) publica *Observations sur la langue et la littérature provençales* [Observações sobre a língua e a literatura provençais].
- **1818** – Rasmus Rask (1787-1832) publica *Undersøgelse om det gamle Nordiske eller Islandske Sprogs Oprindelse* [Investigação da origem do antigo escandinavo e do islandês].
- **1819** – Jacob Grimm (1785-1863) publica a *Deutsche Grammatik* [Gramática alemã]. A segunda edição é de 1822 e traz a célebre *lei de Grimm.*
- **1820** – Wilhelm von Humboldt (1767-1835) pronuncia, na Academia de Berlim, o discurso *Über das vergleichende Sprachstudium in Beziehung auf die verschiedenen Epochen der Sprachentwicklung* [Sobre o estudo comparativo das línguas em relação com as diferentes épocas do desenvolvimento das línguas], texto fundador de todo o seu pensamento linguístico.
- **1836-1839** – Publicação póstuma de Wilhelm von Humboldt de *Über die Verschiedenheit des menschlichen Sprachbaus und seinen Einfluss auf die geistige Entwicklung des Menschengeschlechts* [Sobre a diferença de construção da linguagem humana].
- **1861** – August Schleicher (1821-1868) publica *Compendium der vergleichenden Grammatik der indogermanischen Sprachen* [Compêndio de gramática comparada das línguas indo-europeias]. O subtítulo da obra – "Breve resumo de uma teoria fonética e morfológica da língua indo-germânica origem do antigo indiano, do antigo iraniano, do antigo grego, do antigo itálico, do antigo celta, do antigo eslavo e do antigo alemão" – já mostra sua envergadura. Com base na teoria darwiniana da evolução das espécies, Schleicher apresenta o modelo de árvore genealógica das línguas (a *Stammbaumtheorie*), em que são representadas a evolução das línguas e suas relações de filiação.
- **1866** – Fundação da Sociedade Linguística de Paris.
- **1868** – Wilhelm Scherer (1841-1886) publica *Zur Geschichte der deutschen Sprache* [Sobre a história da língua alemã], obra-marco da metodologia de pesquisa linguística conhecida como reconstrução comparada.
- **1875** – William Dwight Whitney publica *The Life and Growth of Language: An Outline of Linguistic Science*. No Brasil, a obra recebe do título de *A vida da linguagem.*

- **1878** – Hermann Osthoff e Karl Brugmann publicam aquele que viria a ser conhecido como o "Manifesto neogramático": o prefácio à obra *Morphological Investigations in the Sphere of the IndoEuropean Languages, v. I* [Investigações morfológicas na esfera das línguas indo-europeias, v. I], em que criticam a metodologia dos estudos linguísticos realizados à época (a reconstrução comparada, a teoria das ondas e a reconstrução interna).
- **1878** – Ferdinand de Saussure (1857-1913) defende o famoso *Mémoire sur le système primitif des voyelles dans les langues indo-européennes* [Sobre o sistema primitivo das vogais nas línguas indo-europeias]. A publicação é de 1879.
- **1880** – Ferdinand de Saussure defende seu doutorado com a tese *De l'emploi du génitif absolu em sanskrit* [Do emprego do genitivo absoluto em sânscrito].
- **1886** – Criação, em Paris, da Associação Fonética Internacional, responsável pela criação e atualização do Alfabeto Fonético Internacional.
- **1897** – Michel Bréal (1832-1915) publica o *Essai de sémantique* [Ensaio de semântica], livro que cria a semântica como disciplina linguística.
- **1907-1911** – Saussure ministra três cursos de linguística geral na Universidade de Genebra (Curso I: 1907; Curso II: 1908-1909; Curso III: 1910-1911) que dariam origem, postumamente, ao livro *Curso de linguística geral.*
- **1911** – O antropólogo Franz Uri Boas (1858-1942) publica *The Mind of Primitive Man* [A mente do homem primitivo]. A obra influencia gerações de antropólogos e linguistas, inclusive Edward Sapir.
- **1913** – Morte de Ferdinand de Saussure em 2 de fevereiro.
- **1915-1924** – Período em que funcionou o Círculo Linguístico de Moscou, influenciado por Roman Jakobson (1896-1982).
- **1916** – Publicação do *Curso de linguística geral*, livro que reúne parte dos cursos ministrados por Saussure na Universidade de Genebra. Tratase de obra póstuma editada pelos linguistas Charles Bally (1865-1947) e Albert Sechehaye (1871-1946), a partir de anotações de alunos que assistiram aos cursos.
- **1921** – Edward Sapir (1884-1931) publica *Language: an Introduction to the Study of Speech*, traduzido no Brasil por Joaquim Mattoso Camara Jr., sob o título *A linguagem: introdução ao estudo da fala*, em 1938.
- **1923** – Joseph Vendryes (1875-1960) publica *Le Langage: introduction linguistique à l'histoire* [A linguagem: introdução linguística à história].
- **1923** – Otto Jespersen (1860-1943) publica *Language, its Origin, Nature and Evolution* [Linguagem, sua origem, natureza e evolução].

- **1924** – Otto Jespersen (1860-1943) publica *The Philosophy of Grammar* [A filosofia da gramática].
- **1924** – Com o auxílio de Leonard Bloomfield, é fundada a Sociedade Linguística da América (*Linguistic Society of America*), responsável pela publicação da revista *Language*.
- **1928** – Realização do I Congresso Internacional dos Linguistas em Haia.
- **1929** – Publicação das Teses do Círculo Linguístico de Praga.
- **1933** – Leonard Bloomfield (1887-1949) publica *Language* [Linguagem], marco do estruturalismo norte-americano.
- **1939** – Publicação póstuma de *Grundzüge der Phonologie* [Princípios de fonologia], de Nikolay Sergeyevich Trubetzkoy (1880-1938).
- **1941** – Joaquim Mattoso Camara Jr. (1904-1970) publica seu *Princípios de linguística geral*, balizando, em certa medida, o ensino e a difusão da disciplina de linguística no país.
- **1941** – Roman Jakobson (1896-1982) publica *Kindersprache, Aphasie und allgemeine Lautgesetze* [Linguagem infantil, afasia e universais fonológicos].
- **1943** – Louis Hjelmslev (1899-1965) publica *Omkring sprogteoriens grundlaeggelse* [Prolegômenos a uma teoria da linguagem], obra fundamental da escola linguística conhecida com "Glossemática", pilar do estruturalismo europeu.
- **1951** – Zellig Sabbetai Harris (1909-1992) publica *Methods in Structural Linguistics* [Métodos em linguística estrutural], obra fundamental do estruturalismo norte-americano.
- **1953** – Uriel Weireich (1926-1967) publica *Languages in Contact: Findings and Problems* [Línguas em contato: achados e problemas], obra precursora dos estudos de bilinguismo e plurilinguismo.
- **1955** – Noam Chomsky (1928-) conclui seu trabalho monográfico *The Logical Structure of Linguistic Theory* [A estrutura lógica da teoria linguística], assentando as bases para o programa gerativista de investigação da linguagem. Esse trabalho foi publicado somente 20 anos mais tarde, em 1975.
- **1956** – Publicação póstuma de *Language, Thought and Reality* [Linguagem, pensamento e realidade] de Benjamin Lee Whorf (1897-1941).
- **1956** – Roman Jakobson (1896-1982) e Morris Halle (1923-2018) publicam *Fundamentals of Language* [Fundamentos da linguagem].
- **1957** – Noam Chomsky publica *Syntactic Structures* [Estruturas sintáticas], obra que dá início ao programa gerativista em linguística, juntamente com o LSLT, de 1955.

- **1959** – Erving Goffman (1922-1982) publica *The Presentation of Self in Everyday Life* [A representação do eu na vida cotidiana], em que é apresentada a interação face a face como um objeto de pesquisa sociológica e linguística.
- **1959** – Noam Chomsky publica uma resenha sobre o livro *Verbal Behavior* [Comportamento verbal], do psicólogo B. F. Skinner. A resenha é um duro golpe ao paradigma comportamentalista em voga na psicologia da época.
- **1959** – Publicação póstuma de *Éléments de syntaxe structurale* [Elementos de sintaxe estrutural], de Lucien Tesnière (1922-1982).
- **1960** – Andrè Martinet (1908-1999) publica *Éléments de linguistique générale* [Elementos de linguística geral].
- **1962** – Publicação póstuma de *How to Do Things with Words* [traduzido no Brasil como *Quando dizer é fazer: palavras e ação*] de John Langshaw Austin (1911-1960), obra que funda importante vertente da filosofia da linguagem, onde são apresentados os conceitos de performativo e ato de fala ilocucional.
- **1963** – Joseph Harold Greenberg (1915-2001) publica *Universals of Language* [Universais da linguagem].
- **1963** – Roman Jakobson publica, em francês, seus *Essais de linguistique générale* [Ensaios de linguística geral]. O segundo volume aparecerá em 1973.
- **1964** – Reúnem-se em Los Angeles, na Universidade da Califórnia, 25 linguistas, entre eles John Gumperz, Dell Hymes, John Fisher, William Labov, para a UCLA Sociolinguistics Conference, primeiro evento da área de sociolinguística.
- **1965** – Noam Chomsky publica *Aspects of the Theory of Syntax* [Aspectos da teoria da sintaxe], livro em que apresenta a versão de sua teoria gerativa que ficou conhecida como "a teoria padrão".
- **1966** – Noam Chomsky publica *Cartesian Linguistics* [Linguística cartesiana], obra em que explicita o papel do racionalismo cartesiano na teoria gerativista da linguagem.
- **1966** – Émile Benveniste (1902-1976) publica *Problèmes de linguistique générale I* [Problemas de linguística geral I], reunião de artigos que apresenta, entre outros, textos fundadores da teoria enunciativa.
- **1966** – Algirdas Julien Greimas (1917-1992) publica *Sémantique structurale* [Semântica estrutural].
- **1968** – Noam Chomsky e Morris Halle publicam *The Sound Pattern of English* [O padrão sonoro do inglês].

- **1968** – Uriel Weinreich, William Labov (1927-) e Marvin Herzog (1927-2013) publicam *Empirical Foundations for a Theory of Language Change* [Fundamentos empíricos para uma teoria da mudança linguística], ensaio que propõe princípios de investigação sincrônica da variação e mudança linguística.
- **1969** – Michel Pêcheux (1938-1983) publica *L'analyse automatique du discours* [Análise automática do discurso], texto fundador da escola francesa de análise do discurso.
- **1969** – John Searle (1932-) publica *Speech Acts* [Os atos de fala].
- **1970** – Noam Chomsky publica o artigo "Remarks on nominalization", em que adota uma perspectiva de abordagem do léxico em sua teoria.
- **1971** – Camara Jr. publica *Estrutura da língua portuguesa.*
- **1972** – William Labov publica *Sociolinguistic Patterns* [Padrões sociolinguísticos], livro que reúne artigos baseados em sua dissertação de mestrado e tese de doutorado e fornece os fundamentos da chamada Teoria da Variação.
- **1972** – Oswald Ducrot (1930-) publica *Dire et ne pas dire* [Dizer e não dizer], fundamentando uma semântica que será conhecida como semântica argumentativa.
- **1972** – Ray Jackendoff (1945-) publica *Semantic Interpretation in Generative Grammar* [Interpretação semântica na gramática gerativa], inaugurando a fase que ficou conhecida como Teoria Padrão Estendida na linguística gerativa.
- **1974** – Dell Hymes (1927-2009) publica *Foundations in Sociolinguistics: an Ethnographic Approach* [Fundamentos em sociolinguística: uma abordagem etnográfica], livro em que o autor formula a noção de competência comunicativa, uma resposta à distinção de Chomsky entre competência e desempenho linguísticos.
- **1974** – Émile Benveniste publica *Problèmes de linguistique générale II* [Problemas de linguística geral II].
- **1975** – Herbert Paul Grice (1913-1988) publica *Logic and Conversation* [Lógica e conversação], trabalho que reúne parte das conferências ministradas na Universidade de Harvard. Texto fundador de uma perspectiva pragmática que trata das máximas conversacionais.
- **1975** – Camara Jr. publica *Problemas de linguística descritiva.*
- **1979** – Publicação póstuma de *Estetika slovesnogo tvorchestva* [Estética da criação verbal], de Mikhail Bakhtin (1895-1975), obra que reúne textos do autor escritos entre 1920 e 1972. Um marco para os estudos do dialogismo.
- **1980** – Ann Lesley Milroy (1944-) publica o livro *Language and Social Networks* [Língua(gem) e redes sociais], relato de pesquisa sociolinguís-

tica que examina o indivíduo e suas relações em rede na promoção da variação e mudança linguística.

- **1981** – Chomsky publica *Lectures on Government and Binding* [Palestras sobre regência e ligação], iniciando a fase da Teoria da Regência e Ligação e da investigação no quadro dos Princípios e Parâmetros.
- **1985** – Michael Alexander Kirkwood Halliday (1925-1918) publica *An Introduction to Functional Grammar* [Uma introdução à gramática funcional].
- **1989** – Simon Dik (1940-1995) publica *The Theory of Functional Grammar* [Teoria da gramática funcional].
- **1990** – Antoine Culioli (1924-2018) publica o primeiro volume (de uma série de quatro volumes) de *Pour une linguistique de l'énonciation* [Por uma linguística da enunciação]. A obra reúne artigos do linguista que fundam a Teoria das Operações Enunciativas.
- **1995** – Publicação do livro *The Minimalist Program* [O programa minimalista], de Chomsky.
- **1996** – Descoberto um conjunto de manuscritos de Ferdinand de Saussure entre os quais se encontra um manuscrito bastante extenso, conhecido como *De l'essence double du langage* [Sobre a essência dupla da linguagem].
- **2000** – Penelope Eckert (1942-) publica o livro *Linguistic Variation as Social Practice* [Variação linguística como prática social], relato de pesquisa sociolinguística que alia análise quantitativa e etnografia no estudo da variação e mudança linguística.
- **2002** – Publicação dos *Écrits de linguistique générale* [Escritos de linguística geral] de Ferdinand de Saussure, organizados por Simon Bouquet e Rudolf Engler, obra que reúne boa parte dos manuscritos do linguista, descobertos no século XX, inclusive o manuscrito *De l'essence double du langage* [Sobre a essência dupla da linguagem].
- **2005** – Daniel Everett (1951-) publica *Cultural Constraints on Grammar and Cognition in Pirahã* [Restrições culturais à gramática e à cognição em pirahã], artigo que contesta a perspectiva chomskiana de abordagem da linguagem humana.
- **2012** – Publicação das *Dernières leçons: Collège de France (1968-1969)* [Últimas aulas no Collège de France – 1968-1969], edição organizada por Jean-Claude Coquet e Irène Fenoglio que reúne as últimas aulas de Émile Benveniste (1902-1976) antes do acidente vascular cerebral que o tirará de atividade.
- **2016** – Robert C. Berwick (1951-) e Noam Chomsky publicam *Why Only Us: Language and Evolution* [Por que apenas nós: linguagem e evolução], onde detalham a hipótese gerativista sobre o surgimento da faculdade da linguagem na história evolutiva da espécie humana.

PARTE III
BREVES INFORMAÇÕES SOBRE LINGUISTAS CITADOS

Albert Sechehaye (1870-1946): linguista suíço, professor na Universidade de Genebra. Ficou conhecido por ter, juntamente com Charles Bally, editado o *Curso de linguística geral* (1916), livro póstumo cuja autoria é atribuída ao linguista Ferdinand de Saussure. Dedicou-se, também, a discutir e esclarecer as ideias principais da reflexão saussuriana. Entre os trabalhos que publicou com essa finalidade, destacam-se *Essai sur la structure logique de la phrase* [Ensaio sobre a estrutura lógica da frase] (1926), *La pensée et la langue, ou comment concevoir le rapport organique de l'individuel et du social dans le langage?* [O pensamento e a língua, ou como conceber a relação orgânica do individual e do social na linguagem?] (1933) e *Les trois linguistiques saussuriennes* [As três linguísticas saussurianas] (1940).

André Martinet (1908-1999): linguista francês que fez carreira acadêmica na França e nos Estados Unidos. Publicou diversos trabalhos ao longo de sua carreira e influenciou, em especial, as áreas de fonologia e sintaxe. Foi ele quem propôs um princípio de análise largamente utilizado em linguística até hoje: a dupla articulação da linguagem. Tal princípio entende que a linguagem se organiza em dois níveis estruturais: a primeira articulação (constituída de palavras e morfemas) e a segunda articulação (composta por fonemas). Seu livro mais difundido foi *Elementos de linguística geral* (1960).

Ann Lesley Milroy (1944-): sociolinguista britânica. Doutora pela Queen's University de Belfast, Irlanda, é professora emérita da Universidade de Michigan, Estados Unidos. Lesley Milroy alcançou renome nos anos 1970 com um estudo de redes sociais e variação linguística em Belfast. Desenvolveu parte significativa de seu trabalho de pesquisa em coautoria com o marido, o também linguista James Milroy. Os estudos sociolinguísticos de Lesley Milroy abrangem vários temas: bilinguismo, ideologias linguísticas, padronização linguística, teoria da variação, dialetologia rural e urbana. Em Detroit, Michigan, Lesley investigou mudança fonológica e atitudes linguísticas, em estudos que contribuem também para a linguística histórica. Seu trabalho em análise da conversa lida com dados irregulares diversos, principalmente dados de conversa de afásicos e dados de idiomas mistos em comunidades bilíngues.

Antoine Meillet (1866-1936): linguista francês, discípulo de Michel Bréal e de Ferdinand de Saussure. Especialista em gramática comparada e conhecedor do indo-europeu, preocupou-se em desenvolver uma linguística geral próxima dos estudos sociológicos de Émile Durkheim (1858-1917). Foi professor do Collège de France e da École Pratique des Hautes Études, cujo ensino o tornou um precursor da sociolinguística francesa. Tem uma vasta obra publicada que inclui livros, artigos e notas publicadas na Sociedade Linguística de Paris. Destaca-se o monumental *Les langues du monde* [As línguas do mundo] (1924), uma coletânea de trabalhos com quase 900 páginas, organizada juntamente com Marcel Cohen (1984-1974), especialista em línguas semíticas. Na introdução a essa obra, Meillet expõe claramente seu entendimento do método comparativo e da genealogia das línguas.

August Schlegel (1767-1845): poeta, tradutor e linguista alemão. Era irmão de Friedrich Schlegel, que também foi um influente linguista. Desenvolveu sua carreira acadêmica nas universidades de Göttingen, Bonn e Jena. Juntamente com seu aluno Christian Lassen, fundou os estudos de filologia sânscrita na Europa, o que impulsionou a linguística diacrônica da época. Seu pioneirismo no estudo do sânscrito foi determinante para as investigações posteriores sobre o indo-europeu.

August Schleicher (1821-1868): linguista alemão, figura de maior influência na linguística do século XIX. Dedicou-se à linguística histórica e à linguística geral. Um de seus trabalhos mais conhecidos é *Compendium der vergleichenden Grammatik der indogermanischen Sprachen* [Compêndio de gramática comparada das línguas indo-europeias] (1961). Concebe a linguística como uma ciência natural capaz de ratificar a teoria da evolução das espécies de Charles Darwin (1809-1882), motivo pelo qual foi fortemente criticado por Ferdinand de Saussure e William Whitney. Seu maior legado talvez seja a representação de famílias linguísticas em árvores genealógicas, seguindo o *modus operandi* das representações em biologia: Schleicher foi o primeiro linguista a incorporar as árvores no estudo das famílias linguísticas – recurso utilizado largamente até hoje.

Baudouin de Courtenay (1845-1929): linguista polonês, radicado na Rússia. Foi quem primeiro concebeu explicitamente a distinção entre o som da fala e um fonema (entidade abstrata). Publicou uma teoria sobre o fonema em 1893, referida aqui a partir da tradução alemã, de 1895, *Versuch einer Theorie phonetischer Alternationen* [Investigação para uma teoria das alternâncias fonéticas]. A exemplo de Saussure, era um defensor da perspectiva sincrônica de estudo da língua.

Charles Bally (1865-1947): linguista suíço, sucessor de Ferdinand de Saussure como professor da cadeira de linguística da Universidade de Genebra. Coeditou, juntamente com Albert Sechehaye, o *Curso de linguística geral*. Desenvolveu uma teoria conhecida como estilística, que, na verdade, não tem nenhuma relação com a literatura ou mesmo com regras de estilo. Trata-se, antes, de uma teoria da enunciação. Publicou várias obras, em especial, *Linguistique générale et* *linguistique française* [Linguística geral e linguística francesa], em 1932, revista e ampliada em 1944, livro em que sistematiza um conjunto de pesquisas em torno de uma teoria geral da enunciação.

Charles F. Hockett (1916-2000): linguista estruturalista norte-americano, muito influenciado pelo trabalho de Leonard Bloomfield. Foi presidente da principal associação linguística norte-americana, a Linguistic Society of America. Na década de 1960, Hockett apresentou aquele que talvez seja seu trabalho mais influente: um conjunto de propriedades que caracterizam a linguagem humana e a diferenciam da comunicação animal. Esse conjunto de propriedades ficou conhecido como Hockett's design features [características de *design* de Hockett]. Hockett retoma essa ideia em seu prefácio ao livro *Universals of Human Language* [Universais da linguagem humana], de Joseph Greenberg, publicado em 1978. Seus livros mais populares foram *A Manual of Phonology* [Um manual de fonologia] (1955) e *A Course in Modern Linguistics* [Um curso em linguística moderna] (1958).

Dell Hymes (1927-2009): linguista, antropólogo e folclorista norte-americano. Estabeleceu os fundamentos do estudo etnográfico comparativo do uso da linguagem. É reconhecido por ter proposto a noção de competência comunicativa à época em que os linguistas formais da linha chomskiana operavam com a oposição competência linguística-desempenho linguístico. Na investigação da competência comunicativa, Hymes criou um modelo conhecido pelo acrônimo S.P.E.A.K.I.N.G. para identificar os componentes da interação linguística: (a) cenário e cena interacional (*scene*); identidade do falante, do ouvinte e da audiência (*participants*); objetivos e resultados esperados da interação (*ends*); forma e conteúdo da mensagem (*acts*); tom (*key*) e canal da fala (*instrumentalities*), normas de interação e de interpretação (*norms*), gêneros de discurso (*genres*).

Edward Sapir (1884-1939): linguista alemão. Viveu a maior parte de sua vida nos Estados Unidos. Estudou na Universidade de Colúmbia, onde foi aluno do grande antropólogo Franz Boas (1858-1942). Trabalhou nas universidades da Califórnia, da Pensilvânia e de Chicago. Foi professor de antropologia e linguística geral. Participou de inúmeras expedições etnográficas entre tribos indígenas do continente norte-americano. Terminou sua carreira em Yale. Seus trabalhos se situam na interface da linguística com a antropologia, e seu livro *Language: an Introduction to the Study of Speech* (1921) teve grande influência no desenvolvimento da linguística norte-americana e brasileira (a edição brasileira foi traduzida por Joaquim Mattoso Camara Jr., sob o título *A linguagem: introdução ao estudo da fala*, em 1938).

Émile Benveniste (1902-1976): linguista francês. Nascido Ezra Benveniste em Alepo (Síria), naturalizou-se francês em 1924. É considerado o linguista mais influente da França e um continuador do pensamento de Ferdinand de Saussure. É reconhecido pelos seus estudos em gramática comparada e linguística geral. Publicou com intensidade. Recebem destaque os dois volumes de *Problèmes de linguistique génerale* [Problemas de linguística geral] e os dois tomos de *Le vocabulaire des institutions indo-européennes* [O vocabulário das instituições indo-europeias]. Desenvolveu um programa de estudos que ficou conhecido como teoria da enunciação. Sucedeu Antoine Meillet na École Pratique des Hautes Études e no Collège de France.

Eugenio Coseriu (1921-2002): linguista romeno. Atuou em universidades da Itália, Alemanha e Uruguai. Coseriu identificou-se com o estruturalismo saussuriano, mas avançou nesse quadro teórico: além de reconhecer a oposição *língua* e *fala*, propôs considerar a competência linguística em pelo menos três níveis: o universal, o histórico e o individual. Defendeu a fala como base de todas as manifestações linguísticas. É reconhecido por ter desenvolvido estudos em variadas áreas da linguística: filosofia da linguagem, teoria da linguagem, metodologia da linguagem, fonologia, morfologia, sintaxe, semântica, lexicologia, gramática, linguística do texto, dialetologia, sociolinguística, estilística, teoria da tradução, política linguística, história linguística, com análise de dados de línguas indo-europeias, especialmente as línguas românicas.

Ferdinand de Saussure (1857-1913): linguista franco-suíço. Considerado o "pai da linguística moderna", Saussure é hoje uma das figuras mais proeminentes não apenas da linguística, mas de um conjunto de disciplinas que sofreram sua influência direta (antropologia, psicanálise, sociologia, semiologia etc.). Obteve notoriedade muito jovem, em 1878, quando defendeu seu trabalho *Sur le système primitif des voyelles dans les langues indo-européennes* [Sobre o sistema primitivo das vogais nas línguas indo-europeias] em Leipzig, e, em 1880, com a tese *De l'emploi du génitif absolu em sanscrit* [Sobre o emprego do genitivo absoluto em sânscrito]. Substituiu Michel Bréal na École des Hautes Études, em Paris, onde formou inúmeros linguistas, entre os quais Antoine Meillet. Em 1891, trabalhou na Universidade de Genebra, onde ministrou, entre 1907 e 1911, três cursos de linguística geral que são compilados e reunidos por dois colegas – Charles Bally e Albert Sechehaye – com o auxílio de um de seus alunos – Albert Riedlinger. A obra póstuma *Curso de linguística geral*, publicada em 1916, torna-se célebre e é considerada uma espécie de "certidão de nascimento" da linguística moderna. Os manuscritos de Ferdinand de Saussure, desde a metade do século XX, têm sido objeto de estudos especializados, o que tem renovado consideravelmente o entendimento acerca de seu pensamento.

Franz Bopp (1791-1867): linguista alemão. Professor de sânscrito e filologia na Universidade de Berlim. Bopp foi um dos principais expoentes da Gramática Comparada, área que ele ajudou a consolidar. Sua monumental Gramática comparada das línguas indo-europeias (1833-1852), *Vergleichende Grammatik des Sanskrit, Zend, Griechischen, Lateinischen, Litthauischen, Altslawischen, Gotischen und Deutschen* [Gramática comparativa do sânscrito, avesta, grego, latim, lituano, antigo eslavo, gótico e alemão], foi traduzida para o francês por Michel Bréal e exerceu uma influência profunda na linguística.

Friedrich Schlegel (1772-1829): poeta, crítico literário, filósofo e linguista alemão. Irmão mais novo de August Schlegel, Friedrich Schlegel teve grande importância para o desenvolvimento da linguística comparada e da formalização de processos regulares no estudo diacrônico das línguas. Em seu livro de 1808, *Über die Sprache und Weisheit der Indier. Ein Beitrag zur Begründung der Altertumskunde* [Sobre a língua e filosofia dos hindus], Schlegel sugere uma relação entre o sânscrito e algumas línguas europeias (tais como o grego, o latim e o próprio alemão), propondo que se faça, a partir daí, uma análise comparativa sistemática entre elas. Foi pioneiro ao empregar os termos "gramática comparativa" e "flexão" nos estudos linguísticos.

Jacob Grimm (1785-1863): linguista e folclorista alemão. Juntamente com seu irmão Wilhelm Grimm (1786-1859), ficou conhecido especialmente por seu trabalho de coleta e redação de contos e histórias folclóricas germânicas, tais como "A Bela Adormecida", "A Branca de Neve", "Chapeuzinho Vermelho", "Cinderela", "João e Maria", "O Pequeno Polegar", "Rapunzel", entre outras. Nos estudos da linguagem propriamente ditos, Grimm se dedicou à investigação das línguas germânicas antigas, em especial o gótico, língua de antigos povos germânicos. Sua contribuição principal no estudo diacrônico das línguas se deu no campo da fonética. Grimm foi o primeiro a encarar a mudança fonética diacrônica como resultado de uma mudança sistemática e regular. Formulou regras de mudanças fonéticas muito específicas. A primeira delas, conhecida até hoje como a Lei de Grimm, explica a mudança fonética relativamente regular ocorrida com as consoantes do indo-europeu em sua mudança para as línguas germânicas: as consoantes aspiradas tornaram-se não aspiradas, as vozeadas tornaram-se desvozeadas e as desvozeadas tornaram-se aspiradas. A partir de leis fonéticas como essa, a linguística diacrônica europeia passou a aplicar métodos mais rigorosos no estudo da mudança linguística.

Joaquim Mattoso Camara Jr. (1904-1970): linguista brasileiro. Apesar de ter se formado em Arquitetura e Direito, foi na linguística que Mattoso – como ficou conhecido – deu sua maior contribuição. Foi pioneiro na implantação da linguística no Brasil, tendo sido sócio-fundador tanto da Associação Brasileira de Linguística (Abralin) como da Academia Brasileira de Filologia. Publicou sobre os mais variados assuntos dentro dos estudos da linguagem, mas deu ênfase à descrição da morfologia e da fonologia do português brasileiro. A relação de suas obras publicadas é extensa. Seus livros mais conhecidos e ainda hoje largamente utilizados nos cursos de linguística pelo país são, provavelmente, *Problemas de linguística descritiva* (1962), *Estrutura da língua portuguesa* (1970) e *História da linguística* (1975). Os dois últimos foram publicados postumamente. Recentemente, essas três publicações receberam novas edições, que foram revisadas e comentadas por linguistas brasileiros contemporâneos.

John Lyons (1932-2020): linguista britânico. Lyons dedicou-se, sobretudo, à pesquisa em semântica em sua formação de pós-graduação. Ganhou renome internacional por seus dois manuais introdutórios à linguística, *Introduction to Theoretical Linguistics* (1968) [Introdução à linguística teórica] e *Language and Linguistics: an Introduction* [Lingua(gem) e linguística: uma introdução], resultado de seus cursos em universidades na Inglaterra e em outros países. Essas obras foram leituras fundamentais para uma geração de linguistas. Publicou, em 1977, o livro *Semantics* [Semântica], obra em dois volumes, considerada à época, pelos semanticistas, a mais abrangente já lançada. No volume 1, o autor sintetiza estudos sobre significado e comunicação em diferentes disciplinas e, no volume 2, aborda problemas linguísticos em semântica. Lyons inventou uma língua, que chamou de bongo-bongo, para exemplificar as diversas noções de linguística em suas aulas.

Joseph Harold Greenberg (1915-2001): linguista e antropólogo norte-americano. Desenvolveu grande parte de sua carreira acadêmica na Universidade de Stanford. Seu trabalho mais conhecido e influente é sobre universais linguísticos, que postulou a partir de observações empíricas em um grande número de línguas. Em geral, seus universais são implicacionais, do tipo "se a língua X tiver a estrutura/o fonema Y, então provavelmente também terá Z". Por exemplo: se uma língua tiver a ordem sintática dominante SVO, ela tenderá a ter preposições; se sua ordem dominante for SOV, ela tenderá a ter posposições. Seus livros mais conhecidos são *Universals of Language* [Universais da linguagem] (1963), *Universals of Human Language* [Universais da linguagem humana] (1978) e *Language in the Americas* [Linguagem nas Américas] (1987).

Joseph Vendryes (1875-1960): linguista francês. Aluno de Antoine Meillet. Como indo-europeísta, especializou-se em celta, grego e latim. Considerado um discípulo de Ferdinand de Saussure, publicou várias obras em torno da linguística do indo-europeu, com destaque para seu livro *Le Langage: introduction linguistique à l'histoire* [A linguagem: introdução linguística à história] (1923).

Karl Brugmann (1849-1919): linguista alemão. Professor de sânscrito e linguística comparada. Considerado um dos fundadores do movimento neogramático, que surgiu a partir de um desentendimento teórico com Georg Curtius, ambos, então, coeditores da revista *Studien zur griechischen und lateinischen Grammatik* [Estudos sobre a gramática grega e latina]. Durante uma viagem de Curtius, Brugmann publicou um artigo em que argumentava que consoantes nasais poderiam ocupar a posição de núcleo silábico em proto-indo-europeu (ideia não compartilhada por Curtius). Descontente, Curtius publica uma nota afirmando que não compartilha da hipótese do corredator da revista e tampouco se responsabiliza por ela. A nota não foi bem aceita por Brugmann, que deixa a revista para fundar outra, *Morphologische Untersuchungen* [Investigações morfológicas], em 1878, juntamente com o colega Hermann Osthoff. Já no prefácio do primeiro volume de *Investigações morfológicas*, Brugmann cunha o termo *junggrammatische Richtung* (lit. "tendências de jovens gramáticos"), fundando, a partir daí, o que ficou conhecido na história da linguística como o movimento neogramático.

Leonard Bloomfield (1887-1949): linguista norte-americano. Especialista em línguas indo-europeias. Considerado o pai do estruturalismo norte-americano, dedicou-se à elaboração de uma teoria que ficou conhecida como distribucionalismo. Foi fortemente influenciado pela psicologia behaviorista, o que lhe permitiu formular uma teoria da linguagem em torno da noção de comportamento verbal. Sua reflexão foi muito influente na linguística americana, contribuindo para a formação de linguistas como Zellig Harris e Charles Hockett. Seu livro *Language* [Linguagem] (1933) formou e influenciou uma geração de linguistas nos Estados Unidos.

Louis Hjelmslev (1899-1965): linguista dinamarquês. É considerado o pai de uma teoria conhecida como Glossemática, uma epistemologia semiótica dedicada às ciências humanas. É considerado por muitos o mais rigoroso dos estruturalistas. Publicou, entre outros, o livro *Prolegômenos a uma teoria da linguagem* (1943), em que apresenta os fundamentos de sua teoria linguística. É tido por alguns como um continuador de Ferdinand de Saussure.

Michel Bréal (1832-1915): linguista francês. Aluno de Franz Bopp. Propôs uma nova disciplina, a semântica, em seu livro *Essai de sémantique* [Ensaio de semântica] (1897), no qual busca apresentar um estudo sistemático da mudança das significações, em contrapartida aos estudos que eram feitos em torno das leis de mudança fonética. Foi responsável pelo desenvolvimento do comparativismo na França. Saussure o substituiu na École Pratique des Hautes Études na França.

Nikolai Trubetzkoy (1890-1938): linguista russo. Interessado em fonologia histórica e fonologia sincrônica desde muito jovem (conta-se que publicou seus primeiros artigos sobre línguas siberianas e caucásias ainda na adolescência), foi influenciado pelo formalismo russo. Teve atuação fundamental para a consolidação da fonologia estrutural e do estruturalismo europeu em seu conjunto. Foi membro fundador do Círculo Linguístico de Praga, juntamente com Roman Jakobson e Vilém Mathesius. Sua obra póstuma e inacabada, o influente *Princípios de fonologia*, foi publicada em 1939. Ali, desenvolve a ideia de Badouin de Courtenay sobre a concepção de fonema enquanto unidade fonológica distintiva e advoga pela distinção entre fonética e fonologia. Sua obra influenciou linguistas estruturalistas dentro e fora da Europa. No Brasil, Mattoso Camara Jr. desenvolveu estudos pioneiros em fonologia do português brasileiro com clara inspiração na obra de Trubetzkoy.

Noam Chomsky (1928-): linguista, filósofo, ativista e analista político norte-americano. Foi aluno de Zellig Harris, de quem recebeu grande influência. Na década de 1950, revolucionou o cenário nos estudos da linguagem, tanto com seu trabalho linguístico *stricto sensu* (em especial com sua monografia *The Logical Structure of Linguistic Theory* [A estrutura lógica da teoria linguística], de 1955, e com seu livro *Estruturas sintáticas*, de 1957), como com sua resenha crítica e contundente sobre o livro *Verbal Behavior* [Comportamento verbal], do psicólogo B. F. Skinner, publicada em 1959. A partir daí, inicia o programa de investigação linguística conhecido como linguística gerativa.

Otto Jespersen (1860-1943): linguista dinamarquês. Desenvolveu sua carreira acadêmica nas universidades de Oxford e Copenhague. Participou do grupo encabeçado por Paul Édouard Passy (1859-1940) na fundação da Associação Fonética Internacional, em 1886, e no desenvolvimento do Alfabeto Fonético Internacional, em especial com seu trabalho de 1889, *The Articulations of Speech Sounds Represented by Means of Analphabetic Symbols* [As articulações dos sons da fala representados por meio de símbolos gráfico-alfabéticos]. Em linguística diacrônica, há um processo conhecido hoje com o nome "Ciclo de Jespersen", em sua homenagem, que descreve a mudança da expressão negativa em algumas línguas que deixaram de marcar a negação com uma partícula pré-verbal, passando ao uso de duas partículas (pré- e pós-verbal), até chegar a um momento em que o sistema reconhece apenas a partícula pós-verbal como elemento negativo. Um exemplo típico de tal ciclo pode ser verificado na história da negação em francês: o francês antigo marcava a negação apenas com a partícula negativa pré-verbal *ne* (*Jeo ne dis*, "eu não digo"); posteriormente, o sistema passou a utilizar tanto a partícula *ne* pré-verbal como o intensificador *pas* pós-verbal (*Je ne dis pas*); contemporaneamente, em francês falado, a negação pode ser expressa apenas pelo *pas*, fechando o Ciclo de Jespersen (*Je dis pas*).

Penelope Eckert (1942-): sociolinguista e etnógrafa norte-americana, dedicada ao estudo da variação linguística como prática social. Foi aluna de linguistas como Marvin Herzog e William Labov. É professora de linguística na Universidade de Stanford, nos Estados Unidos, onde participa do Programa de Estudos Feministas, de Gênero e Sexualidade. Os estudos de Penelope Eckert vêm contribuindo para direcionar a pesquisa variacionista ao exame do significado social das variáveis. É sua a visão de que há, nos estudos variacionistas, pelo menos três grandes vertentes de investigação, "as três ondas de estudo da variação". Eckert tem sido reconhecida por suas pesquisas sobre linguagem e gênero, sobre o uso da linguagem na adolescência e seu efeito na variação e mudança linguística e por operar com as noções de comunidade de prática, rede social e identidade (*persona*) em suas análises.

Rasmus Rask (1787-1832): linguista e filólogo dinamarquês. Foi pesquisador pioneiro na linguística comparada. Ganhou notoriedade com o ensaio *Undersøgelse om det gamle Nordiske eller Islandske Sprogs Oprindelse* [Investigação sobre a origem do antigo nórdico ou islandês] (1811), que venceu uma competição promovida pela Academia Dinamarquesa de Ciências cujo tema eram as origens das línguas escandinavas. Foi Rask quem estabeleceu pela primeira vez, com certa segurança, a família linguística indo-germânica.

Roman Jakobson (1896-1982): linguista russo. Foi professor da Universidade de Harvard e do Massachusetts Institute of Technology (MIT) e um dos linguistas mais importantes do século XX. Sua obra se estende por diferentes domínios da linguística e das ciências em geral: fonologia, aquisição da linguagem, folclore, poesia, pintura, métrica, afasias, semiótica, línguas do mundo etc. Fundou o Circulo Linguístico de Moscou (1915) e o Círculo Linguístico de Praga (1916), com Nikolai Trubetskoy e Vilém Mathesius. Tem vasta obra publicada: são mais de seiscentos livros e artigos, dos quais apenas a metade se encontra reunida nos oito volumes dos *Selected Writings* [Textos selecionados]. Suas principais contribuições para os estudos linguísticos talvez sejam sua visão sobre as funções da linguagem e seus estudos sobre os traços distintivos e classes naturais de fonemas (que influenciaram diretamente o trabalho seminal de fonologia gerativa de Noam Chomsky e Morris Halle, na década de 1960).

Uriel Weinreich (1926-1967): linguista polonês/norte-americano. Cursou pós-graduação na Universidade de Colúmbia. Sua tese, de 1951, sobre bilinguismo na Suíça, foi convertida no influente livro *Languages in Contact* [Línguas em contato], publicado em 1953. Na mesma universidade, ministrou disciplinas de linguística e realizou estudos de iídiche, dialetologia, sociolinguística e semântica. Orientou os trabalhos de pós-graduação de Marvin Herzog e William Labov, com quem publicou *Empirical Foundations for a Theory of Language Change* [Fundamentos empíricos para uma teoria da mudança linguística] (1968), ensaio que lançou as bases da sociolinguística variacionista. Em semântica, influenciado pelas ideias de Chomsky e sua gramática transformacional, investigou a relação entre as análises sintática e semântica.

Vilém Mathesius (1882-1945): linguista tcheco. Foi um dos fundadores do Círculo Linguístico de Praga. Dedicado tanto ao estudo da linguagem quanto à história da literatura, contribuiu para estabelecer o funcionalismo estrutural em linguística. Suas publicações em periódicos como *Travaux du Cercle Linguistique de Prague* [Trabalhos do Círculo Linguístico de Praga] abrangem temas que vão da história da literatura inglesa à sintaxe e estilística. No Círculo, juntamente com estudiosos como Roman Jakobson, o linguista tcheco investigou a natureza da sintaxe e da semântica, colaborou para desenvolver a ideia de carga funcional e de capacidade combinatória dos fonemas e fez germinar suas ideias funcionalistas sobre a linguagem, que contrastavam com o estruturalismo centrado no sistema da linguística saussuriana.

Wilhelm von Humboldt (1767-1835): filósofo e político alemão. Iniciador da linguística comparada; um dos primeiros a se interessar pelas línguas do Novo Mundo e da Oceania; tradutor de Ésquilo; autor de uma vasta obra de linguística, com destaque para o monumental trabalho sobre a língua kavi. Ficou conhecido por ter proposto o conceito de "visão de mundo", que designa uma percepção do mundo organizada por uma língua particular. Influenciou inúmeros autores, em especial, no campo do relativismo linguístico. Durante muito tempo foi considerado, em especial pelos críticos ao estruturalismo, a antítese de Saussure. Hoje em dia, graças à leitura do linguista e tradutor francês Henri Meschonnic (1932-2009), é considerado um precursor do projeto saussuriano. Exerceu grande influência no pensamento chomskiano, em especial no estudo da criatividade linguística e na formulação do Problema de Humboldt dentro da linguística gerativa.

William Dwight Whitney (1827-1894): linguista norte-americano especialista em sânscrito, conhecido por suas concepções em linguística geral e pela insistência sobre o caráter social e convencional da língua. Considerado um precursor de Saussure. Entre suas obras, destaca-se o livro *The Life and Growth of Language: An Outline of Linguistic Science* (publicado no Brasil sob o título de *A vida da linguagem*, em 2010), de 1875.

William Labov (1927-): linguista norte-americano. Professor da Universidade da Pensilvânia, é considerado o fundador da sociolinguística variacionista. Graduado em Química em 1948, trabalhou como químico industrial até 1961, quando passou a se dedicar à linguística. Sua dissertação de mestrado, de 1963, trata da variação e mudança linguística no inglês da ilha de Martha's Vineyard; sua tese de doutorado, de 1964, é sobre o mesmo tema, mas envolvendo classe social e dados coletados em três lojas de departamentos de Nova York. A dissertação e a tese são as bases do influente livro *Sociolinguistic Patterns* [Padrões sociolinguísticos], que inaugura procedimentos metodológicos seguidos até hoje na pesquisa sociolinguística. Em 2006, publica, juntamente com Sharon Ash e Charles Boberg, *The Atlas of North American English: Phonetics, Phonology and Sound Change - ANAE* [Atlas do inglês norte-americano: fonética, fonologia e mudança fônica].

Zellig Harris (1909-1992): linguista ucraniano radicado nos Estados Unidos. Colaborou no estabelecimento das bases empíricas e matemáticas para o estudo científico da linguagem. Dedicou-se inicialmente à pesquisa de línguas semíticas, mas ganhou destaque por seu trabalho em linguística estrutural e análise de discurso e pela hipótese da existência de uma estrutura transformacional da linguagem. Outras de suas contribuições à linguística são a gramática de transferência, a análise sequencial (gramática de adjunção), a identificação de diferenças estruturais entre sentenças, as estruturas algébricas em linguagem, a gramática de operadores, a gramática sublinguística, uma teoria da informação linguística e a abordagem da natureza e origem da linguagem humana. Foi orientador de Noam Chomsky.

Lista de assuntos

Alfabeto Fonético Internacional, p. 69, 185, 200

Analogistas, p. 36, 113

Anomalistas, p. 36, 113

Arbitrariedade (do signo linguístico), p. 37

Árvore genealógica, p. 24, 100-101, 184

Ato de fala, p. 89, 164-165, 187

Ciências do Léxico, p. 122

Círculo Linguístico de Copenhague, p. 57, 61

Círculo Linguístico de Praga, p. 54, 61

Classificação das línguas, p. 15-31, 95

Classificação genética (das línguas), p. 15, 17, 20-21, 24

Classificação tipológica (das línguas), p. 15, 24

Cognição, p. 40-41, 93, 189

Combinação, p. 76, 88-89

Comparativismo, p. 20, 96, 200

Competência, p. 44, 78, 119-121

Comunidade de fala, p. 33, 132, 178-179

Comunidade linguística, p. 32-33, 150-151

Conteúdo posto, p. 165

Conteúdo pressuposto, p. 165-166

Convencionalidade (do signo linguístico), p. 36-37, 113

Dêiticos, p. 164-165

Discurso, p. 43-44, 46, 49

Distribucionalismo, p. 61, 140, 199

Entradas lexicais, p. 119-121

Enunciação, p. 45

Enunciado, p. 46

Esperanto, p. 124

Estrutura (linguística), p. 51-62

Estruturalismo, p. 51-61

Etnografia da comunicação, p. 178-179

Faculdade da linguagem, p. 41, 189

Família de línguas, p. 15, 17, 23, 97, 100, 151

Filologia, p. 63-65, 100, 123, 194, 197-198

Fonema, p. 75

Fonética, p. 66

Fonética acústica, p. 66, 71

Fonética articulatória, p. 66, 67

Fonética auditiva, p. 66, 73

Fonologia, p. 75

Fonologia lexical, p. 75, 121

Fonologia prosódica, p. 75

Fonologia segmental, p. 75

Formalismo, p. 78, 80, 200

Funcionalismo, p. 78, 79, 80, 139, 177, 202

Função conativa ou apelativa, p. 85, 91

Função emotiva ou expressiva, p. 83, 84, 91

Função fática, p. 86, 91

Função metalinguística, p. 86, 87, 91

Função poética, p. 88, 89, 90, 91

Função referencial, denotativa ou cognitiva, p. 85, 91

Funções da linguagem, p. 80, 82, 83, 91, 201

Gatilho pressuposicional, p. 165

Gerativismo, p. 39, 79, 92, 139, 177, 178

Glossemática, p. 57, 58, 140, 186, 199

Gramática de Port-Royal, p. 102, 103, 107, 183

Gramática descritiva, p. 109

Gramática tradicional, p. 45, 112, 115, 116

Gramática universal, p. 157, 158

Idioma, p. 30, 87, 97, 117, 118, 128

Inatismo, p. 157

Indo-europeu, p. 16, 17, 18, 20, 24, 100, 124, 133, 193, 194, 197, 199

Itens lexicais, p. 119, 121, 123, 160

Lexema, p. 119, 146

Léxico, p. 47, 49, 62, 119, 120, 121, 122, 188

Lexicografia, p. 122

Lexicologia, p. 119, 122, 196

Libras, p. 77, 128, 174

Língua artificial, p. 123, 124

Língua crioula, p. 160, 161

Língua geral, p. 129, 130, 131

Línguas incorporantes, p. 31

Língua materna, p. 20, 96, 125, 126, 130

Língua morta, p. 20, 132, 133

Língua oficial, p. 117, 127, 128, 130, 131

Língua viva, p. 132, 133

Língua/fala, p. 43

Línguas aglutinantes, p. 23, 24, 25, 26, 27, 31, 95

Línguas flexionais, p. 23, 24, 25, 26, 31, 95

Línguas indo-europeias, p. 16, 17, 60, 95, 96, 97, 151, 152, 184, 185, 196, 197, 199

Línguas isolantes, p. 23, 24, 25, 31, 95

Linguística (como ciência), p. 134-140

Linguística cognitiva, p. 42, 140

Linguística comparada, p. 16, 22, 24, 96, 152, 197, 199, 201, 202

Linguística da enunciação, p. 45, 49, 189

Linguística estrutural, p. 52, 53, 54, 56, 58, 59, 186, 203

Linguística histórica, p. 20, 29, 63, 94, 97, 141, 142, 143, 152, 193, 194

Linguística sistêmico-funcional, p. 80, 140, 180

Monogenia linguística (hipótese da), p. 155

Morfema, p. 75, 76, 90, 111, 120, 121, 144, 145, 148, 164, 165, 193

Morfologia, p. 49, 60, 110, 113, 119, 120, 121, 122, 144, 145, 146, 147, 165, 196, 198

Mudança linguística, p. 96, 139, 141, 143, 150, 179, 188, 189, 197, 201, 202, 203

Neogramáticos, p. 55, 149, 150, 151, 152, 153

Neurolinguística, p. 42

Nomenclatura Gramatical Brasileira, p. 144

Objeto (da linguística), p. 43, 135

Pidgin, p. 160, 161

Poligenia linguística (hipótese da), p. 155, 157

Pragmática, p. 38, 43, 79, 163-166, 177

Pressuposição, p. 166

Problema de Broca, p. 93

Problema de Descartes, p. 93

Problema de Humboldt, p. 93

Problema de Platão, p. 93

Problema de Wallace-Darwin, p. 93

Protocelta, p. 16

Protoeslavônio, p. 16

Protogermânico, p. 16

Protoindo-europeu, p. 16, 95, 154

Protoindo-iraniano, p. 16

Protoitálico, p. 16

Protorromance, p. 16

Psicolinguística, p. 41, 79

Racionalismo, p. 39

Referência, p. 47, 164, 165

Referente, p. 36

Relativismo linguístico, p. 167-169

Representações mentais, p. 40

Representações internas, p. 40

Seleção, p. 88, 89

Semântica, p. 49, 147, 170-173

Semântica da enunciação, p. 45

Símbolo, p. 37

Sintagma, p. 89, 90, 110, 121, 174, 175, 176

Sintaxe, p. 174-177

Sociolinguística, p. 178-180

Sociolinguística interacional, p. 178

Sociolinguística variacionista, p. 178

Sociologia da linguagem, p. 180

Traço distintivo, p. 75

Terminologia, p. 122

Visão de mundo, p. 99, 118, 169

Referências

ABDO, H. "Como são criadas as línguas fictícias de séries e filmes". *Galileu*. Globo, 08 set. 2016. Disponível em: <https://revistagalileu.globo.com/Revista/noticia/2016/09/como-sao-criadas-linguas-ficticias-de-series-e-filmes.html>. Acesso em: 20 out. 2021.

ALKMIM, T. M. "Sociolinguística – Parte 1". In: MUSSALIM, F.; BENTES, A. C. (orgs.). *Introdução à linguística:* domínios e fronteiras. v. 1. São Paulo: Cortez, 2001, pp. 21-47.

ALTENHOFEN, C. V. "Bases para uma política linguística das línguas minoritárias no Brasil". In: NICOLAIDES, C. et al. *Política e políticas linguísticas*. Campinas: Pontes, 2013, pp. 93-116.

_____. "Quantas línguas são faladas hoje no mundo?" In: OTHERO, G. A.; FLORES, V. N. (orgs.) *O que sabemos sobre a linguagem*. São Paulo: Parábola, 2022.

ALVES, I. M. "Lexicologia: uma entrevista com Ieda Maria Alves". *ReVEL*, v. 9, n. 17, 2011.

ARGENTE, J. *El Círculo Linguístico de Praga*. Barcelona: Anagrama, 1971.

ARMENGAUD, F. *A pragmática*. Trad. Marcos Marcionilo. São Paulo: Parábola, 2006.

ARNAULD, A.; LANCELOT, C. *Gramática de Port-Royal*. Trad. Bruno Fregni Bassetto e Henrique Graciano Murachco. São Paulo: Martins Fontes, 1992.

ARONOFF, M. *Word Formation in Generative Grammar*. Cambridge, Mass.: The MIT Press, 1976.

ARRIVÉ, M.; GADET, F.; GALMICHE, M. *La Grammaire d'aujourd'hui:* guide alphabétique de linguistique française. Paris: Flammarion, 1986.

AUROUX S. *A filosofia da linguagem*. Trad. José Horta Nunes. Campinas: Editora da Unicamp, 1998.

_____. "Les antinomies méthodologiques". In : _____. (org.). *Histoire des idées linguistiques – Tome 3:* L'hégémonie du comparatisme. Liège: Pierre Mardaga, 2000, pp. 409-44.

_____. *A questão da origem das línguas, seguido de A historicidade das ciências.* Trad. Mariângela Peccioli Gali Joanilho. Campinas: RG, 2008.

_____. *A revolução tecnológica da gramatização*. Trad. Eni P. Orlandi. Campinas: Ed. da Unicamp, 2009.

AZEREDO, J. C. "Sintaxe normativa tradicional". In: OTHERO, G. A.; KENEDY, E. *Sintaxe, sintaxes:* uma introdução. São Paulo: Contexto, 2015, pp. 197-216.

BAGNO, M. *Preconceito linguístico:* o que é, como se faz. São Paulo: Loyola, 1999.

_____. *Dramática da língua portuguesa:* tradição gramatical, mídia e exclusão social. São Paulo: Loyola, 2000.

_____. *A norma oculta*: língua & poder na sociedade brasileira. São Paulo: Parábola, 2003.

_____. *Dicionário crítico de sociolinguística*. São Paulo: Parábola, 2017.

BARBOSA, P.; MADUREIRA, S. *Manual de fonética acústica experimental:* aplicações a dados do português. São Paulo: Cortez, 2015.

BARROS, M. *Livro sobre nada*. Rio de Janeiro: Record, 2006.

BARTHES, R. "Um belíssimo presente". In: _____. *O rumor da língua*. Trad. António Gonçalves. Lisboa: Edições 70, 1987, pp. 204-5.

BASÍLIO, M. *Estruturas lexicais do português:* uma abordagem gerativa. Petrópolis: Vozes, 1980.

_____. "Morfologia: uma entrevista com Margarida Basílio". *ReVEL*, v. 7, n. 12, 2009.

BASSETTO, B. F. *Elementos de filologia românica:* história externa das línguas. São Paulo: Edusp, 2001.

_____; MURACHCO, H. G. "Prefácio à edição brasileira". In: ARNAULD, A.; LANCELOT, C. *Gramática de Port-Royal*. Trad. Bruno Fregni Bassetto e Henrique Graciano Murachco. São Paulo: Martins Fontes, 1992, pp. IX-XXXII.

BASSO, R. M. *Descrição do português brasileiro*. São Paulo: Parábola, 2019.

_____. "O que é uma língua morta?". In: OTHERO, G. A.; FLORES, V. N. (orgs.) *O que sabemos sobre a linguagem*. São Paulo: Parábola, 2022.

_____; GONÇALVES, R. T. *História concisa da língua portuguesa*. Petrópolis: Vozes, 2014.

BATTISTI, E. "Fonologia". In: SCHWINDT, L. C. (org.) *Manual de linguística:* fonologia, morfologia e sintaxe. Petrópolis: Vozes, 2014, pp. 109-54.

_____; OTHERO, G. A.; FLORES, V. N. *Conceitos básicos de linguística:* sistemas conceituais. São Paulo: Contexto, 2021.

_____. "O que é norma-padrão?". In: OTHERO, G. A.; FLORES, V. N. (orgs.) *O que sabemos sobre a linguagem*. São Paulo: Parábola, 2022.

BAXTER, A.; LUCCHESI, D. "A relevância dos processos de pidginização e crioulização na formação da língua portuguesa no Brasil". *Estudos Lingüísticos e Literários*, Salvador, v. 19, 1997, pp. 65-83.

BENVENISTE, E. *Problemas de linguística geral I*. Trad. Maria da Glória Novak e Maria Luisa Neri. Campinas: Editora da Unicamp, 1988.

_____. "O aparelho formal da enunciação". In: _____. *Problemas de linguística geral II*. Trad. Eduardo Guimarães et al. Campinas: Pontes, 1989, pp. 81-90.

_____. *O vocabulário das instituições indo-europeias*: vol. I e II. Trad. Denise Bottmann e Eleonora Bottman. Campinas: Pontes, 1995.

BERWICK, R. B.; CHOMSKY, N. *Por que apenas nós?* Linguagem e evolução. Trad. Gabriel de Ávila Othero e Luisandro Mendes de Souza. São Paulo: Unesp, 2017.

BIDERMAN, M. T. C. *Teoria linguística:* teoria lexical e linguística computacional. São Paulo: Martins Fontes, 2001a.

_____. "Introdução: as ciências do léxico". In: OLIVEIRA, A. M. P. P.; ISQUERDO, A. N. (orgs.) *As ciências do léxico:* lexicologia, lexicografia, terminologia. Campo Grande: Ed. UFMS, 2001b, pp. 13-22.

BISOL, L. "Fonologia: uma entrevista com Leda Bisol". *ReVEL*, v. 4, n. 7, 2006.

_____. *Introdução a estudos de fonologia do português brasileiro*. Porto Alegre: EDIPUCRS, 2010.

BLOOMFIELD, L. "[Review of Cours de Linguistique Générale, by F. de Saussure, C. Bally, & A. Sechehaye]". *The Modern Language Journal*, Medford, v. 8, n. 5, 1924, pp. 317-19. Disponível em: <https://www.jstor.org/stable/313991>. Acesso em: 10 out. 2021.

_____. *Language*. New York: Holt, Rinehart & Winston Inc., 1933.

_____. "Um conjunto de postulados para a ciência da linguagem". In: DASCAL, M. (org.). *Fundamentos metodológicos da linguística.* v. I - Concepções gerais da teoria linguística. São Paulo: Global, 1978, pp. 45-60.

_____. "O significado". In: DASCAL, M. (org.). *Fundamentos metodológicos da linguística.* v. III - Semântica. Campinas: Edição de Marcelo Dascal, 1982, pp. 29-30.

BORGES NETO, J. "Formalismo x funcionalismo nos estudos linguísticos". In: _____. *Ensaios de filosofia da linguística.* São Paulo: Parábola, 2004, pp. 15-24.

_____. "O empreendimento gerativo". In: MUSSALIM, F.; BENTES, A. C. *Introdução à linguística*: Fundamentos epistemológicos. v. 3. São Paulo: Cortez, 2005, pp. 93-129.

BRASIL. *Constituição da República Federativa do Brasil de 1988*. Brasília, DF: Presidência da República, [2020]. Disponível em: <http://www.planalto.gov.br/ccivil_03/constituicao/constituicao.htm>. Acesso em: 19 out. 2021.

_____. *Decreto nº 5.626, de 22 de dezembro de 2005*. Regulamenta a Lei nº 10.436, de 24 de abril de 2002, que dispõe sobre a Língua Brasileira de Sinais - Libras, e o art. 18 da Lei nº 10.098, de 19 de dezembro de 2000. Brasília, DF: Presidência da República, 2005. Disponível em: <https://www.planalto.gov.br/ccivil_03/_Ato2004-2006/2005/Decreto/D5626.htm>. Acesso em: 12 mar. 2020.

BRÉAL, M. *Ensaio de semântica.* Trad. Aída Ferraz et al. São Paulo: EDUC; Pontes, 1992.

CAGLIARI, L. C. "Fonética: uma entrevista com Luiz Carlos Cagliari". *ReVEL*, v. 4, n. 7, 2006.

_____. "Aspectos metodológicos da fonética e da fonologia". In: GONÇALVES, A. V.; GÓIS, M. L. S. *Ciências da linguagem:* o fazer científico. v. 1. Campinas: Mercado de Letras, 2012, pp. 65-87.

_____; MASSINI-CAGLIARI, G. "Fonética". In: MUSSALIM, F; BENTES, A. C. (orgs.). *Introdução à linguística:* domínios e fronteiras. v. 1. São Paulo: Cortez Editora, 2001, pp. 105-79.

CALLOU, D; LEITE, Y. *Iniciação à fonética e fonologia.* Rio de Janeiro: Jorge Zahar, 2001.

CALVET, L.-J. *Sociolinguística:* uma introdução crítica. Trad. Marcos Marcionilo. São Paulo: Parábola, 2002.

CAMACHO, R. G. M. "Sociolinguística – Parte II". In: MUSSALIM, F.; BENTES, A. C. (orgs.). *Introdução à linguística:* domínios e fronteiras. v. 1. São Paulo: Cortez, 2001, pp. 49-75.

CAMARA JR., J. M. *Princípios de linguística geral.* Rio de Janeiro: Livraria Acadêmica, 1969.

_____. *Dicionário de linguística e gramática.* Petrópolis: Vozes, 1986.

_____. *Estrutura da língua portuguesa.* Ed. crítica estabelecida por Emílio Pagotto, Maria Cristina Figueiredo Silva e Manoel Mourivaldo Santiago-Almeida. Petrópolis: Vozes, 2019.

_____. *História da linguística.* Ed. rev. e comentada por Valdir do Nascimento Flores e Gabriel de Ávila Othero. Petrópolis: Vozes, 2021a.

_____. *Problemas de linguística descritiva.* Ed. rev. e comentada por Carlos Alexandre Gonçalves e Sérgio de Moura Menuzzi. Petrópolis: Vozes, 2021b.

CANÇADO, M. *Manual de semântica:* noções básicas e exercícios. São Paulo: Contexto, 2012.

_____.; AMARAL, L. *Introdução à Semântica Lexical.* Petrópolis: Vozes, 2016.

CANN, R. L. et al. "Mithocondrial DNA and Human Evolution". *Nature*, London, 325, 1987, pp. 31-6.

CAVALIERE, R. *Pontos essenciais em fonética e fonologia.* Rio de Janeiro: Lucerna, 2005.

CHALHUB, S. *Funções da linguagem.* São Paulo: Ática, 1991.

_____. *A metalinguagem.* São Paulo: Ática, 2005.

CHIERCHIA, G. *Semântica.* Versão téc. Rodolfo Ilari, trad. Luis Arthur Pagani, Lígia Negri e Rodolfo Ilari. Campinas: Ed. da Unicamp; Londrina: EDUEL, 2003.

CHOMSKY, N. *Syntactic Structures.* The Hague: Mouton Publishers, 1957.

_____. *Aspects of the Theory of Syntax.* Cambridge: The MIT Press, 1965.

_____. "Remarks on Nominalization". In: JACOBS, R. A.; ROSENBAUM, P. S. (eds). *Readings in English Transformational Grammar.* Waltham, Mass.: Ginn, 1970, pp. 184-221.

_____. *Linguística cartesiana.* Trad. Francisco M. Guimarães. Petrópolis: Vozes, 1972.

_____. *Knowledge of Language:* its Nature, Origin and Use. New York: Praeger, 1986.

_____. *Language and Problems of Knowledge*: the Managua Lectures. Cambridge: MIT Press, 1988.

_____. *O conhecimento da língua:* sua natureza, origem e uso. Trad. Anabela Gonçalves e Ana Teresa Alves. Lisboa: Caminho, 1994.

_____. *A ciência da linguagem:* conversas com James McGilvray. Trad. Gabriel de Ávila Othero, Luisandro Mendes Souza e Sergio de Moura Menuzzi. São Paulo: Unesp, 2014.

_____. *Estruturas sintáticas*. Ed. comentada. Trad. e comentários de Gabriel de Ávila Othero e Sergio Menuzzi. Petrópolis: Vozes, 2015.

_____. *Que tipo de criatura somos nós?*. Trad. Gabriel de Ávila Othero e Luisandro Mendes de Souza. Petrópolis: Vozes, 2018a.

_____. "Sobre mentes e linguagem". Trad. Gabriel de Ávila Othero. *ReVEL*, vol. 16, n. 31, 2018b.

_____. "Fundamental Operations of Language: Reflections on Optimal Design". *Cadernos de Linguística*, v. 1, n. 1, jul. 2020, pp. 1-13.

COELHO, I. L. et al. *Para conhecer sociolinguística*. São Paulo: Contexto, 2015.

COLOMBAT, B.; FOURNIER, J-M.; PUECH, C. *Histoire des idées sur le langage et les langues*. Paris: Klincksieck, 2010.

COMRIE, B.; MATTHEWS, S.; POLINSKY, M. *The Atlas of Languages:* the Origin and Development of Languages throughout the World. New York: Facts on File, 2003.

CORRÊA, L. "Computação gramatical". In: MAIA, M. (org.) *Psicolinguística, psicolinguísticas*: uma introdução. São Paulo: Contexto, 2015, pp. 31-44.

COSTA, J. C. *A relevância da pragmática na pragmática da relevância*. Porto Alegre: EDIPUCRS, 2008.

COSTA, J. *Word Order Variation*: a Constraint-Based Approach. The Hague, Holland: Academic Graphics, 1998.

CRISTÓFARO-SILVA, T. *Fonética e fonologia do português:* roteiro de estudos e guia de exercícios. São Paulo: Contexto, 2002.

_____. *Dicionário de fonética e fonologia*. São Paulo: Contexto, 2011.

CRYSTAL, D. *Dicionário de linguística e fonética*. Trad. e adapt. Maria Carmelita Pádua Dias. Rio de Janeiro: Jorge Zahar, 2000.

CULLER, J. *As ideias de Saussure*. Trad. Carlos Alberto da Fonseca. São Paulo: Cultrix, 1979.

CUNHA, A. F. "Funcionalismo". In: MARTELOTTA, M. E. (org.) *Manual de linguística*. São Paulo: Contexto, 2008, pp. 157-76.

CUNHA, A. P. *A emergência da hipótese do relativismo linguístico em Edward Sapir (1884-1939)*. São Paulo, 2012. Dissertação (Mestrado em Semiótica e Linguística Geral) – Universidade de São Paulo.

DE MAURO, T. "Notes". Trad. Louis-Jean Calvet. In: SAUSSURE, F. *Cours de linguistique générale*. Édition critique préparée par Tullio de Mauro. Paris: Payot, 1976, pp. 405-77.

DE MORAIS, M. M.; SOUZA JR., P. S. "Esperanto-modelo: o que Zamenhof quis da língua". *Língua, Literatura e Ensino*, Campinas, v. 2, 2007, pp. 275-81.

DELESALLE, S. "Introduction: histoire du mot énonciation". *Histoire, Épistémologie, Langage*, Les Ulis Cedex A, t. 8, fascículo 2, 1986, pp. 7-22.

DEUTSCHER, G. *O desenrolar da linguagem*. Trad. Renato Basso e Guilherme Henrique May, rev. téc. Mario Perini. Campinas: Mercado de Letras, 2014.

DIK, S. C. *Functional Grammar*. Hawthorne, NY: Foris USA, 1978.

DILLINGER, M. "Forma e função na linguística". *D.E.L.T.A*, São Paulo, v. 7, n. 1, 1991, pp. 395-407.

DIRVEN, R.; FRIED, V. "By Way of Introduction". In: _____.; _____. (eds.). *Functionalism in Linguistics*. Amsterdam: John Benjamins, 1987, pp. XI-XVII.

DO COUTO, H. H. *Introdução ao estudo das línguas crioulas e pidgins*. Brasília: Editora UnB, 1996.

DOSSE, F. *História do estruturalismo*: o campo do signo, 1945/1966. Trad. Álvaro Cabral. São Paulo: Ensaio; Editora da Unicamp, 1993.

_____. *História do estruturalismo*: o canto do cisne, de 1967 a nossos dias. Trad. Álvaro Cabral. São Paulo: Ensaio; Editora da Unicamp, 1994.

DRYER, M. "Order of Subject, Object, and Verb". In: HASPELMATH, M. et al. (eds.). *The World Atlas of Language Structures*. Oxford: OUP, 2005, pp. 330-3.

DUBOIS, J. et al. *Dicionário de linguística*. Trad. Frederico Pessoa de Barros et al. São Paulo: Cultrix, 1995.

DUCROT, O; TODOROV, T. *Estruturalismo e linguística*. Trad. José Paulo Paes. São Paulo: Cultrix, 1970.

_____. *Dicionário enciclopédico das ciências da linguagem*. Trad. Alice Kyoto Miyashiro et al. São Paulo: Perspectiva, 1988.

ETHNOLOGUE – LANGUAGES OF THE WORLD. How many languages are there in the world? *Ethnologue*, 2019. Disponível em: <https://www.ethnologue.com/guides/how-many-languages>. Acesso em: 04 maio 2019.

EVERETT, D. L. "Cultural Constraints on Grammar and Cognition in Pirahã". *Current Anthropology*, Chicago, v. 46, n. 4, ago.-out. 2005, pp. 621-46.

_____. *Language:* The Cultural Tool. New York: Pantheon Books, 2012.

_____. *Linguagem:* a história da maior invenção da humanidade. Trad. Maurício Resende, rev. téc. Gabriel de Ávila Othero. São Paulo: Contexto, 2019.

FALK, J. S. "Saussure and American Linguistics". In: SANDERS, C. *The Cambridge Companion to Saussure*. Cambridge: CUP, 2004. pp. 107-23.

FARACO, C. A. *Linguística histórica*: uma introdução ao estudo da história das línguas. São Paulo: Parábola, 2005.

_____. "Ensinar x não ensinar gramática: ainda cabe essa questão?" *Calidoscópio,* São Leopoldo, v. 4, n. 1, 2006, pp. 15-26.

_____. *História do português*. São Paulo: Parábola, 2019.

FELDMANN, H. "Do Linguistic Structures Affect Human Capital? The Case of Pronoun Drop". *Kyklos*, v. 72, n. 1, 2019, pp. 29-54.

FERRAREZI JR., C.; BASSO, R. (orgs.). *Semântica, semânticas:* uma introdução. São Paulo: Contexto, 2013.

FIGUEIREDO SILVA, M. C.; MEDEIROS, A. B. *Para conhecer morfologia*. São Paulo: Contexto, 2016.

FIGUEROA, E. *Sociolinguistic Metatheory*. Oxford/New York/Tokyo: Pergamon, 1994.

FINBOW, T. "É possível classificar as línguas?". In: OTHERO, G. A.; FLORES, V. N. (orgs.) *O que sabemos sobre a linguagem*. São Paulo: Parábola, 2022.

FIORIN, J, L. (org.) *Introdução à linguística*. São Paulo: Contexto, 2002.

_____. (org.) *Linguística? Que é isso?*. São Paulo: Contexto, 2013a.

_____. "A linguagem humana: do mito à ciência". In: _____. (org.) *Linguística?* Que é isso?. São Paulo: Contexto, 2013b, pp. 13-43.

_____. "Qual é a função da linguagem". In: OTHERO, G. A.; FLORES, V. N. (orgs.) *O que sabemos sobre a linguagem*. São Paulo: Parábola, 2022.

FIRTH, J. R. "The Technique of Semantics". *Transactions of the Philological Society,* v. 32, n. 1, 1935, pp. 36-73.

FISHMAN, J. A. "The sociology of Language". In: _____. *The Sociology of Language:* an Interdisciplinary Social Science Approach to Language in Society. Rowley: Newbury House Publishers, 1972, pp. 1-7.

FLORES, V. N. et al. *Dicionário de linguística da enunciação*. São Paulo: Editora Contexto, 2009.

_____. O lugar metodológico da análise da enunciação em relação aos níveis da análise linguística. In: BATTISTI, E.; COLLISCHONN, G. (orgs.). *Língua e linguagem:* perspectivas de investigação. Pelotas: EDUCAT, 2011, pp. 45-57.

_____. O que seria uma gramática da enunciação? A proposta de uma análise transversal. *Letras & Letras*, Uberlândia, v. 29, n. 1, 2013a, pp. 1-7.

_____. "Semântica da Enunciação". In: FERRAREZI JR., C.; BASSO, R. (orgs.). *Semântica, semânticas:* uma introdução. São Paulo: Editora Contexto, 2013b, pp. 89-103.

_____. *Saussure e Benveniste no Brasil:* quatro aulas na École Normale Supérieure. São Paulo: Parábola, 2017.

_____. *Problemas gerais de linguística.* Petrópolis: Vozes, 2019a.

_____. "Teoria da enunciação". In: ROMERO, M. et al. *Manual de Linguística:* semântica, pragmática e enunciação. Petrópolis: Vozes, 2019b, pp. 1145-73.

_____; TEIXEIRA, M. *Introdução à linguística da enunciação.* São Paulo: Contexto, 2005.

FOLEY, W. A. *Anthropological Linguistics:* an Introduction. Malden/Oxford: Blackwell Publishers, 1997.

FONTAINE, J. *O Círculo Linguístico de Praga.* Trad. João Pedro Mendes. São Paulo: Cultrix, 1978.

FRANCHETTO, B. "Línguas 'em perigo' e línguas como patrimônio imaterial: duas ideias em discussão". *Revista do Patrimônio:* Patrimônio Imaterial e Biodiversidade, Brasília, v. 32, 2005, pp. 182-205.

_____; LEITE, Y. *Origens da linguagem.* Rio de Janeiro: Jorge Zahar, 2004.

FRANÇOZO, E.; ALBANO, E. "Virtudes e vicissitudes do cognitivismo, revisitadas". In: MUSSALIM, F.; BENTES, A. C. (orgs.). *Introdução à linguística:* fundamentos epistemológicos. v. 3. São Paulo: Cortez, 2007, pp. 201-10.

FRANK, J. "Roman Jakobson: o mestre linguista". In: _____. *Pelo prisma russo:* ensaios sobre literatura e cultura. Trad. Paula Cox Rolim e Francisco Achcar. São Paulo: Edusp, 1992, pp. 3-18.

GABAS JR., N. "Linguística histórica". In: MUSSALIM, F.; BENTES, A. C. (orgs.) *Introdução à linguística:* domínios e fronteiras. v. 1. São Paulo: Cortez, 2001, pp. 77-103.

GADET, F. *Saussure*: une science de la langue. Paris: Press Universitaires de France, 1996.

GALVES, C. "ReVEL na escola: linguística histórica". *ReVEL*, v. 17, n. 32, 2019.

GARVÍA, R. "A batalha das línguas artificiais (volapük, o primeiro ator)". *Tempo Social*, São Paulo, v. 24, n. 2, 2012, pp. 59-78.

GIVÓN, T. *A compreensão da gramática.* Trad. Maria Angélica Furtado da Cunha, Mário Eduardo Martelotta e Filipe Albani. São Paulo: Cortez; Natal: EDUFRN, 2012.

GODEL, R. *Les Sources manuscrites du Cours de linguistique générale de F. de Saussure.* Genebra : Libraire Droz, 1969.

GOLDNADEL, M. "Pragmática". In: ROMERO, M.; GOLDNADEL, M.; RIBEIRO, P. N.; FLORES, V. N. *Manual de linguística:* semântica, pragmática e enunciação. Petrópolis: Vozes, 2019, pp. 65-142.

GONÇALVES, C. A. *Atuais tendências em formação de palavras.* São Paulo: Contexto, 2016.

_____. *Morfologia.* São Paulo: Parábola, 2019.

GONÇALVES, R. T. *Relativismo linguístico ou como a língua influencia o pensamento.* Petrópolis: Vozes, 2020.

GREIMAS, A. J. *Sémantique structurale :* recherche de méthode. Paris: Larousse, 1966.

GUIMARÃES, M. *Os fundamentos da teoria linguística de Chomsky.* Petrópolis: Vozes, 2017.

_____. "O que é uma língua?". In: OTHERO, G. A.; FLORES, V. N. (orgs.) *O que sabemos sobre a linguagem.* São Paulo: Parábola, 2022.

GUINSBURG, J. (org.). *Círculo Linguístico de Praga*. Trad. Jacó Guinsburg. São Paulo: Perspectiva, 1978.

GUMPERZ, J. J. *Discourse Strategies*. Cambridge: CUP, 1982.

HALLE, M. "Prolegomena to a Theory of Word-Formation". *Linguistic Inquiry*, Cambridge, Mass., v. 4, n. 1, 1973, pp. 3-16.

HALLIDAY, M. A. K. "Language in a Social Perspective". In: _____. *Explorations in the Functions of Language*. London: Edward Arnold, 1973, pp. 165-88.

_____. *Language as Social Semiotic*. London: Edward Arnold, 1978.

_____. "Lexicology". In: _____.; TEUBERT, W.; YALLOP, C.; CERMÁKOVÁ, A. *Lexicology and Corpus Linguistics:* an Introduction. London/New York: Continuum, 2004, pp. 1-22.

HAUSER, M. D., CHOMSKY, N.; FITCH, W. T. "The Faculty of Language: What Is It, Who Has It, and How Did It Evolve?" *Science*, New York, v. 298, n. 5598, 2002, pp. 1569-79.

HJELMSLEV, L. *Prolegômenos a uma teoria da linguagem*. Tradução J. Teixeira Coelho Netto. São Paulo: Perspectiva, 1975.

_____. *Ensaios linguísticos*. Tradução Antonio de Pádua Danesi. São Paulo: Perspectiva, 1991.

HOLENSTEIN, E. *Jakobson:* o estruturalismo fenomenológico. Lisboa: Vega, 1979.

HORA, D.; MATZENAUER, C. L. (orgs.). *Fonologia, fonologias*. São Paulo: Contexto, 2017.

HUF, J. C. C.; ALVES, U. K. "A produção de /P/ e /K/ em codas simples e complexas do inglês (L2) por aprendizes gaúchos: discussão a partir de padrões acústicos encontrados". *Verba Volant*, Pelotas, v. 1, n. 1, 2010, pp. 1-27.

HUMBOLDT, W. *Sur le caractere national des langues et autres écrits sur le langage*. Présenté, traduit et commenté par Denis Thouard. Paris: Seuil, 2000.

HYMES, D. *Foundations in Sociolinguistics*: An Ethnographic Approach. Philadelphia: University of Pennsylvania Press, 1974.

ILARI, R. "Introdução". In: DASCAL, M. (org.). *Fundamentos metodológicos da linguística.* v. III - Semântica. Campinas: Edição de Marcelo Dascal, 1982, pp. 7-29.

_____. *Linguística românica*. São Paulo: Ática, 1999.

_____. "O Estruturalismo linguístico: alguns caminhos". In: MUSSALIM, F.; BENTES, A. C. (Orgs.) *Introdução à Linguística:* fundamentos epistemológicos. v. 3. São Paulo: Cortez, 2004, pp. 53-91.

_____; GERALDI, J. W. *Semântica*. São Paulo: Ática, 1987.

JACKENDOFF, R. "Morphological and Semantic Regularities in the Lexicon". *Language,* United States, v. 51, n. 3, 1975, pp. 639-71.

JAKOBSON, R. *Linguística e comunicação*. Trad. Izidoro Blikstein e José Paulo Paes. São Paulo: Cultrix, 1974.

_____. *Seis lições sobre o som e o sentido*. Trad. Luís Miguel Cintra. Lisboa: Moraes; São Paulo: Martins Fontes, 1977.

JANSON, T. *A história das línguas:* uma introdução. Trad. Marcos Bagno. São Paulo: Parábola, 2015.

KATAMBA, F. *Morphology*. London: Macmillan, 1993.

KE, Y. et al. "African Origin of Modern Humans in East Asia: a Tale of 12.000 Y Chromosomes". *Science*, New York, v. 292, n. 5519, 2001, pp. 1151-3.

KENEDY, E. *Curso básico de linguística gerativa*. São Paulo: Contexto, 2013.

_____; OTHERO, G. A. *Para conhecer sintaxe*. São Paulo: Contexto, 2018.

KIPARSKY, P. "From Cyclic Phonology to Lexical Phonology". In: VAN DER HULST, H.; SMITH, N. (eds.) *The Structure of Phonological Representations*. v. 1. Dordrecht: Foris, 1982, pp. 131-75.

KLEIN, R. G.; EDGAR, B. *O despertar da cultura:* a polêmica teoria sobre a origem da criatividade humana. Trad. Ana L. Vieira de Andrade. Rio de Janeiro: Jorge Zahar, 2005.

KOCH, I. V.; CUNHA-LIMA, M. L. "Do cognitivismo ao sociocognitivismo". In: MUSSALIM, F.; BENTES, A. C. (orgs.). *Introdução à linguística:* fundamentos epistemológicos. v. 3. São Paulo: Cortez, 2007, pp. 251-300.

KONOPKA, G. et al. "Human-Specific Transcriptional Regulation of CNS Development Genes by FOXP2". *Nature,* London, v. 462, 2009, pp. 213-7.

KRIEGER, M. da G. "Terminologia: uma entrevista com Maria da Graça Krieger". *ReVEL*, v. 9, n. 17, 2011.

KRISTEVA, J. "Para além da fenomenologia da linguagem". In: TOLEDO, D. (org.). *Círculo Linguístico de Praga*: estruturalismo e semiologia. Trad. Zênia de Faria, Reasylvia Toledo e Dionísio Toledo. Porto Alegre: Globo, 1978, pp. XI- XVI.

_____. *El lenguaje, ese desconocido*: introducción a la lingüística. Trad. María Antoranz. Madrid: Fundamentos, 1988.

LABOV, W. *Sociolinguistic Patterns*. Philadelphia: University of Pennsylvania Press, 1972.

_____. *Padrões sociolinguísticos*. Trad. Marcos Bagno, Maria Marta Pereira Scherre e Caroline R. Cardoso. São Paulo: Parábola, 2008.

LEES, R. B. "Review of *Syntactic Structures* by Noam Chomsky". *Language*, United States, v. 33, n. 3, 1957, pp. 375-408.

LEITE, Y.; FRANCHETTO, B. "500 anos de línguas indígenas no Brasil". In: CARDOSO, S. A. M.; MOTA, J. A.; MATTOS E SILVA, R. V. (orgs) *Quinhentos anos de história linguística do Brasil*. Salvador: Secretaria da Cultura e Turismo do Estado da Bahia, 2006, pp. 15-62.

LEPSCHY, G. C. *A linguística estrutural*. Trad. Nites Therezinha Feres. São Paulo: Perspectiva, 1975.

LOBATO, L. M. P. *Sintaxe gerativa do português:* da teoria padrão à teoria da regência e ligação. Belo Horizonte: Vigília, 1986.

LORENSET, R. B. C. "Mostrando a língua: políticas linguísticas e historicidade do ensino de língua portuguesa no Brasil". *ReVEL*, v. 14, n. 26, 2016.

LUCCHESI, D. *Sistema, mudança e linguagem:* um percurso na história da linguística moderna. São Paulo: Parábola, 2014.

_____. "Linguística histórica: uma entrevista com Dante Lucchesi". *ReVEL*, v. 17, n. 32, 2019.

LYONS, J. *Introdução à linguística teórica*. Trad. Rosa V. Mattos e Hélio Pimentel. São Paulo: Ed. Nacional/Ed. da USP, 1979.

_____. *Semântica I*. Trad. Wanda Ramos. Lisboa: Presença/Martins Fontes, 1980.

_____. *Language and Linguistics*: an Introduction. Cambridge: CUP, 1981.

_____. *Linguagem e linguística:* uma introdução. Trad. Marilda Winkler Averbug e Clarisse Sieckenius de Souza. Rio de Janeiro: Guanabara Koogan, 1987.

MACHADO, I. *O filme que Saussure não viu:* o pensamento semiótico de Roman Jakobson. São Paulo: Horizonte, 2007.

MACMAHON, M. K. C. "The International Phonetic Association: the first 100 years". *Journal of the International Phonetic Association*, Cambridge, v. 16, n. 1, 1986, pp. 30-8.

MAIA, M. "Processamento de frases". In: _____. (org.) *Psicolinguística, psicolinguísticas:* uma introdução. São Paulo: Contexto, 2015a, pp. 13-29.

_____. "Sintaxe experimental". In: OTHERO, G. A.; KENEDY, E. *Sintaxe, sintaxes:* uma introdução. São Paulo: Contexto, 2015b, pp. 51-72.

MAINGUENEAU, D. "Análise do Discurso: uma entrevista com Dominique Maingueneau". Trad. Gabriel de Ávila Othero. *ReVEL*, v. 4, n. 6, 2006.

MALINOWSKI, B. "The Problem of Meaning in Primitive Languages". In: OGDEN, C. K.; RICHARDS, I. A. *The Meaning of Meaning:* A Study of the Influence of Language upon Thought and of the Science of Symbolism. 8. ed. New York: Harcourt, Brace & World, Inc. 1923, pp. 296-336

MARANTZ, A. "Sem escapatória da Sintaxe: não tente fazer análise morfológica na privacidade do seu próprio léxico". Trad. Gabriel de Ávila Othero e Maria Cristina Figueiredo-Silva. *ReVEL*, v. 13, n. 24, 2015.

MARTELOTTA, M. E. "Funções da linguagem". In: _____. (org.) *Manual de linguística.* São Paulo: Contexto, 2008, pp. 31-36.

_____; PALOMANES, R. "Linguística cognitiva". In: MARTELOTTA, M. E. (org.). *Manual de linguística.* São Paulo: Contexto, 2008, pp. 177-92.

MARTINET, A. *Elementos de linguística geral.* Trad. Jorge Morais-Barbosa. Santos: Martins Fontes, 1978.

_____. "Preface". In: WEINREICH, U. *Languages in Contact:* Findings and Problems. The Hague: Mouton, 1968, pp. VII-IX.

MATTOS E SILVA, R. *Tradição gramatical e gramática tradicional.* São Paulo: Contexto, 1989.

MCELVENNY, J. "Preface". In: _____. (ed.). *Form and Formalism in Linguistics.* Berlin: Language Science Press, 2019, pp. III-VIII.

MCWHORTER, J. Are Elvish, Klingon, Dothraki and Na'vi real Languages?. Palestra proferida no TED, United States, 2013. Disponível em: <https://www.ted.com/talks/john_mcwhorter_are_elvish_klingon_dothraki_and_na_vi_real_languages/details?language=en>. Acesso em: 15 set. 2020.

MEILLET, A.; COHEN, M. (orgs.). *Les langues du monde.* Paris: Librarie Ancienne Édouard Champion, 1924.

MENDÍVIL-GIRÓ, J-L. "Por que as línguas não se adaptam ao seu ambiente?". Trad. Gabriel de Ávila Othero e Mariana Terra Teixeira. *ReVEL*, v. 17, n. 32, 2019.

MENUZZI, S. M.; OTHERO, G. A. "O que é gramática?". In: OTHERO, G. A.; FLORES, V. N. (orgs.) *O que sabemos sobre a linguagem.* São Paulo: Parábola, 2022.

MILNER, J-C. *L'amour de la langue.* Paris: Seuil, 1978.

_____. *Introdução a uma ciência da linguagem.* Trad. Valdir do Nascimento Flores, Daniel Costa da Silva, Gabriel de Ávila Othero e Heloísa Monteiro Rosário. Petrópolis: Vozes, 2020.

MIOTO, C.; FIGUEIREDO SILVA, M. C.; LOPES, R. *Novo manual de sintaxe.* São Paulo: Contexto, 2013.

MORI, A. C. "Fonologia". In: MUSSALIM, F.; BENTES, A. C. (orgs.). *Introdução à linguística:* domínios e fronteiras. v. 1. São Paulo: Cortez, 2001, pp. 1147-79.

MOURA NEVES, M. H. M. *A gramática:* história, teoria e análise, ensino. São Paulo: Editora da UNESP, 2002.

MOURA, H. "Pragmática: uma entrevista com Heronides Moura". *ReVEL*, v. 5, n. 8, 2007.

_____; CAMBRUSSI, M. *Uma breve história da linguística.* Petrópolis: Vozes, 2018.

MUKAŘOVSKÝ, J. "Formalismo russo, estruturalismo tcheco". In: TOLEDO, D. (org.). *Círculo Linguístico de Praga*: estruturalismo e semiologia. Trad. Zênia de Faria, Reasylvia Toledo e Dionísio Toledo. Porto Alegre: Globo, 1978. pp. 3-9.

NEGRÃO, E. V. "Como nascem e morrem as línguas?". In: OTHERO, G. A.; FLORES, V. N. (orgs.) *O que sabemos sobre a linguagem.* São Paulo: Parábola, 2022.

_____; SCHER, A. P.; VIOTTI, E. C. "Sintaxe: explorando a estrutura da sentença". In: FIORIN, J. L. *Introdução à linguística II:* princípios de análise. São Paulo: Contexto, 2003, pp. 81-109.

NEVEU, F. *Dicionário de ciências da linguagem.* Trad. Albertina Cunha e José Antônio Nunes. Petrópolis: Vozes, 2008.

NÓBREGA, V. "O problema de Darwin-Wallace". In: OTHERO, G. A.; KENEDY, E. *Chomsky:* a reinvenção da linguística. São Paulo: Contexto, 2019, pp. 197-212.

_____. "Como surgiu a linguagem?". In: OTHERO, G. A.; FLORES, V. N. (orgs.) *O que sabemos sobre a linguagem*. São Paulo: Parábola, 2022.

OBSERVATOIRE LINGUISTIQUE. Le Répertoire de la linguasphère des langues et communautés linguistiques du monde. *Observatoire Linguistique*, 1999/2000. Disponível em : <http://www.linguasphere.info/>. Acesso em : 15 set. 2021.

ODDEN, D. *Introducing Phonology*. Cambridge: Cambridge University Press, 2013.

OGDEN, C. K.; RICHARDS, I. A. *The Meaning of Meaning:* a Study of Influence of Language upon Thought and of Science of Symbolism. Nova York: Harcourt, Brace & World, Inc., 1946.

OLIVEIRA, A. M. P. P.; ISQUERDO, A. N. (orgs.). *As ciências do léxico:* lexicologia, lexicografia, terminologia. Campo Grande: Ed. UFMS, 2001.

OLIVEIRA, G. M. "Brasileiro fala português: monolinguismo e preconceito linguístico". In: SILVA, F. L.; MOURA, H. *O direito à fala*. Florianópolis: Insular, 2000, pp. 83-92.

_____. "Políticas linguísticas: uma entrevista com Gilvan Müller de Oliveira". *ReVEL*, v. 14, n. 26, 2016.

OLMO, F. C. D.; ESCUDÉ, P. *Intercompreensão:* a chave para as línguas. São Paulo: Parábola, 2019.

ONO, A. *La notion d'énonciation chez Émile Benveniste*. Limoges: Lambert-Lucas, 2007.

OTHERO, G. A. *Mitos da linguagem*. São Paulo: Parábola, 2017.

_____; BRAUNER, G. Revisitando *Crátilo*. *Caderno Seminal Digital*, Rio de Janeiro, ano 12, n. 6, v. 6, 2006, pp. 27-39.

_____; CARDOZO, R. W. "A ordem pronominal em português brasileiro: da ênclise à próclise, do clítico ao tônico (or There and Back Again, a Word Order's Holiday)". *Fórum linguístico*, Florianópolis, v. 14, n. 1, 2017, pp. 1717-34.

_____; FIGUEIREDO SILVA, M. C. "Focalização em português: interface entre condições sintáticas, prosódicas e de estrutura informacional". In: CRUZ, R. T. (org.) *As interfaces da gramática*. Curitiba: CRV, 2012, pp. 119-35.

_____; KENEDY, E. (orgs.). *Sintaxe, sintaxes:* uma introdução. São Paulo: Contexto, 2015.

_____; _____. *Chomsky:* a reinvenção da linguística. São Paulo: Contexto, 2019.

PARÍS, L. "Relativismo lingüístico y pensamiento filosófico". *ReVEL*, v. 8, n. 14, 2010.

PAVEAU, M-A.; SARFATI, G-E. *Les Grandes théories de la linguistique*: de la grammaire comparée à la pragmatique. Paris: A. Colin, 2008.

PAVIANI, J. *Escrita e linguagem em Platão*. Porto Alegre: EDIPUCRS, 1993.

PERINI, M. A. *Para uma nova gramática do português*. São Paulo: Ática, 1999.

_____. *Princípios de linguística descritiva:* introdução ao pensamento gramatical. São Paulo: Parábola, 2006.

_____. *Estudos de gramática descritiva:* as valências verbais. São Paulo: Parábola, 2008.

_____. "Sobre língua, linguagem e Linguística: uma entrevista com Mário A. Perini". *ReVEL*, v. 8, n. 14, 2010.

_____. "Sintaxe descritiva". In: OTHERO, G. A.; KENEDY, E. *Sintaxe, sintaxes:* uma introdução. São Paulo: Contexto, 2015, pp. 185-96.

_____. *Gramática descritiva do português brasileiro*. Petrópolis: Vozes, 2016.

_____. *Sintaxe*. São Paulo: Parábola, 2019.

PERNA, C. B. L.; GOLDNADEL, M.; MOLSING, K. *Pragmáticas:* vertentes contemporâneas. Porto Alegre: EDIPUCRS, 2016.

PETTER, M. M. T. "Morfologia". In: FIORIN, J. L. (org.) *Introdução à Linguística II:* princípios de análise. São Paulo: Contexto, 2003, pp. 59-79.

_____. "Quantas línguas são faladas hoje no Brasil?". In: OTHERO, G. A.; FLORES, V. N. (orgs.) *O que sabemos sobre a linguagem*. São Paulo: Parábola, 2022.

PEZATTI, E. G. "O funcionalismo em linguística". In: MUSSALIM, F.; BENTES, A. C. (orgs.). *Introdução à linguística:* fundamentos epistemológicos. v. 3. São Paulo: Cortez, 2007, pp. 165-218.

PIERRET, J-M. *Phonétique historique du français et notions de phonétique générale*. Louvain-La-Neuve: Peeters, 1994.

PINKER, S. *O instinto da linguagem:* como a mente cria a linguagem. Trad. Claudia Berliner, rev. téc. Cynthia L. Zocca. São Paulo: Martins Fontes, 2004.

_____.; JACKENDOFF, R. "The Faculty of Language: What's Special about it?". *Cognition*, v. 95, n. 2, 2005, pp. 201-36.

PIRES DE OLIVEIRA, R. "Formalismos na linguística: uma reflexão crítica". In: MUSSALIM, F.; BENTES, A. C. (orgs.). *Introdução à linguística:* fundamentos epistemológicos. v. 3. São Paulo: Cortez, 2007, pp. 219-50.

_____.; BASSO, R. M. *Arquitetura da conversação:* teoria das implicaturas. São Paulo: Parábola, 2014.

PLAZA PINTO, J. "Pragmática". In: MUSSALIM, F.; BENTES, A. C. (orgs.) *Introdução à linguística:* domínios e fronteiras. v. 2. São Paulo: Cortez, 2001, pp. 47-68.

POMERODE. *Lei n. 2251, de 01 de setembro de 2010*. Institui a lingua alemã como idioma complementar e secundário no município. Pomerode: Prefeitura Municipal de Pomerode, 1 set. 2010. Disponível em: <http://leismunicipa.is/sfelk>. Acesso em: 19 out. 2021.

PRETI, D. (org.). *Léxico na língua oral e na escrita*. São Paulo: Humanitas/FFLCH/USP, 2003.

QUADROS, R. M.; KARNOPP, L. B. *Língua de sinais brasileira:* estudos linguísticos. Porto Alegre: Artmed, 2004.

QUAREZEMIN, S. *Estratégias de focalização no português brasileiro:* uma abordagem cartográfica. Florianópolis, 2009. Tese (Doutorado em Linguística) – Centro de Comunicação e Expressão, Programa de Pós-Graduação em Linguística, Universidade Federal de Santa Catarina.

QUILLIEN, J. *L'anthropologie philosophique de Wilhelm von Humboldt*. Villeneuve d'Ascq: Presses Universitaires de Septentrion, 2015.

RIBEIRO, B. T.; GARCEZ, P. M. (orgs.) *Sociolinguística interacional*. São Paulo: Loyola, 2002.

ROBERTO, M. *Fonologia, fonética e ensino:* guia introdutório. São Paulo: Parábola, 2016.

ROBINS, R. H. *Pequena história da linguística*. Trad. Luiz Martins Monteiro de Barros. Rio de Janeiro: Ao Livro Técnico, 1983.

RODRIGUES, A. D. "Línguas indígenas: 500 anos de descobertas e perdas". *D.E.L.T.A.*, São Paulo, v. 9, n. 1, 1993, pp. 83-103.

_____. "Sobre as línguas indígenas e sua pesquisa no Brasil". *Ciência e cultura*, São Paulo, v. 57, n. 2, 2005, pp. 35-8.

_____. *Línguas brasileiras:* para o conhecimento das línguas indígenas. São Paulo: Loyola, 1994.

RÓNAI, P. *Babel & antibabel*. São Paulo: Perspectiva, 1970.

ROSÁRIO, I. C. "Sintaxe funcional". In: OTHERO, G. A.; KENEDY, E. *Sintaxe, sintaxes:* uma introdução. São Paulo: Contexto, 2015, pp. 143-61.

SAPIR, E. *A linguagem:* introdução ao estudo da fala. Trad. e apêndice de J. Mattoso Camara Jr. São Paulo: Perspectiva, 1980.

SAUSSURE, F. *Curso de Linguística Geral*. Organizado por Charles Bally e Albert Sechehaye com a colaboração de Albert Riedlinger, trad. Antônio Chelini, José Paulo Paes e Isidoro Blikstein São Paulo: Cultrix, 1975.

_____. *Escritos de linguística geral*. Organizados e editados por Simon Bouquet e Rudolf Engler com a colaboração de Antoinette Weil, trad. Carlos Augusto Leuba Salum e Ana Lúcia Franco. São Paulo: Cultrix, 2004.

SCHER, A. P. "ReVEL na escola: Morfologia Distribuída". *ReVEL*, v. 13, n. 24, 2015.

SCHERRE, M. M. P. *A regra de concordância de número no sintagma nominal em português*. Rio de Janeiro, 1978. Dissertação (Mestrado em Letras) – Pontifícia Universidade Católica.

SEARA, I. C.; NUNES, V. G.; LAZZAROTTO-VOLCÃO, C. *Para conhecer fonética e fonologia do português brasileiro*. São Paulo: Contexto, 2015.

SILVA, J. P. "O método em filologia". *SOLETRAS*, São Gonçalo, v. 23, 2012, pp. 249-69.

SILVA, W. L. "Apresentação: estudos linguísticos de línguas indígenas brasileiras". *ReVEL,* ed. esp. n. 3, 2009.

SOUZA, E. S. A. C. "Cláusulas relativas: um caso de interface entre sintaxe e prosódia". *ReVEL*, v. 8, n. 15, 2010.

SOUZA, P. C.; SANTOS, R. S. "Fonologia". In: FIORIN, J. L. (org.). *Introdução à linguística II:* princípios de análise. São Paulo: Contexto, 2003, pp- 33-58.

SPINASSÉ, K. P. "Os conceitos Língua Materna, Segunda Língua e Língua Estrangeira e os falantes de línguas alóctones minoritárias no Sul do Brasil". *Contingentia*, Porto Alegre, v. 1, n. 1, 2006, pp. 1-10.

SPOLSKY, B. "Políticas Linguísticas: uma entrevista com Bernard Spolsky". Trad. Ana Carolina Spinelli e Gabriel de Ávila Othero. *ReVEL*, v. 14, n. 26, 2016.

STEINER, G. *Depois de Babel*: questões de linguagem e tradução. Trad. Carlos Alberto Faraco. Curitiba: Editora da UFPR, 2005.

STENZEL, K. *Study on Endangered Languages and Their Oral Tradition in Amazonia*. Report for UNESCO. Ms. 2005.

TAMBA, I. *A semântica*. Trad. Marcos Marcionilo. São Paulo: Parábola, 2006.

TARALLO, F. *Tempos linguísticos:* itinerário histórico da língua portuguesa. São Paulo: Ática, 1990.

TEIXEIRA, M. T. *O processamento de sentenças ambíguas por bons e maus leitores*: um estudo de ressonância magnética funcional. Porto Alegre, 2020. Tese (Doutorado em Letras) – Programa de Pós-Graduação em Letras, Pontifícia Universidade Católica.

TEIXEIRA, M.; FLORES, V. "Linguística da Enunciação: uma entrevista com Marlene Teixeira e Valdir Flores". *ReVEL*, v. 9, n. 16, 2011.

TESES DE 29. In: TOLEDO, D. (org.). *Círculo Linguístico de Praga*: estruturalismo e semiologia. Trad. Zênia de Faria, Reasylvia Toledo e Dionísio Toledo. Porto Alegre: Globo, 1978, pp. 81-106.

TOLEDO, D. (org.). *Círculo Linguístico de Praga*: estruturalismo e semiologia. Trad. Zênia de Faria, Reasylvia Toledo e Dionísio Toledo. Porto Alegre: Globo, 1978.

TOMASELLO, M. *Origens culturais da aquisição do conhecimento humano*. Trad. Cláudia Berliner. São Paulo: Martins Fontes, 2003.

_____. Origins of Human Communication. Cambridge: MIT Press, 2008.

_____. "Human Culture in Evolutionary Perspective". In: GELFAND, M; CHIU, C.; HONG, Y. (eds.). *Advances in Culture and Psychology*. Oxford: OUP, 2011, pp. 5-51.

_____.; KRUGER, A.; RATNER, H. "Cultural Learning". *Behavioral and Brain Sciences*, Cambridge, v. 16, n. 3, 1993, pp. 495-511.

TRABANT, J. *Humboldt ou les sens du langage*. Liège: Mardaga, 1992.

_____.*Traditions de Humboldt*. Trad. Marianne Rocher-Jacquin. Paris: Éditions de la Maison des Sciences de L'homme, 1999.

TRASK, R. L. *Dicionário de linguagem e linguística*. Trad. Rodolfo Ilari, rev. téc. Ingedore Villaça Koch e Thaïs Cristófaro Silva. São Paulo: Contexto, 2004.

TRAVAGLIA, L. C. *Gramática e interação:* uma proposta para o ensino de gramática no 1º e 2º graus. São Paulo: Cortez, 1998.

VARGHA-KHADEM, F. et al. "FOXP2 and the Neuroanatomy of Speech and Language". *Nature Reviews Neuroscience*, London, v. 6, 2005, pp. 131-8.

VILLALVA, A.; SILVESTRE, J. P. *Introdução ao estudo do léxico:* descrição e análise do português. Petrópolis: Vozes, 2014.

WALTER, H. *A aventura das línguas no Ocidente:* origem, história e geografia. Trad. Sérgio Cunha dos Santos. São Paulo: Mandarim, 1997.

WHITNEY, W. D. *A vida da linguagem*. Trad. Marcio Alexandre Cruz. Petrópolis: Vozes, 2010.

WIKIMEDIA COMMONS CONTRIBUTORS. 'File:Anatomy of the Human Ear pt.svg', *Wikimedia Commons*, the free media repository, 17 jun. 2021b. Disponível em: <https://commons.wikimedia.org/w/index.php?title=File:Anatomy_of_the_Human_Ear_pt.svg&oldid=569635525>. Acesso em: 18 out. 2021.

_____. 'File:Som freq.png'. *Wikimedia Commons*, the free media repository, 31 mar. 2021a. Disponível em: <https://commons.wikimedia.org/w/index.php?title=File:Som_freq.png&oldid=548661493>. Acesso em: 18 out. 2021.

Os autores

Elisa Battisti é licenciada em Letras pela Universidade de Caxias do Sul (UCS), mestre em Letras pela Universidade Federal do Rio Grande do Sul (UFRGS) e doutora em Linguística pela Pontifícia Universidade Católica do Rio Grande do Sul (PUCRS). Tem pós-doutorado em Fonologia pela Vrije Universiteit Amsterdam e Meertens Instituut, Holanda. É professora associada do Departamento de Linguística, Filologia e Teoria Literária do Instituto de Letras da UFRGS. Nessa instituição, ministra disciplinas de linguística na graduação e atua na linha de Fonologia & Morfologia e na linha de Sociolinguística do programa de pós-graduação em Letras. Desenvolve pesquisa principalmente sobre fonologia do português brasileiro e variação linguística como prática social. É pesquisadora do CNPq.

Gabriel Othero é professor do Instituto de Letras da Universidade Federal do Rio Grande do Sul. Também é editor da *Revista Virtual de Estudos da Linguagem* (*ReVEL*) (juntamente com Cassiano Haag e Cândida Leite), coordenador da Coleção de Linguística da editora Vozes (juntamente com Sergio Menuzzi) e editor da editora da Abralin (juntamente com Valdir Flores). É um dos idealizadores do Observatório Sintático do Português Brasileiro. Pela Contexto, publicou os livros *Teoria X-barra: descrição do português e aplicação computacional* (2006) e, em coautoria com Eduardo Kenedy, *Chomsky: a reinvenção da linguística* (2019), *Para conhecer sintaxe* (2018) e *Sintaxe, sintaxes: uma introdução* (2015).

Valdir do Nascimento Flores é professor titular de Língua Portuguesa e Linguística da Universidade Federal do Rio Grande do Sul (UFRGS). Realizou estudos de pós-doutorado na Université de Paris XII e na Université de Paris X. Foi professor visitante no *Institut des textes et manuscrits modernes* (ITEM – CNRS/ENS) na França, onde ministrou cursos sobre a recepção das ideias de Saussure e Benveniste no Brasil. É editor da editora da Abralin (juntamente com Gabriel de Ávila Othero). Os temas de suas pesquisas circunscrevem-se a dois campos: aspectos epistemológicos da linguística geral (Ferdinand de Saussure; Roman Jakobson, Émile Benveniste, entre outros) e linguística da enunciação (Émile Benveniste, Henri Meschonnic, Antoine Culioli, entre outros). É pesquisador do CNPq.

GRÁFICA PAYM
Tel. [11] 4392-3344
paym@graficapaym.com.br